시작만 있고
끝이 없는
당신을 위한 책

시작만 있고
끝이 없는
당신을 위한 책

이경수 지음

다연
DAYEONBOOK

Prologue

내가 대학교를 들어간 해는 1988년이다. 그러니 내 학창 시절은 1980년대에 주로 이루어졌다고 할 수 있다. 어느 정도 나이가 든 우리 세대와 그 위 세대에게는 목표를 세우고 그걸 달성한다는 것에 대한 개념이 요즘 세대와 좀 다른 듯하다. 요즘 젊은 세대는 잘 이해하지 못할 수도 있지만, 그 당시의 목표라는 건 항상 어디에선가 주어진 것, 매우 획일적인 것이었다.

집단주의적 특성이 매우 두드러진 그때는 고등학생, 대학생, 직장인, 부모, 친구 등 저마다 바람직한 모습이 이미 정해져 있는 가운데 대부분 그것을 따랐다. 고등학생들은 아무 생각 없이 일단 학력고사 점수만 높이면 됐고, 서울대 입학생 수를 늘리기 위해서라면 적성이나 관심에 상관없이 학생의 진로를 교사 마음대로 정하는 경우도 있었고, 대학교만 잘 들어가면 취직은 문제가 없었고, 입사 후 문제만 일으키지 않고 연차를 쌓으면 승진했고, 회사에서 주어지는 목표를 더 열심히 달성하는 사람은 임원이 되었다. 그냥 나에게 주어진 것을 열심히 하면 되는 때였다.

1990년대 미국에 갔을 당시, TV에서 방송되던 동기부여 전문가들의 광고가 너무 생소하게 느껴지던 건 바로 그런 이유 때문이었을 것이다. "나와 함께 당신의 꿈을 이루고 당신만의 목표를 달성하라"는 그들의 말에 왜 저런 것이 필요한지 쉽사리 이해하지 못했다. 우리는 그런 것 없이도 잘 살아왔기 때문이다.

2020년인 지금, 주변을 돌아보면 이제 예전과 같은 획일적인 목표와 방법은 더 이상 통하지 않는다. 고등학생들은 다양한 입시 방법과 진로를 고민해야 하고, 대학생들 역시 취업을 위한 다양한 자기계발 목표가 필요하며, 회사에 다니든 사업을 하든 끊임없이 자신의 진로와 미래를 고민해야 하는 시대다. 내 주변의 어떤 이들은 옛날이 좋았다며 그때로 돌아가고 싶다고 말한다. 그런데 지나온 과거는 다 아름다워 보이는 법이지 않은가? 사실 그것들이 딱히 아름다워서라기보다는 익숙하기 때문인 건 아닐까?

지금 세상은 변하고 있고, 그런 만큼 우리는 익숙한 곳에만 머무를 순 없게 되었다. 좀 더 자율적이고 적극적으로 우리의 삶을 개척하지 않으면 안 된다. 이제 우리도 저마다 자신에게 맞는 목표를 세우고 끊임없이 변화해 나아가야 한다.

이 책은 자신을 세상의 기준에 맞추기보다는 자신이 스스로 세운 기준과 목표에 맞추어서 살고자 하는 이들에게 권하고 싶다. 설령 지금까지 그렇게 살지 못했다고 해도 괜찮다. 우리 중 누구도 과거로 돌아가서 처음부터 다시 시작할 수는 없다. 오늘 지금 여기서 다시 새롭게 시작할 수는 있다. 그리고 완전히 새로운 결말을 낼 수 있다. 영국의 작가 조지 엘리엇은 시집 《스페인 집시》에서 말했다.

'하늘에서 장미가 비처럼 내리지는 않는다. 만약 더 많은 장미를 원한다면 더 많은 장미나무를 심어야 한다.'

더 나은 삶을 원하는가? 그것은 하늘에서 비가 내리듯 저절로 우리에게 주어지지 않는다. 우리 스스로의 힘으로 나무를 심고 가꾸듯이 만들어가야 한다. 이제 이 책과 함께 당신의 삶을 변화시킬 목표를 정하고 그것을 차근차근 이루어보자. 언젠가는 활짝 핀 장미꽃을 볼 수 있을 것이다.

Contents

Step 4 의미와 동기 찾기

Step 5 실행하고 점검하기

Finish 축하하기

Epilogue‥280

부록

[시작만 있고
끝이 없는
당신을 위한 책]

Start
시작하기

나는 잘 살고 있는가?

초등학교 5학년 겨울방학이 끝나갈 무렵이었다. 방학 숙제를 하나도 하지 않았는데, 가장 큰 문제는 일기장이었다(누구나 이 난감한 상황을 적어도 한 번쯤은 경험해보았을 것이다). 밀린 일기를 조금이라도 써보려고 했지만, 주변에 스키장이나 눈썰매장도 없던 당시 딱히 놀러 갔던 곳도 없었고, 그러니 특별히 생각나는 이벤트도 없었다.

빈 일기장을 앞에 놓고 고민하던 중에 책꽂이에서 지난해 겨울방학 때의 일기장을 발견했다. 일기장을 대충 넘겨보니 놀랍게도 이번 겨울방학과 너무나 똑같았다. 12월에 방학이 시작되자마자 며칠 동안은 방학을 어떻게 보낼 것인지 야무지게 계획했고, 새해가 시작될 무렵에는 계획이며 결심들을 결연히 적어놓았다. 1월 중순 정도가 지나자 새해 결심들을 하나도 지키지 못한 것에 대한 반성이 며칠에 한 번씩 일기장에 이어졌다. 2월 초 방학이 끝나갈 무렵에는 실행하지 못한 데 대한 반성과 다음에는 반드시 지키겠노라는 맹세가 담겨 있었다. 그리고 그런 날들 중간중간에는 '언니, 동생과 싸웠다', '무슨 책을 읽었다'처럼 언제든 있을 법한 일들로 채워져 있었다. 어디서 그런 영악한 생각이 나왔는지 열두 살의 나는 옛 일기장의 날짜를 지우고 올해의 날짜를 적어 넣었다. 너무도 감쪽같은 올해의 일기장이 되었다. 며칠 후 겨울방학이 끝나고 숙제를 제출하자 선생님은 나에게 일기장을 성실히 썼다며 상을 주셨다.

이 어릴 적의 나는 지금의 나와 얼마나 다를까? 솔직히 말하면 지금 나에게 한 달간의 겨울방학을 주고 일기를 쓰라고 하면 거의 비슷한 일기를 쓸 것 같다. 결심하고, 계획하고, 지키지 못하고, 후회하고, 다음번을 기약하고…….

가슴에 손을 얹고 생각해보자. 새해가 시작되면서 결심했던 새해 결심들은 무엇이었는가? 그것들 중 이룬 건 무엇인가? 혹은 새해 결심이 아니더라도 다음의 것들에 자신은 얼마나 많이 해당하는가?

- 'To-do list'에 자꾸만 무엇인가를 추가하지만, 리스트 항목들을 달성해서 줄을 그어 지워본 적은 거의 없다.
- 사람들에게 학원이나 운동센터에 다닐 것이라고 항상 이야기하지만, 제대로 등록해본 적이 없다. 혹은 등록은 하지만 거의 나가지 않는다.
- 새로운 취미생활을 시작하자마자 관련된 온갖 물건을 사들이지만, 그것들은 벽장이나 베란다에 몇 달 이상 처박혀 있다.
- (싱글의 경우) 인생의 짝을 만나고 싶다고 늘 말하지만, 시간만 나면 집에서 드라마 몰아 보기나 게임에 온 시간을 보낸다.
- (가족이 있는 경우) 가족들이 함께하고 싶어 하는 것에 대해 "다음번에는 꼭 하자"라고 말할 뿐 거의 지킨 적이 없다.

- '다음 달' 혹은 '내년'에 할 일에 대한 약속을 아무 거리낌 없이 한다. 일이 생길 경우 취소해버리면 그만이라고 생각하기 때문이다.
- 사람들을 만날 때마다 입버릇처럼 "언제 밥이나 한번 먹자"라는 말을 많이 한다. 하지만 거의 말뿐이다.

위 항목 중 과반수 이상 해당한다면, 당신은 '말만 하고 행동은 하지 않는 사람(All talk, No action)'이라고 할 수 있다. 하지만 그렇다고 해서 절망할 필요는 없다. 당신만 그런 게 아니기 때문이다. 몇 년 전 인쿠르트에서 직장인 863명을 대상으로 한 설문조사에 따르면, 설문 참여자들 중 새해에 새로운 계획을 세운 사람은 91.1퍼센트인 786명이었다. 하지만 세운 계획을 한 달 이상 지키고 있는 사람은 그중 13.4퍼센트인 105명에 불과했고, 계획 중 일부만 실천하고 있는 사람이 68.8퍼센트, 전혀 지키지 못한 사람이 17.8퍼센트였다. 결국 10명 중 8명 이상이 계획을 제대로 지키지 못하고 있다는 얘기다.

그렇다면 새해의 다짐을 지키지 못한 이유로는 어떤 대답을 골랐을까? 40.2퍼센트가 '오랜 습관을 고치기 힘들어서'를 가장 큰 이유로 꼽았다. 그 뒤를 이어 '목표의식이 희미해져서'가 22.6퍼센트로 2위를 차지했다. '처음부터 무리한 계획이라 지키기 어려웠다'는 대답도 10.3퍼센트나 나왔다.

이처럼 새해 다짐을 지키지 못한 이유로 이야기한 것들이 내가 바로 이 책에서 이야기하고자 하는 바이다. 왜 우리는 오랜 습관을 고치지 못하는지, 그것을 고치려면 무엇이 필요한지, 도중에 희미해지는 목표의식을 어떻게 막을지, 무리하지 않고 의미 있는 계획을 세우려면 어떻게 해야 하는지 등등 말이다.

이 책은 크게 여섯 가지 부분으로 구성되어 있다.

먼저 자신의 현재 삶을 점검하는 것으로 시작한다. 우리의 삶 전체를 조망해보지 않고 어떤 목표나 계획을 세운다면 자칫 한쪽으로만 기운 삶이 될 수 있기 때문이다. 높은 발코니에 올라 아래를 내려다보듯이 우리 삶이 어떤 방향으로 흘러가고 있으며, 균형 잡힌 삶을 위해서는 어떤 목표가 필요한지 생각해볼 것이다.

두 번째 부분에서는 마음가짐을 바로 잡는 데 집중한다. 이 책을 읽기 전에도 많은 목표를 세워왔을 테지만, 잘 안된 경우 또한 많았을 것이다. 바쁘고 피곤해서였든 해보기도 전에 안될 것이라는 무기력감에 지배당했든 간에 말이다. 여기서는 해낼 수 있다는, 그래서 변할 수 있다는 가능성을 믿도록 마음을 다잡아보는 시간이 될 것이다.

세 번째 부분은 미래에 할 일을 정하기 전에 우리의 과거를 마무리하는 방법을 살펴본다. 과거의 마무리란 과거에 연연하거나 과거를 미화시키는 것이 아니다. 물론 이 책의 목표가 미래의 변화된 모습에 집중하는 것이지만 우리의 미래는 과거의 연장선에 있다. 과거에 했던 일들을 돌아보고 무엇이 효과적이었는지, 혹은 무엇이 효과적이지 않았는지를 성찰해본다면 미래로 가는 길이 훨씬 순탄할 것이다.

네 번째, 좋은 목표를 세움으로써 우리의 미래를 디자인하는 방법을 알아본다. 좋은 목표는 달성하기 쉽거나 남들이 보기에 그럴싸한 게 아니다. 우리가 원하는 미래를 만드는 데 이바지할 수 있는 목표이다. 그것을 달성함으로써 우리의 삶이 변화하고 그 성공을 기반으로 한 단계 성장할 수 있는 그런 목표이다.

다섯 번째 부분에서는 우리가 세운 목표를 계속 유지할 수 있도록 의미와 동기를 찾는다. 의미와 동기는 우리가 지치지 않고 앞으로 나아갈 수 있도록 계속 페달을 밟게 해준다. 의미가 없다면 그 목표를 이루고 난 후, 왜 그것을 해야 했는지 몰라 허탈해질 수도 있다. 동기는 중간에 난관을 만나더라도 그것을 극복할 힘을 준다.

마지막 부분은 실행과 관련된 문제들을 다룬다. 첫걸음을 떼는 것이 가장 중요하다. 첫걸음이 너무 무거워서는 안 된다. 그렇다고 해서 그냥 무턱대고 하는 것만이 능사는 아니다. 실행 과정을 점검하고 돌아보는 것이 중요하다. 이 부분에서는 효과적으로 점검하는 방법에 대해서 구체적으로 이야기할 것이다. 그리고 중요한 한 가지, 감사하고 축하하는 마음에 대해서도 다룰 것이다.

이 책 마지막 장까지 따라가는 동안 너무 큰 변화를 기대한다면 다소 실망할지도 모르겠다. 딱히 변화가 없다고 생각할 수도 있다. 하지만 그렇지 않다. 우리는 스스로 직접 만든 작은 변화를 민감하게 느낄 줄 알아야 한다. 그런 작은 변화들이 우리 삶의 큰 물결과 방향 전환을 일으키기 때문이다. 골프 혹은 당구를 보라. 공에 가해지는 힘의 아주 작은 각도 차이가 결과적으로 큰 차이를 만든다. 지금 우리가 해야 하는 일은 당장 우리 삶의 각도를 아주 조금 변화시키는 것이다. 그리고 그 길을 꾸준히 계속 나아가는 것이다. 그러다 보면 어느 순간 우리 삶이 놀랍도록 변화되어 있을 것이다. 자, 이제 함께 시작해보자.

나의 삶 점검하기

 '웰빙'은 2000년대에 들어서면서 우리나라의 사회·문화적 코드로 부상했다. 성장을 향해 미친 듯이 폭주하던 우리 사회에서 신체적 건강과 삶의 만족도를 강조하는 웰빙은 하나의 복음과도 같았다. 2010년대 들어서면서 다시 열풍을 일으킨 것이 있었으니, 바로 '힐링'이다. 마음과 정신의 치유를 강조하는 힐링은 경기 부진이 계속되고 사회가 각박해짐에 따라 공감, 위로, 치유에 대한 필요성이 급증하면서 사람들의 마음을 사로잡았다.

 최근 새롭게 부상한 용어는 '워라밸(Work-Life Balance, 일-가정 조화)'이다. 'Work-Life Balance'라는 용어가 1970년대 처음 등장했다는 말도 있는데, 공식적으로는 톰 브라운이 1986년에 쓴 기고문에서 'Work-Life Balance'라는 용어가 처음 언급된 것으로 본다.

 어쨌든 그로부터 1996년까지 주요 전문 학술저널에서 'Work-Life Balance'를 사용한 논문은 32편에 불과했다. 이후 주요 학술저널에서

'Work-Life Balance'에 대한 논문이 쏟아져 나왔으나, 이 개념과 용어는 전문가들과 연구자들 사이에서만 알려진 것에 지나지 않았다.

그런데 얼마 전부터 워라밸은 일반 대중에게도 중요한 개념이 되었다. 내 부모님 세대만 해도 직장에서의 성공이 보장된다면 가정생활이나 개인의 삶은 기꺼이 포기하는 게 당연했다. 하지만 오늘날 양상이 달라져 일과 일상의 조화와 균형이 사회와 문화에서 중요한 문제로 대두되었다. 어떤 한 부분만을 중시하는 라이프 스타일은 지속 가능한 삶을 보장하지 않는 시대가 온 것이다.

무엇이든지 간에 균형이 중요하다는 사실은 모두가 공감할 것이다. 아마도 어릴 적 엄마의 잔소리에서부터 균형의 필요성을 귀에 딱지가 앉을 정도로 들어왔을 것이다. 채소도 먹고, 생선과 멸치도 먹고, 된장찌개도 먹어야 몸에 균형 있는 영양소를 공급받을 수 있고 키도 크고 잔병치레 없이 건강하게 살 수 있다고 말이다. 균형은 우리에게 안정감, 편안함, 조화로움을 느끼게 해준다. 사람이든 물건이든 균형을 갖춘 것은 자신은 물론 상대방에게 더할 나위 없는 안정감을 준다.

우리의 삶 역시 마찬가지다. 이 책에서 우리는 목표를 세우고 그것을 이루는 과정을 함께하겠지만 노력하는 데서도 균형이 필요하다. 그리고 균형 있게 인생 목표를 세우기 위해 현재 자신의 삶을 돌아보는 것이 선행되어야 한다.

우리의 삶은 단편적이지 않다. 예컨대 법률가로 대성한 사람도 24시간을 법률가로서만 살지는 않는다. 누군가의 연인으로, 친구로, 가족으로서의 삶을 살고 때로는 관심사에 따라 작가로, 화가로, 피아노 연주자로서의 시간을 보내기도 한다. 그러므로 한 번쯤은 자신의 삶을 돌아보며 여러 영역이 얼마나 균형을 이루었는지를 살펴볼 필요가 있다.

이를 위해 코칭 분야에서 많이 활용되는 도구를 이용해야 한다. 이 도구를 통해 자신이 현재 어디에 있는지, 그동안 이룬 것은 무엇인지 알아보자. 그리고 자기 삶의 각 영역에서 얼마나 만족하고 있는지를 돌아보자. 이는 우리가 본격적으로 목표에 관해서 이야기하는 데 아주 의미 있는 시작점이 될 것이다.

이제, 다음의 '삶의 수레바퀴'를 이용하여 자신의 각 삶의 영역이 어느 정도 균형을 이루었는지 상대적인 점수를 매겨보자. 본인을 잘 아는 가까운 사람에게 부탁해서 본인의 삶에 대해 점수를 매겨달라고 부탁해도 좋다(단, 본인의 여러 영역에 대해서 잘 알고 있는 사람이어야 한다). 그럼으로써 자신의 삶이 얼마나 균형 잡혀 있는지를 또 다른 시각에서 돌아볼 수 있다.

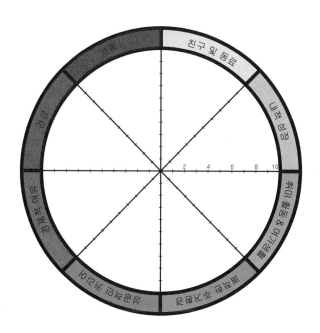

'삶의 수레바퀴'를 점검할 때 자신을 잘 아는 다른 사람에게 부탁하는 이유는 자신의 현재 상태에 대한 객관적 진단이 가능하고, 그로 말미암아 내가 보지 못한 변화요인들을 발견할 수도 있기 때문이다. 변화는 변화의 필요성을 느끼는 것으로부터 시작한다. 이 변화의 필요성은 현재 나의 상태가 개선되어야 함을 절감하는 것으로부터 시작한다. 따라서 자신의 현재 상황을 직시하고 어떤 부분을 변화시켜야 할지 생각해볼 필요가 있다.

'삶의 수레바퀴'를 통해 자신의 삶을 진단해 나아가다 보면 자기 삶을 점검하는 것 외에도 몇 가지 깨닫는 점이 있을 것이다. 먼저, 위의 수레바퀴에 표시된 삶의 다양한 영역은 완전히 독립적이지 않으며 서로 어느 정도 연관되어 있음을 알게 될 것이다. 직업 영역에서의 삶이 가족, 친구와의 삶에 영향을 미치는 것을 우리는 많이 보아왔다. 일에만 몰두하느라 가족과 친구들에게는 소홀한 사람이 주변에 적어도 한둘은 있지 않은가? 그 반대도 마찬가지다. 앞서 언급한 워라밸 역시 이렇게 공적인 일과 사적 삶의 영역이 서로 영향을 미치기 때문에 생겨난 개념이라고 할 수 있다.

또 한 가지, 삶의 영역 중 어느 하나 중요하지 않은 게 없다는 점이다. 예컨대 건강이 나빠짐에 따라 경제적 여유, 성공적 커리어, 가정의 행복이 모두 무너지는 경우를 우리는 많이 보아왔다. 경제적 사정이 안 좋아짐에 따라 건강과 가정의 행복, 교우관계 등이 나빠지는 사례도 종종 발견할 수 있다. 따라서 한 영역에 집중하고 다른 영역을 소홀히 하다 보면 결국 생각지도 못한 곳에서 당신의 발전을 가로막는 요소들이 나타날 수 있다.

제일 중요한 것은, 삶의 어느 영역에서도 충분히 더 나아질 가능성이 있다는 사실을 명심해야 한다는 점이다. 지금 우리가 이 책을 통해 함께 변화하고자 노력하는 것도 바로 이 때문이다. 어떤 부분을 성장시키고 개선해야 할지 분명히 알지 못하겠다면 '삶의 수레바퀴'를 반드시 활용해보길 바란다. 이로써 자신의 삶에서 성장과 개선의 영역을 찾을 수 있고, 이를 기반으로 미래를 디자인할 수 있을 것이다.

용감하게 직면하고
앞으로 나아가기

C는 직장을 다니면서 대학원을 다녔다. 대학원에서는 풀타임으로 공부하는 어린 후배들에게 자신의 현장 경험을 이야기해주어서 따르는 이가 많았고, 한 학기 동안 읽겠다고 계획을 잡아놓은 논문 리스트도 동료들 중에서 가장 길었다. 후배들이 보기에 그는 학문적 깊이와 실무 경험, 상식을 두루 갖춘 능력자였다. 학교뿐 아니라 직장 내에서도 그는 아는 것이 많고 순발력이 좋은 것으로 알려져 있다. 그들은 모르는 것이 있을 때마다 그에게 와서 묻곤 한다. 그러면 그는 정말 도움이 되는지는 모르겠지만 그럴싸한 답을 해주거나 잘 아는 사람 혹은 책을 소개해준다.

그런데 C에 대해 모든 사람이 좋게만 평가하는 것은 아니다. 몇몇은 그를 제대로 할 수 있는 것은 하나도 없으면서 말발만 세우는 한심한 사람이라 여긴다. 심지어 제대로 된 문서 하나 만들지 못한다고 말하는 이도 있었다. 사실 그가 혼자 힘으로 완성한 문서를 누구 하나 본

적이 없긴 했다. 그가 특별히 어려운 보고서를 만들어야 할 경우가 몇 번 있었지만, 그때마다 항상 주위의 누군가가 큰 도움을 주거나, 어쩔 수 없는 사정이 생겨서 그냥 숟가락만 얹는 형국이 되곤 했다. 그럴 때마다 그는 자신이 직접 하면 쉽게 잘할 수 있었는데 실력을 발휘할 기회를 놓쳐버린 것이 안타깝다고 말했다.

사실 C는 대학원도 수료만 했고 학위를 받지 못했는데, 그 이유는 논문을 완성하지 못해서였다. 교수님께 졸업 논문의 초안을 드리기로 한 날, 그는 갑자기 연락되지 않는 상태로 잠적해버렸다. 일주일 후 나타난 그는 회사에 너무나 급한 일이 생겨서 정신을 차릴 수 없었다고 말했다. 교수님이 연기해준 다음 날짜에도 그는 초안을 제출하지 않았다. 이번에는 장염에 걸려서라고 했다. 그러다 논문을 제출할 시기를 놓쳤고, 다음 학기로 미루어지기를 몇 번이나 거듭했다. 그는 계속 거창한 연구 계획을 말하면서 금방이라도 논문을 쓸 것처럼 말했지만, 구체적인 연구 계획조차 문서로 작성된 적이 없었다. 회사 동료들이 왜 졸업을 하지 않는지 물었을 때는 교수님이 자신을 오랫동안 붙잡아두고 싶어서 자꾸 다른 일들을 시키는 바람에 논문 쓸 시간이 없다고 말했다.

오랫동안 C를 지켜본 나는 그가 자기의 현 상황에 직면하기를 회피한다고 느꼈다. 그는 온전히 자신의 힘으로 완성한 결과물 만들기를 회피해왔고 그 때문에 자신의 능력을 점검받을 기회를 얻지 못했다. 아마도 그는 항상 자신의 능력을 실제 이상으로 생각해왔고 자신의 말이나 생각이 잘못되었다는 것, 그리고 개선의 여지가 많다는 것을 인정하고 싶지 않았을 터이다.

왜 우리는 직면을 회피하려 할까? 사람들은 누구나 기쁨을 추구하고 고통은 피하려는 본능이 있다. 직면을 회피하는 것은 어쩌면 잠재된 고통을 회피하려는 것이다. 누군가는 직면의 과정을 통해 자신을 높이 평가하던 사람들로부터 명성과 신용을 잃게 된다고 생각한다. 이러한 상실의 두려움은 직면을 회피하게 만들 수 있다. 또는 실패에 대한 두려움 때문일 수도 있다. 직면을 통해서 자신이 잘못되었고, 어떤 면에서는 무능력하며, 개선해야 할 점이 많다는 것이 밝혀질 수도 있다. 이 과정에서 겪게 될 심적 고통을 피하고도 싶을 것이다.

하지만 직면은 자기 자신에 대해서 더 많이 알게 해준다. 자신에 대한 지식이 많을수록 어떤 행동에 대해 조치를 취할 가능성이 커질뿐더러 변화가 필요한 문제들에 대해서 책임감을 갖게 된다. 사실상 직면 자체가 우리를 변화시키는 것은 아니다. 하지만 직면하지 않고서는 제대로 된 변화를 이룰 수 없다.

내 지인 중 한 명은 건강 문제로 불편해하면서도 병원에서 정밀진단을 받기를 꺼리고 있다. 혹시 심각한 병이 있을까 봐 겁이 나기 때문이다. 이런 경험이 한 번쯤 있을 것이다. 우리 삶의 문제에서도 비슷한 일들이 일어난다. 자신의 삶이 불균형하고 문제가 있음을 알면서도 그것에 대해서 꺼내놓고 이야기하고 싶지 않을 수 있다. 문제가 드러나면 그로 말미암아 발생할 부정적인 감정이 싫어서일 수도 있고, 그것에 대해 새롭게 기울여야 할 노력이 부담스러워서일 수도 있고, 그로부터 일어날 변화에 적응할 자신이 없기 때문일 수도 있다.

이제 '직면'에 대해 관점을 바꾸어보자. 직면이라는 말 대신 '용기'라는 단어를 사용하는 것이다. 당신의 현재 삶에 개선할 부분이 많다는 점을 용기 있게 바라보자. 자신이 생각한 것과 남들이 진단해준 결과에서 심각한 차이가 나더라도 용기 있게 그것들을 받아들이자.

자, 이제 자신의 삶에서 어떤 영역을 성장 혹은 개선해야 할지 알았다면 이제 이 책과 함께 앞으로 나아가보자.

늘 이런 식일 수는 없다

"늘 그런 식이지."

안 좋은 일이 생길 때마다 자조 섞인 말투로 농담 반 진담 반으로 늘 어놓는 넋두리이다. 당신이 새해에 다짐한 것들이 지켜지지 않았을 때도 아마 의식적 혹은 무의식적으로 이렇게 되뇐 경우가 있을 것이다. 비록 농담 섞인 말이지만 실제로도 세상은 늘 그런 식이고, 나도 늘 그런 식인 경우가 너무나 많다.

매달 카드 명세서의 목록에서 나의 통장 잔고를 위협하는 쓸데없는 소비 항목은 늘 비슷하다. 지나친 쇼핑, 필요 이상의 외식, 충동 구매 같은 것들 말이다. 다시는 하지 말아야지 다짐하지만, 다음 달에도 비슷한 일들은 여전히 일어난다.

우리는 살면서 반드시 똑같은 원인은 아니더라도 비슷한 이유로 계속 실패를 경험한다. 미국의 소설가 마크 트웨인이 '역사가 반복되는 일을 막으려고 노력하는 것은 소용이 없다. 사람은 반복을 막는 것을 불가능하게 만드는 속성을 지녔기 때문이다'[2]라고 언급한 것처럼 어쩌면 우리 인간들은 비슷한 실수를 계속 반복하는 운명을 가지고 태어났는지도 모른다. 그래서 완전히 똑같은 일을 반복하지는 않을지라도, 계속해서 유사한 패턴의 부정적 쳇바퀴를 돌리는지도 모른다. 계속 반복되는 유사한 행동의 패턴, 그것은 바로 나쁜 습관이다.

몸에 밴 나쁜 습관들을 버리는 것은 생각만큼 쉽지 않다. 습관은 뇌에 익숙한 패턴을 저장해놓기 때문이다. 이것이 우리를 마치 자동조종 모드에 있는 것처럼 행동하게 만든다. 그렇게 해야겠다고 굳이 의식하지 않아도 집에 오면 습관적으로 TV를 켜거나, 술에 잔뜩 취해서도 디지털 도어락을 열고 집에 들어오고, 아침에 일어나면 나도 모르게 커피로 손을 뻗는 것 모두 몸에 밴 습관 때문이다. 중요한 것은 이러한 습관이 우리의 하인이 될 수도, 주인이 될 수도 있다는 점이다. 그리고 많은 사람이 나쁜 습관들이 주인처럼 행동하게 내버려둔다. 그래서 일을 하는 대신에 스마트폰이나 TV 화면 앞에서 시간을 보내고, 제출해야 할 것이 있고 그것 때문에 스트레스를 받는데도 계속 미룬다. 또는 나쁜 식습관이나 생활 습관으로 체중이나 건강을 위협받도록 만든다.

나쁜 습관은 자석처럼 우리에게 달라붙어서 우리를 목표에서 멀어지게 만든다. 그래서 많은 사람이 그것을 멈추고 싶어 하지만, 노력에도 쉽게 변하지 않는다. 게다가 어떤 나쁜 습관은 사람의 기분을 좋게 만들기 때문에 고치기가 더 어렵다. 예컨대 술을 마신다든가 담배를 피운다든가 게으름을 피우는 것 등은 우리에게 쾌락을 주는 습관들이다. 이런 쾌락에 기반을 둔 습관은 고치기가 더욱 어렵다. 우리의 뇌는 재미있는 행동을 할 때 소위 쾌락 호르몬이라고 불리는 도파민이라는 신경전달 물질을 분비하기 때문이다. 이렇게 습관에 길든 행동들은 그 것을 할 때는 달콤하지만, 나중에는 후회하거나 자괴감이 들게 만든 다. 사람들은 나쁜 습관을 고치겠다고 약속하지만 결국 습관의 유혹 에 지고 만다. 그리고 내일은 꼭 그것을 하겠노라 다짐하지만 그런 생 각은 곧 잊히고 만다.

하지만 나쁜 습관이 있다고 해서 당황하거나 우울해할 필요는 없 다. 왜냐하면 당신만 그런 것이 아니고 세상의 모든 사람이 저마다의 나쁜 습관을 갖고 있기 때문이다. 이제 우리가 할 일은 그것을 깨기 위 해 열린 자세를 취하는 것이다. 당신이 열린 자세를 취하게 되었다면, 자신이 변해야 한다는 것을 인식하지 못하거나 부정하는 사람들보다 확실히 우위에 있는 것이다. 무언가가 바뀌어야 한다는 것을 받아들 이지 못한다면, 어떤 것도 바꿀 수 없다. 이제 관성에 의해 한쪽으로만 돌던 바퀴를 다른 쪽으로 돌릴 때가 되었다.

무기력이라는 심리적 감옥

부정적인 사건이 닥치리라는 게 예견될 때 당신은 어떻게 하는가? 잘 상상이 되지 않는다면 그것을 눈에 보이는 일이라고 가정해보자. 누군가가 당신을 공격하려 한다면 어떻게 하겠는가? 아마도 도망치든 맞서 싸우든 할 것이다. 하지만 싸워서 질 것은 뻔한데 도망갈 곳도 없고 도망갈 방법도 없다면 어떻게 할 것인가? 아마도 자포자기 심정이 될 것이다. 그런데 여기서 우리가 주목해야 할 것은 분명 도망갈 수도, 맞서 싸울 수도 있는데 그냥 포기해버리는 경우이다. 이런 심리상태를 심리학자들은 '학습된 무기력'으로 설명한다. 학습된 무기력이란 '무엇을 하든 간에 결과는 달라지지 않을 것이라는 믿음'과 관련이 있다. 이것은 우리를 진짜 현실과 단절시키고 성장이나 변화의 가능성을 차단하는 잔인한 심리적 감옥이다.

학습된 무기력에 대한 첫 번째 연구는 심리학자 마틴 셀리그만이 동물을 대상으로 한 실험이었다. 그는 묶여 있는 개에게 계속 전기 충격을 주었는데 안타깝게도 개는 그 충격을 피할 물리적인 방법이 없었다. 전기 충격을 피하려 시도하던 개는 별 소용이 없음을 알게 된 후 결국 도망치는 것을 포기하고 충격을 받아들이기에 이르렀다. 이후 개가 충분히 전기 충격을 피할 물리적 조건이 되었을 때도(앞에 있는 낮은 칸막이만 뛰어넘으면 됐다) 개는 그냥 무기력하게 받아들였다. 과거의 부정적인 경험으로 말미암은 무기력을 학습한 것이다[3].

혹시 당신 역시 셀리그만의 개처럼 시도도 해보기 전에 미리 포기한 적은 없는가? 우리도 심리학자의 실험에 등장한 불쌍한 개처럼 심리적 감옥에 갇혀 있는 것은 아닌지, 우리의 발전과 성장을 가로막은 부정적인 믿음에 휘둘리지는 않는지 돌아볼 필요가 있다.

우리의 생활 속에는 미처 깨닫지 못하는 무기력이 제법 많다. 무기력에 관한 위의 실험에서 무기력한 사람들의 웅크린 모습이 연상된다. 특히 무기력이 위험한 이유는, 겉으로 드러나지 않는 경우가 의외로 많기 때문이다. 겉으로는 부지런히 무엇인가를 하기에 꽤 열정적으로 사는 듯 보이지만, 정말로 해야 할 일이 아닌 심리적으로 편안함을 느끼기 위한 도피 행동에 몰입하는 경우가 바로 그것이다. 이것은 무기력의 또 다른 형태인 도피이고, 자신을 속이는 일이다. 신기록을 내고 싶은 수영선수가 골프를 열심히 친다거나, 좋은 강의안을 준비해야 하는 교수가 수업 준비보다는 이런저런 사교 모임에 열을 올리는 경우가 그것이다.

나도 한때는 이런 무기력에 빠져 있었다. HR컨설팅 분야는 고객들의 니즈가 끊임없이 변하고 경쟁자들이 속출하기 때문에 새로운 개념과 도구를 개발하고 신규 고객을 확보하는 것이 중요하다. 새 프로젝트와 교육 프로그램을 개발하는 일은 방향 설정이 중요한데, 당시에는 막막한 게 사실이었다. 또한 그것을 만들어내더라도 성공적으로 고객을 유인하고 만족시킬 수 있을지 자신이 없었다. 마음 한구석에서는 새로운 시도와 변화를 모색해야 한다고 생각했지만, 말처럼 쉽지도 않았고 마음처럼 행동으로 옮기기도 힘들었으며 원하는 결과물이 나오는 경우도 드물었다. 지나고 보니 그때는 결혼한 부부가 권태기를 느끼듯 슬럼프에 빠져 있었던 것 같다. 당시 나는 무기력을 극복하려는 노력 대신 굳이 변화를 시도하지 않아도 지금 정도만 계속하면 먹고살 수는 있을 거라며 나 자신을 위로하는 쪽을 선택했다.

그때 내가 몰입한 것은 고객들의 니즈를 발견하고, 그것을 반영해 새 프로그램을 개발하고, 개발한 프로그램을 알리는 방법에 대한 고민과 행동이 아니었다. 취미생활들에 나의 에너지를 쏟아부었다. 복장학원에서 옷을 만들고 가방을 만드는 공방에 다니고 서예를 배우는 등 온갖 학원을 다니고 관련 재료들을 사러 다니며 나의 리소스를 모두 소진했다. 컨설턴트로서의 고민이나 자기계발은 미뤄둔 채, 해야 할 일들은 최소한의 수준만 하거나 새로운 시도는 귀찮아했다. 머릿속은 다음 취미생활로 뭘 배우고 어디를 찾아가야 할지에 대한 생각으로 가득했다. 물론 취미생활을 하는 것은 좋지만 그게 내 인생에서 중요한 일들을 버려둔 채 현재의 어려움과 도전을 회피하기 위한 것이어서는 안 되는데도 말이다. 내가 무기력에 빠져 있다는 것을 깨닫는 데는 1년 넘는 시간이 걸렸다. 무기력은 이처럼 우리 인생의 발목을 잡는 은밀한 방해요인이다.

의심의 장벽

우리의 성공을 방해하는 가장 큰 장벽은 '과연 해낼 수 있을까?'라는 의심이다. 과거의 경험을 되돌아보자. 할 수 없을 것 같다며 해보기도 전에 포기한 일이 얼마나 많았던가.

나 역시 그런 경험들이 있다. 중·고등학교 시절 나는 정말 공부 안 하는 학생이었고, 외울 것이 많다고 생각한 사회나 지리 과목들은 아예 쳐다보지도 않았다. 그때 내가 다른 사람과 나 자신에게 한 얘기는 "나는 외우는 걸 정말 못해. 암기력은 정말 빵점이야"였다. 그런 핑계로 이과를 선택했다(결국 이과 과목도 외울 것이 많다는 사실을 나중에 깨달았지만). 그때부터였나, 나는 어른이 되어서도 계속 내가 외우는 것에는 젬병이라고 생각해왔다.

그런데 30대에 심리학과에 다시 입학해서 학부 과목들을 수강할 때, 나는 내 암기력에 스스로 놀라지 않을 수 없었다. 모든 심리적 질환의 세세한 증상들을 외워야 했던 이상심리와 임상심리의 퀴즈 시험에서도, 뇌의 각 부분의 모양, 기능, 손상 시 발생할 수 있는 깨알같은 증상 등을 외워야 했던 신경심리와 생리심리 시험들에서도 거의 만점을 받은 것이다. 놀랍게도 교과서와 노트를 한두 번만 꼼꼼히 읽으면 다음 시험 때까지는 거뜬히 모든 걸 기억할 수 있었다. 나는 결국 암기력이 꽤 좋았던 것이다. 단지 무엇인가를 암기해보려고 노력하지 않았을 뿐! '나는 암기를 잘하지 못할 거야'라는 자신의 능력에 대한 의심은 인생에 가장 큰 장애물이었던 것이다.

당신도 나와 유사한 경험이 있을 것이다. "한번 그곳에 지원해보지 그래?"라고 누군가가 말했을 때, "웃기지 마, 나 같은 사람은 거들떠보지도 않을걸" 하며 지레 걸러낸 적은 없는가? '가서 한번 얘기해볼까?' 했다가도 '해봤자 아무 소용없어' 하며 시도조차 해보지 않은 경험들 말이다.

'내가 이것을 해낼 수 있을까?'라는 자기 의심은 때로는 우리에게 성찰의 기회를 주는 질문이 되기도 하고 무모한 시도로 생길 수 있는 몸과 마음의 상처로부터 우리를 보호해주는 역할을 하기도 한다. 문제는 우리가 충분히 능력을 갖고 있음에도 불확실성이 주는 두려움과의 싸움에서 패하여 생겨나는 자기 의심이다.

'망쳐버리면 어쩌지?'

'바보처럼 보이면 어떡하지?'

'사람들이 비웃으면 어떡하지?'

'내가 과연 그런 능력이 있을까?'

이런 물음은 우리를 머뭇거리게 하고 그 자리에만 머물게 한다. 이런 자기 의심이 객관적 근거에 기반을 둔 합리적 의심이라면 문제가 되지 않겠지만, 대부분 자신에 대한 지극히 주관적인 평가절하에서 비롯된다. 그래서 객관적으로 남들보다 뛰어난 능력을 가진 사람조차 내면에서 끊임없이 생겨나는 자기 의심과 싸우게 된다.

"내 안의 목소리가 '넌 그림을 그릴 수 없어'라고 말할 때가 있다. 그때 무슨 수를 써서든 그림을 그리면 목소리는 이내 잠잠해진다."

모두가 뛰어난 화가로 인정하는 반 고흐 역시 이런 자기 의심으로 괴로워했고 그것을 극복하고자 노력했다. 이렇듯 자신에 대한 의심은 실제 능력을 가졌는지 여부와는 상관없이 스스로를 과소평가하게 만든다.

책 여러 권을 낸 작가이자 코치인 마지 워렐(Margie Warrell)은 〈포브스〉의 한 기고문에서 첫 번째 책을 출판하기 전에 자신을 괴롭히던 자기 의심에 관해서 이야기한 적이 있다. 그녀는 생각한 것을 멋진 글로 써보고 싶다는 영감으로 책 쓰기를 시작했지만, 자신이 그 일에 부적합하다는 생각 역시 책을 쓰고 싶다는 생각만큼 크게 느껴졌다고 한다. 호주의 소도시에서 대학을 졸업한 그녀는 당시 아이 네 명을 키우고 있었고 글쓰기를 공부한 적은 없었다. 자기 의심에 괴로워하던 그녀에게 남편이 해준 말은 큰 힘이 되었단다.

"당신 자신에게 결함이 좀 있는 책을 써도 된다고 허락해줄 수는 없을까?"

그렇게 완성된 그녀의 책은 6개국에서 번역되어 출간되었다.

우리는 모두 불완전한 인간이다. 못하는 것도 많다. 하지만 할 수 있는 것 역시 많다. 못하는 것을 굳이 하기 위해 몸과 마음을 다칠 필요는 없다(물론 어떤 용기 있는 사람들은 못하는 것을 할 수 있는 것으로 만들기 위해 부단히 노력하기도 하지만). 그런데 할 수 있는 것조차 안 하고 있는 건 아닌지 다시 한 번 생각해보자. 내가 못하는 것이라고 제쳐놓은 많은 일 중에는 실제로는 할 수 있는 것, 심지어 매우 잘할 수 있는 게 제법 있다. 해보기 전에는 절대 알 수 없다. 이제 자신의 발을 묶고 있는 의심의 밧줄로부터 자유로워질 때가 되었다.

믿음의 힘

'우리가 세상에 대해 어떤 믿음을 가졌는가'는 우리의 삶이 어떻게 흘러갈 것인가를 결정한다. 미국의 사회학자 윌리엄 아이작 토머스 (William Isaac Thomas)가 주장한 토머스 정리에 따르면, 사람들은 주어진 상황을 객관적으로보다는 주관적 이해를 통해 자기 나름대로 파악하며 그들의 행동 또한 그런 주관적 이해의 영향 아래 놓인다[4].

이처럼 '어떤 상황을 실제라고 정의하면, 결과적으로 그것이 현실로 나타나는' 현상은 실제로 우리 주변에서 발견되기도 한다. 예컨대 어떤 은행의 재무 상태가 실제로는 아무런 문제가 없음에도 그 은행이 곧 파산하리라는 루머가 퍼지면 사람들은 은행의 파산을 실제로 믿는다. 그 결과 모두 은행으로 달려가서 예금을 인출하기에 결국 그 은행은 정말 파산하고 만다.

심리학에서의 '자기실현적 예언(Self-fulfilling Prophecy)'도 이와 비슷한 이야기를 한다. 예언의 영향으로 말미암아 발생하지 않을 수도 있었던 것이 예언대로 되는 현상을 말하는데, 상황에 대한 잘못된 정의가 결국 그걸 현실화하는 새로운 행동을 만들어낸다는 것이다. 예컨대 학부를 졸업하고 직장에 다니던 젊은이에게 한 역술가가 "교수가 될 사주이다"라고 말했다. 그 말에 영감을 얻은 그는 회사를 그만두고 대학원으로 돌아가서 다시 공부를 시작했고 정말로 교수가 되었다. 물론 어떻게 하더라도 결국 교수가 될 운명이었을 수도 있지만, 교수가 될 것이라는 역술가의 예언이 없었다면 그가 회사를 그만두고 다시 공부를 시작했을까? 그가 교수가 되기까지 있었던 많은 의사결정의 순간에서 그 역술가가 말한 예언이 영향을 미치지 않았다고 말할 수 있을까? 그가 교수가 된 것은 진짜 그의 운명이었을까, 아니면 그것이 자신의 운명이라는 믿음 때문이었을까?

피그말리온 효과 역시 이러한 원리에 의해 나타난다고 할 수 있다. 미국의 교육심리학자 로버트 로젠탈은 샌프란시스코의 한 초등학교에서 전교생을 대상으로 지능검사를 한 후 검사 결과와 상관없이 무작위로 한 반에서 20퍼센트 정도의 학생을 뽑았다[5]. 그 명단을 교사에게 주면서, 지적 능력이나 학업 성취의 향상 가능성이 큰 학생들이라고 믿게 했다. 8개월 후 이전과 같은 지능검사를 다시 했는데, 그 결과 명단에 속했던 학생들은 다른 학생들보다 평균 점수가 높았고, 학교 성적도 크게 올랐다. 분석 결과, 성적이 크게 상승한 데는 명단에 오른 학생들에 대한 교사의 기대와 격려가 중요한 요인으로 밝혀졌다. 교사가 특정 학생들에게 거는 기대는 그들에 대한 교사의 행동을 변화시켰고 실제로 학생의 성적 향상에 효과를 미쳤다. 믿음에는 자신뿐 아니라 타인도 변화시키는 힘이 있음을 알 수 있다.

학창 시절, 학교 곳곳에는 '하면 된다'라는 표어가 붙어 있었다. 당시 그것은 마법 같은 힘을 가진 하나의 믿음이었다. '되면 한다'는 요즘 사회 분위기에서는 좀처럼 받아들이기 힘든 표어일뿐더러 '하면 된다'는 식의 밀어붙이기에 따른 폐해도 많지만, 약하고 가난한 나라로서 자신감이 없던 당시의 시대적 분위기에서는 '하면 된다'는 단순 무식한 말이 나름의 효과가 있었다.

내가 학생들을 가르치면서 마지막에 항상 강조하는 것이 적절함과 유연성인데, 그 어떤 좋은 특성도 너무 지나치면 부족한 것과 마찬가지이기 때문이다. 자존감, 성실성, 책임감, 목표의식 등과 같은 좋은 속성들에서도 어두운 면들이 나타날 수 있다.

과거 우리 사회에서 드러난 '하면 된다'의 병폐는 그것이 지나치게 강조되었기에 발생했다. 하면 되기 때문에 우리는 지쳐 쓰러질 정도로 쉼 없이 달려왔고, 그 때문에 누군가는 지나친 희생을 강요당했다. 물론 실제 세상에는 해도 안 되는 것이 많다. 그럼에도 과거 우리 사회는 모든 실패의 원인을 하면 되는데 하지 않은 개인의 불성실과 노력 부족으로 돌리곤 했다. 그런데 '되면 한다' 식의 요즘 세상에서는 '안 돼서 안 한다' 식의 체념적 사고가 너무 늘지는 않을까 염려된다. 사실 되는데도 몰라서, 혹은 되는 걸 알면서도 게을러서 못하는 것이 얼마나 많은가?

'인간 탄환' 우사인 볼트가 두각을 나타내던 2008년도까지만 해도 다수의 연구자는 인간이 낼 수 있는 100미터 달리기 기록의 한계가 9초 44라고 했다. 이 기록은 당시 가장 우수한 단거리 선수들이었던 킴 콜린스, 모리스 그린, 그리고 볼트의 10미터 구간별 기록을 합친 것이다. 그런데 2009년 세계 육상 선수권 대회에서 우사인 볼트는 9초 58로 9초 69라는 자신의 이전 세계 신기록을 경신했다. 볼트는 0~10미터와 20~30미터 구간에서는 콜린스와 그린에게 뒤졌지만, 나머지 구간에서는 모두 역대 1위였다. 10미터 구간별 최고 기록을 조합할 경우 인간이 낼 수 있는 100미터 최고 기록은 9초 35로 내려갔다. 9초 44를 인간의 한계로 주장했던 연구자들은 머쓱해졌다. 그들은 볼트가 이토록 빨리 진화하리라고는 예상하지 못했다. 이제 사람들은 인간의 한계를 다시 계산해야 한다며 8초대의 기록이 나올 수 있다고 주장한다. 인간의 한계에 대한 고정관념들이 깨지는 순간이다.

더욱 놀라운 것은 우사인 볼트의 신체 조건은 단거리 육상선수로서 좋은 것만은 아니라는 점이다. 단거리 육상선수의 이상적인 키는 170센티미터 후반인데, 볼트는 196센티미터이며 선천적으로 척추측만증이 있다. 척추가 휘어지는 척추측만증 때문에 볼트의 어깨와 골반은 좌우 균형이 맞지 않는다고 한다. 그의 몸은 왼쪽보다 오른쪽이 높은데, 육상선수로서 불리한 신체 조건임에도 볼트는 오히려 단점을 장점으로 승화할 방법을 연구했다. 코어 운동으로 척추를 지탱하는 허리와 복부, 골반의 근육을 강화했고 척추측만증으로 어깨와 골반이 평행을 이루지 못해 발 움직임에 방해를 받자 어깨를 더 크게 흔들어 보폭을 넓혔다. 그런 훈련 결과 그는 100미터 결승선을 41~42걸음 만에 도달한다. 이는 라이벌 게이틀린의 44~45걸음보다 두세 걸음 덜 내딛는 것이며 보폭도 다른 선수들보다 20센티미터 정도 더 길다.

물론 우사인 볼트는 매우 특별한 사람이고, 우리가 그처럼 세계적인 업적을 이루어내기란 매우 힘들 것이다. 하지만 모두가 알아주는 성공은 아닐지라도 나 자신에게는 매우 특별한 성공이 얼마든지 있지 않을까! 내 친구 중 한 명은 온갖 병치레를 달고 살지만, 157킬로미터에 달하는 서울 둘레길 완주를 목표로 매주 토요일에 3~4시간을 투자해서 두세 구간을 걸었다. 사실 나도 그녀와 함께 몇몇 코스를 돌기는 했지만 '이걸 언제 다 돌아보나?' 하는 생각에 끝까지 함께하지는 못했다. 그런데 얼마 전 몇 달 만에 드디어 완주증을 받았다며 사진을 보내왔다. 결국 해낸 것이다. 사실 그녀는 5년 후 800킬로미터에 달하는 스페인 산티아고 순례길을 완주한다는 더 큰 목표를 세워두었다. 그때를 대비해서 체력을 기르며 돈을 저축하고 있었다. 그녀의 완주증을 보자니, 그녀가 산티아고 순례길을 성공적으로 다녀오게 되리라는 생각이 들었다.

이상의 예들은 특별한 사람들에게만 나타나는 일일까? 아니다, 긍정적인 믿음을 갖는다면, 그리고 그 믿음에 따라 행동한다면 당신에게도 충분히 가능한 일이다.

상상력 이용하기

해리포터 시리즈로 유명한 조앤 롤링은 하버드대학교 졸업식 축사에서 상상력의 중요성을 언급했다. 상상력이라고 하면 굉장히 창의적이고 동화적인 무엇인가를 마음속으로 그려보는 것이라고만 생각할수도 있다. 하지만 상상력이란 '눈이나 귀와 같이 감각기관에서 느낄수 있는 것이 없을 때, 정신적 이미지와 감각과 개념을 형성하는 능력', 즉 '실제로 경험하지 않은 현상이나 사물에 대하여 마음속으로 그려보는 힘'을 말한다. 이러한 상상력은 우리가 가진 지식을 문제 해결에 응용하도록 해주고, 경험을 통해 학습이 일어나도록 만드는 데 도움을 준다. 상상력을 통해 우리는 세계를 이해할 수 있고, 어떤 일이 일어나는 과정을 배울 수도 있다. 조앤 롤링은 상상력이 왜 중요한지에대해서 이렇게 말했다.

"제가 상상력의 중요성을 오늘의 두 번째 이야기로 삼은 이유에 대해서 여러분은 제가 삶을 다시 추스르는 데 상상력이 큰 역할을 했기 때문이라고 생각하실 겁니다. 그러나 그것이 다는 아닙니다. 부모님께서 잠들기 전 어린이들에게 동화를 읽어주시는 것이 소중한 경험이라는 주장은 제가 누구보다도 적극적으로 옹호합니다만, 제가 경험한 상상력의 가치는 더욱 넓은 의미에서의 가치입니다. 상상력은 인간만이 지닌 독특한 능력으로 인간은 상상력을 통해 현실에 존재하지 않는 것을 생각할 수 있고 따라서 상상력은 모든 발명과 혁신의 원천입니다."

조앤 롤링은 축사를 마무리하면서 젊은 시절 자신에게 깨달음을 주었던 고전의 한 구절을 언급했다. 그리스의 철학자이자 정치가이며 작가였던 플루타르크가 쓴 이 구절은 내가 좋아하는 글귀이기도 하다.

'우리가 내면에서 성취하는 것이 우리 외면의 현실을 바꾸어놓을 것이다(What we achieve inwardly will change outer reality).'

이 말에는 우리가 성찰과 상상력을 통해 내면에서 이루어낸 것이 바로 우리의 진짜 현실에 영향을 미친다는 뜻이 포함되어 있다. 당신이 내면의 과정을 통해 진정으로 원하는 것이 무엇인지 알고, 그것을 이룰 수 있다고 확신할 수 있다면, 그것은 당신의 선택과 행동에 영향을 줄 것이다. 즉, 우리가 마음과 머릿속으로 실패를 그린다면 현실에서도 실패할 것이며, 당신이 성공한 그 순간을 상상할 수 있다면 현실에서도 성공할 가능성은 훨씬 커질 것이다.

빌 게이츠는 스무 살 되던 1975년에 세계 최초의 소형 컴퓨터가 탄생했다는 기사를 접하면서 본격적인 컴퓨터의 시대가 도래했음을 직감했다고 한다. 그는 이후 모든 가정의 책상 위에는 컴퓨터가 놓이는 시대가 올 것이라고 예상했다. 당시 아무도 상상하지 못했던 것을 그는 상상해낸 것이다. 그리고 결국 그는 그것을 현실로 만드는 주역이 되었다.

어쩌면 우리가 현실에서 성공하지 못하는 것은 아마도 우리가 원하는 것이 무엇인지, 그리고 원하는 것을 이루었을 때의 모습이 어떤지 상상하지 못해서일 수도 있다. 이제 상상력을 발휘해보자.

생각해보면 지금 우리 시대까지 이루어져 있는 많은 것은 누군가의 상상력에서 출발한 것이 아닌가! 처음에는 누구나 말도 안 되는 일이라고 했을 것이다. 그리고 그것을 상상할 수 없는 사람들은 불가능하다고 말했을 것이다.

얼마 전 한 모임에서 인공지능을 주제로 대화를 나누었다. 한 참석자가 특이점(인공지능이 비약적으로 발전하여 인류의 지능보다 더 뛰어난 초인공지능이 출현하는 시점)이 올 것인지에 대한 질문을 던졌다. 그러자 또 다른 참석자가 얼마 전 이 분야의 세계적인 석학 제리 캐플런 교수의 강연에서 들은 내용을 이야기하며 적어도 우리가 살아 있는 동안에는 특이점은 오지 않을 것이라고 말했다. 모두 고개를 끄덕였지만, 한편에서는 갸우뚱거림도 있었다. 그동안 기술의 발달이 상상 이상의 속도로 진행되어왔고, 10년 전에는 상상도 못 했던 것들이 지금 시점에서는 이루어지고 있기 때문이다. 지금은 아무도 상상하지 못하지만, 그래서 미래의 그것이 어떤 모습일지는 알 수 없지만, 단 한 사람의 상상으로부터 출발한 새로운 시도가 세상을 놀랍게 변화시킬 수도 있기 때문이다.

우리의 변화된 미래 역시 우리의 상상력으로부터 출발한다. 당신이 자신의 미래를 아주 생생하고 또렷하게 상상할 수 있다면 그것을 이루어가는 길은 그렇지 않은 경우보다 수월할 것이다. 원하는 미래를 상상할 수 없다는 것은 자신이 원하는 게 무엇인지 알지 못하고 따라서 목표도 불분명하다는 의미다. 당신이 원하는 미래를 상상해보자. 지금은 불가능해 보일지라도 당신이 상상하는 이미지가 당신이 나아갈 방향을 알려주는 나침반이 될 것이다.

우리를 제한하는 믿음들

항상 부정적인 사람들이 있다. "여자들은(혹은 남자들은) 이래서 안 돼", "노인들은(혹은 젊은이들은) 이래서 안 돼", "한국 사람들은(혹은 백인들은 혹은 아시아인들은) 이래서 안 돼" 하는 식으로 늘 온갖 사람을 비난한다. 아이들 앞에서는 선생님을 욕하고, 직장 동료 앞에서는 상사를 욕하고, 친구 앞에서는 다른 친구 욕을 한다. 운전할 때도 항상 자신은 잘하지만 다른 사람들이 얌체이고 준법정신이나 배려가 없다고 생각한다. 어떤 일을 시작할 때면 잘 안될 것이라고 이야기하고, 시작된 후에는 내내 불평불만을 늘어놓는다.

실제로 이와 비슷한 사람을 본 적이 있다면, 아마도 그가 주위에 퍼뜨리는 부정적 에너지를 느꼈을 것이다. 그들은 자기 자신을 불행에 빠뜨릴뿐더러 주변 사람들의 행복마저도 방해한다. 이런 성향의 사람들은 성공한 인생을 사는 경우가 거의 없다. 자신의 분야에서 성공하는 일도 드문 데다 설령 운이 좋거나 많은 유산을 물려받아 윤택하게 살더라도 절대 행복하지 않다.

예를 들어보자. 학기가 시작한 이래로 가장 열심히 듣고 시험공부한 과목의 중간고사 성적이 나왔다. 60점대로 C+에 해당하는 점수였다. 실망스러운 마음에 어깨를 늘어뜨리고 집으로 가는 도중에 신용카드와 신분증, 현금이 든 지갑이 없어진 것을 알았다. 아까 화장실에 두고 나온 것이 기억나서 얼른 가보았지만 이미 사라진 뒤였다. 혹시나 하는 마음에 건물 경비실로 가보니 누군가가 주운 지갑을 맡겨놓았는데 안에 들었던 현금은 보이지 않았다. 어제 온종일 아르바이트하고 받은 일당 7만 원을 고스란히 잃어버린 것이다. 너무 울적한 마음에 어디엔가 하소연하고 싶어서 친한 친구에게 전화를 걸었는데 그친구는 바쁜 일이라도 있는 듯 건성으로 대답한다.

당신이 위와 같은 상황이라면 어떤 기분일까? 어떻게 행동할 것 같은가? 혹시 '난 정말 재수가 없는 것 같아', '난 항상 이런 식이야. 뭐 하나 제대로 되는 일이 없어'라며 부정적인 생각을 늘어놓지는 않았는가?

미국의 심리학자 캐롤 드웩은 '마인드세트(Mindset)'를 연구하면서 위와 유사한 상황을 제시하고 사람들의 반응을 관찰했다[5]. 그녀에 의하면 사람은 '자기 자신과 자신의 능력에 대한 믿음을 어떻게 가지느냐', 즉 '어떤 마인드세트를 가지고 있는가'에 따라 자신의 경험을 해석하는 방법과 한계가 결정된다고 한다. 그녀는 '고정 마인드세트(Fixed Mindset)'와 '성장 마인드세트(Growth Mindset)'를 구분해서 보았다.

고정 마인드세트를 가진 사람들은 '지능과 능력이 이미 고정되어 있다'고 믿는다. 그렇기에 자신의 능력 이상을 추구하려 하지 않는다.

이들에게 목표란 자신이 가진 능력을 증명해 보이기 위한 도구에 불과하다. 이들은 결과를 중시하는데, 잘못된 결과는 자신의 능력을 부정적으로 확인해주는 것이라고 생각한다.

반면, 성장 마인드세트를 가진 사람들은 노력의 과정을 성장 기회로 생각하기 때문에 결과보다는 과정에 좀 더 많은 의미를 둔다. 그렇기에 과정에서 발생하는 실패를 자신을 성장시키는 좋은 기회로 여기고 오히려 도전정신과 의욕이 고취되는 특성을 보인다.

위에서 예시로 든 사건을 경험할 경우, 어떤 반응을 보일지 생각해보자. 캐롤 드웩은 고정 마인드세트의 사람들이 위와 같은 상황에서 내놓는 대답의 특징을 발견했다. "이번 생은 망한 것 같아요", "전 항상 이런 식이에요. 되는 일이 없어요" 하는 식의 반응이었다. 또한 그들은 자신의 삶 자체에 대해서도 "내 인생은 비참해요", "가망이 없어요"라고 반응했다.

그렇다고 해서 그들이 자존감이 낮거나 심각한 비관주의자인 것만은 아니다. 그들도 실패를 경험하지 않은 상황에서는 성장 마인드세트를 가진 이들처럼 밝고 긍정적이고 매력적이다. 하지만 실패를 경험하는 순간 '더는 아무것도 하기 싫어', '아무에게나 화풀이해야겠다', '그냥 한동안 처박혀야지', '뭐 어쩌겠어, 해도 안되는걸' 하는 식의 패배적인 생각을 한다.

하지만 다시 한 번 생각해보자. 아직 학기가 끝난 것도 아니고(중간고사 성적이다), 현금을 잃어버렸지만 신용카드와 신분증을 분실하지 않았으므로 분실신고나 재발급 같은 귀찮은 절차를 거치지 않아도 되고, 친구의 상황은 알 수 없다. 단지 건성으로 대했을 뿐이다. 그런데 아직 희망이 있는 상황에서도 고정 마인드세트를 가진 사람들은 심각한 패배감과 무기력감을 느낀다. 반쯤 물이 찬 물컵을 보고 '아직 반이나 남았다'라고 생각하기보다는 '반이나 없어졌다'라고 생각하기 때문이다.

당신은 어떤 이론을 가지고 있는가

어떤 것을 성취하려면 자신이 얻고자 하는 게 무엇인지 알고 있어야 하며, 그것을 얻는 과정에서 주어질 도전을 받아들일 준비가 되어있어야 한다. 이는 성취를 위한 구체적인 실행 방법을 모두 알고 있어야 한다는 의미는 아니다. 사실 도전 초기에는 어떻게 그것을 실현해나아가야 할지 막막한 경우가 대부분이다. 그럼에도 도전을 받아들이고 시작해볼 용기를 가지는 것은 대단히 중요하다. 도전을 받아들일 준비가 되어 있다는 건 자신이 그것을 이루어낼 능력이 있다는 믿음이 있음을 의미한다. 이런 믿음은 큰 결과의 차이를 가져온다.

모든 사람은 자기 주변에서 일어나는 일에 대해서 자신만의 이론을 가지고 있다. 실제 인과관계가 없는 곳에서도 원인과 결과를 찾으려고 하는 이런 속성을 빗대어 오스트리아의 심리학자 프리츠 하이더는 아마추어 과학자(Amateur Scientist) 혹은 경험 없는 심리학자(Naive Psychologist)라고 표현했다[7]. 아마추어 과학자들은 그들이 경험적,

직관적으로 만들어놓은 세상에 대한 자기만의 이론에 따라 주변과 자신을 인식하게 된다(그들이 만든 이론이 맞고 틀리는지는 별개 문제이다).

예를 들면 '손가락이 긴 사람은 게으르다', 'B형인 사람은 감정적이다', '○○ 출신 사람은 배신을 잘한다' 등과 같은 고정관념과 편견들 역시 그런 이론에서 비롯된다. 편견들에 대해서 강한 의견을 가진 이들에게 그 이론의 진위에 대해서 질문해보면 대부분은 "내가 겪어봐서 잘 안다"고 말한다. 그가 얼마나 많은 사람의 손가락 길이를 일일이 재어보고 그 사람들의 부지런함 정도를 정밀히 측정해 두 수치 간의 상관을 살펴보았는지는 중요하지 않다. 단지 그가 경험 내에서 직관적으로 판단할 뿐이다. 이렇게 만들어진 이론들은 더욱 확고한 신념이 되어 자신과 세상을 대하는 태도에 큰 영향을 미친다.

어떤 목표이든 그것을 달성하는 과정에서 우리는 난관이나 장애물을 만나게 마련이다. 난관에 직면했을 때 당신은 어떻게 행동하는가? 본인이 그것을 돌파할 능력이 있다고 자신하는가? 연구자들에 따르면 이러한 자신감은 사람들이 가진 자신만의 이론에 따라 달라진다. 예컨대 지능에 대해 어떤 이론을 가지고 있는가에 따라 학교 수업을 대하는 태도가 달라진다. 드웩은 지능은 타고나는 것이고 더 이상 향상되지 않는다고 믿는 불변이론(Entity Theory)을 가진 학생들보다 노력에 따라 점차 증가한다고 믿는 점증이론(Incremental Theory)을 가진 학생들이 학교 수업 시간을 더 흥미로워하고 결과보다는 배움 자체를 더 중시하는 경향을 보였다고 한다[B].

낙관주의자와 비관주의자 역시 마찬가지다. 낙관주의자와 비관주의는 부정적인 사건이 발생했을 때 그 일이 일어난 원인에 대한 설명이 다르다. 비관주의자들은 내적 · 안정적 · 전체적인 귀인을 하는 경향이 있다. '내가 못나서 그래', '난 항상 그래', '난 뭘 해도 그래' 하는 식이다. 반면 낙관주의자들은 외적·불안정적·구체적 귀인을 하는 경향이 있다. '상황이 어쩔 수 없었어', '원래 안 그러는데 이번만 그래', '다른 건 안 그런데 이 부분에서만 그래' 하는 식이다.

당신은 어떤 이론을 가지고 있는가? 당신의 이론이 스스로를 상자 안에 가두고 있지는 않은가? 그렇다면 당신을 자유롭게 해줄 새로운 이론을 가져보자. 생각보다 어렵지 않다. 세상에 대한 새로운 이론을 받아들이고 그 이론을 통해 세상을 보면 된다. 하지만 그 전에 무엇이 자신과 세상에 대해서 잘못된 이론을 가지게 했는가를 살펴볼 필요가 있다. 그것을 깨뜨려버려야 한다. 뒤이어 말할 자기 제한적 믿음이 바로 그것이다.

자기 제한적 믿음은
어떻게 만들어지는가

많은 부모는 아기들이 원치 않는 행동을 할 때 "안 돼! 그럼 나빠요!"라며 그 행동을 제지한다. 부모의 부정적 피드백을 통해 우리는 하지 말아야 할 행동과 해도 되는 행동을 구분하게 된다.

한번 상상해보자. 지금 우리는 세 살이고 딱 세 살에 맞는 행동을 했다. 밥을 먹으면서 여기저기 흘리고, 집 안 곳곳을 어지럽히고, 원하는 걸 내놓으라고 떼를 쓸 것이다. 아무리 참을성 많고 인자한 부모라도 "넌 대체 누굴 닮아 그러니?" 하며 화를 낼 만하다. 그다음, 조금 더 커서 학교에 다닌다고 상상해보자. 집에 형편없는 성적표를 가지고 왔거나 선생님의 질문에 대답을 못 했을 때, 혹은 친구들 사이에서 유행하는 행동을 따라가지 못했을 때 "너 정말 바보구나!", "멍청하게 이것도 못하니?"와 같은 말을 들을 수도 있다.

문제는 부정적인 말이 우리의 행동 때문이 아니라 우리 자신 그 자체 때문이라고 생각할 때 발생한다. 성적이 좋지 않은 것은 공부를 제대로 하지 않았기 때문이지(즉, 행동 때문이지) 내가 바보라는 증거는 아님에도, 우리는 그것을 우리 자신에 대한 부정적인 증거라고 생각해버린다. 그 부정적인 생각은 몇 번의 반복 경험을 통해 하나의 믿음과 신념체계가 되어버린다. 이로써 우리는 '나는 별로이다'라고 생각하고 믿어버린다. 이러한 믿음은 다양한 영역에서 표출된다. 예컨대 나는 별로 똑똑하지도 않고, 별로 키가 크지도 않고, 별로 날씬하지도 않고, 별로 부유하지도 않고, 별로 매력적이지도 않다…….

그런데 우리의 신념체계의 영향력은 단지 '나는 훌륭하지 않아'라는 생각에만 그치지 않는다. 우리의 신체와 감정에도 영향을 미친다. 우리의 신체는 그런 부정적인 신념이 발동할 때마다 움츠러들고, 손이 떨리고, 긴장한다. 슬프고, 긴장하고, 무기력함을 느낀다. 그게 다가 아니다. 신념체계는 우리의 잠재의식에 그 믿음이 프로그램되었을 당시의 사건과 시간 등을 기억해놓는다. 이 모든 요소가 서로 얽히고 연결되어 우리의 도전에 걸림돌이 되는 자기 제한적 믿음이 된다. 시간이 흐르면서 자기 제한적 믿음은 너무 습관화되어 심지어 그것이 우리를 억압하고 있다는 사실조차 깨닫지 못하는 지경에 이른다.

예를 들어보자. P는 학창 시절 친구들과 축구시합을 한 적이 있었다. P는 당연히 골로 이어질 수 있었던 너무도 쉬운 공을 놓쳤고, 친구들은 한동안 P를 비난하고 비웃었다. P는 그로 말미암아 자기 자신이 부끄럽고 원망스러웠다. 어쩌면 P가 이 사건을 생생히 기억하지는 못할 수도 있지만 이 사건의 모든 순간이 잠재의식 속에 기록되어, '나는 별로야', '나는 스포츠를 못해', '괜히 친구들 노는 데 끼어봤자 창피만 당할 거야'라는 믿음 체계의 기초가 될 수 있다.

어떤 사건은 대개 순간적인 경험으로 끝나고 당시의 감정이나 생각에 대해서는 잊힌다. 그런데 이런 간단한 사건이 마음속에 깊고 강하게 박혀 자기개념의 토대가 되기도 한다. 이것은 시간이 지남에 따라 우리가 자기 자신과 세상을 바라보는 관점에 영향을 주는 필터로 작용한다. 그때부터 우리가 실수를 하거나 타인의 기대에 미치지 못하는 행동을 하면 이러한 믿음이 수면 위로 올라온다. 우리가 훌륭하지 않다는 걸 자신에게 강화하고 그걸 '증명'하는 증거라고 생각해버리는 것이다.

P의 경우에는 부정적인 수행이 예상될 때마다 축구 시합에서 느꼈던 수치스러움과 자기 원망을 수백, 수천 번 다시 느끼고, 매번 학창 시절 때처럼 본인이 나약하게 느껴질 것이다(심지어 이미 충분히 강해졌을 때도 말이다). 그리고 '이것 봐, 난 내가 할 수 없다는 걸 이미 알고 있었어!'라는 것이 그의 사상이 될 수도 있다.

그렇다면 이러한 자기 제한적 믿음을 유도하거나 강화하는 우리의 사고방식 혹은 습관에는 어떤 것들이 있을까?

- 흑백논리로 세상을 바라보기: 이런 관점은 우리가 어떤 것을 완전히 달성하지 않으면 실패한 것으로 간주한다. 하지만 세상은 성공과 실패 두 가지로 잘라서 구분할 수 없다. 오히려 연속 선상에 있다.
- 내 탓을 하기: 부정적인 사건이 발생했을 때 그 일을 자신의 탓으로 돌리는 것이다. 어떤 일이 발생할 때는 우리가 어쩔 수 없는 상황적 요소가 영향을 미칠 때가 많다. 그런데 이런 것들까지 모두 자신의 탓으로 돌리거나 때로는 우연히 무작위로 발생한 사건조차도 그런 식으로 해석한다.
- 파국적으로 생각하기: 어떤 일이 조금만 잘못되어도 최악으로 몰아가는 것이다. 일이 진행되다 보면 잘될 때도 있고 안될 때도 있다. 생각처럼 일이 안

풀리다가도 조금 참고 기다리면 해결될 때도 있다. 그런데 조금만 안 되는 조짐이 보여도 최악의 실패 상황을 상정한다.

● 지나치게 일반화하기: 한 영역에 발생한 부정적 경험이 다른 영역 전반에 걸쳐 적용되리라 생각한다. 혹은 한번 일어난 일이 계속해서 다시 일어나리라 생각한다. '모두 다 그래', '항상 그래' 하는 생각들이다.

살다 보면 실수를 하거나 부정적인 피드백을 듣는 경우가 생길 수 있다. 하지만 그것이 우리가 훌륭하지 않다거나 능력이 없다는 의미는 아니다. 하지만 우리가 가진 신념체계는 그러한 사실을 걸러서 보게 만들거나 왜곡시키는 렌즈 역할을 한다. 그렇다면 우리는 어떤 렌즈로 자신과 세상을 바라보아야 할까?

어떤 믿음을 택할 것인가

우리는 모두 우리가 누구이고 세상이 어떤지에 대한 개인 스토리를 가지고 있다. 여기서 말하는 스토리란 앞서 말한 아마추어 과학자의 이론이 조금 더 정교화된 것이라고 할 수 있다. 이러한 스토리들이 반드시 의식적인 것은 아니지만(우리가 의식적으로 깨닫지 못하는 동안에 무의식적으로 이런 믿음을 가지게 되는 경우도 있다), 우리가 삶을 어떻게 살아가는지를 담고 있다. 많은 사람은 건강하고 긍정적인 스토리를 가지고 있으며, 그것은 우리에게 도움이 된다. 하지만 누군가는 비관적 스토리를 만들고, 최악의 상황을 가정하고, 그 결과 대처 능력이 떨어지는 자기 혐오적 사고 사이클에 빠진다.

주위 사람들을 돌아보자. "난 운이 좋아"라며 항상 감사하며 웃는 이와 "나는 운이 없어"라며 항상 불평만 늘어놓고 찡그리는 이 중 누가 더 매력적이고 자꾸 만나고 싶은가? 대개 자신이 운 좋다고 생각하는 이들은 스스로 운을 찾은 것처럼 보이며, 또한 미래에 더 많은 행운을 기대하고 미래를 긍정적으로 바라본다. 게다가 이들은 일이 잘못되어갈 때도 불운한 일에서 몇 가지 긍정적인 면을 찾아내어 불운을 행운으로 변화시키고, 가능성을 찾아낸다. 심지어 매우 힘든 상황을 겪은 경우에도 그들은 더 긍정적인 관점을 가진다. 예컨대 교통사고를 당했을 때 자신이 불운하다고 믿는 사람들은 "왜 하필 나에게 이런 일이 일어나는 거야. 정말 재수 없어"라고 말한다. 그러나 자신이 운 좋다고 믿는 사람들은 '놀라워. 교통사고를 당했는데도 난 죽거나 크게 다치지 않았어. 그리고 또 부딪힌 차에 탔던 사람들도 다친 데 없이 건강하고 오히려 서로 친구가 되었어'라고 생각한다.

미국의 심리학자 수잔 톰슨은 화재 때문에 집이 손상되거나 파괴된 사람들을 대상으로 화재 발생 직후와 1년 후를 각각 조사했다[9]. 그녀는 정신적 충격이 큰 사건에서조차 긍정적인 의미를 찾는 사람들은 그렇지 않은 사람들에 비해 어려운 상황에 더 잘 대처하고 다른 이들을 덜 비난할 것이라고 생각했다. 연구 결과, 그녀의 예상대로 상황을 긍정적으로 재평가했던 사람들은 충격적인 사건에 더 잘 대처하고 적응했으며, 다른 사람들을 덜 비난하고 있었다. 이러한 효과는 1년 후에도 계속 유지되었다.

그렇다면 어떤 방식으로 부정적인 스토리를 수정하도록 도울 수 있을까? 전문가에 의한 심리치료를 들 수 있다. 예컨대 '인지 행동 치료(Cognitive Behavioral Therapy: CBT)'는 자신과 주변 세계에 대한 사람들의 부정적 사고방식을 확인하고 바꾸기 위해 고안된 치료법이다. CBT는 특히 우울증이나 불안 장애 같은 심각한 문제를 가진 사람들을 돕는 데 효과적이다.

더 간단하고 덜 심각한 문제를 가진 사람들을 도울 또 다른 접근법도 있다. 사회심리학자 티모시 윌슨은 이것을 '스토리 편집'이라고 부르는데 사람들이 자신의 개인 스토리를 유익한 방법으로 편집하는 것이다[10].

다음의 글자를 읽어보자.

THE CAT

당연히 처음 단어는 'The'로 읽을 것이고 다음 단어는 'Cat'으로 읽을 것이다. 그런데 각 단어의 두 번째 알파벳은 둘 다 똑같이 윗부분이 약간 열린 사다리꼴의 글자다. 앞뒤에 있는 알파벳 글자에 따라 각각 H와 A로 읽히는 것이다. 이러한 해석 방법은 시각적인 자극을 해석할 때만 일어나는 것은 아니다. 우리가 무엇인가를 말할 때나 행동할 때도 일어날 수 있다.

한 중소기업에 근무하는 김 부장의 예를 보자. 그는 야근을 밥 먹듯이 하며 회사에 자신의 모든 에너지를 쏟아붓는다. 어느 날 사장이 그를 불러 "김 부장, 오늘은 일찍 들어가서 푹 쉬지 그래"라고 말했다. 이 말을 어떻게 받아들여야 할까? 사장은 김 부장의 노고를 위로하는 의미로 꿀 같은 오후 휴가를 준 것일까? 아니면 이제 회사를 그만두라는 신호를 준 것일까? 다른 사람들의 어떤 행동에 대해 그 사람이 '왜 그렇게 했는지'를 다 알 수 있는 것은 아니다. 맥락을 완전히 알지 못한다면 위의 글씨의 예와 같이 이렇게도 저렇게도 읽힐 수 있다. 이러한 애매모호함 때문에 알 수 없는 이야기의 빈칸은 듣는 사람이 임의로 채워 넣게 된다. 이때 '우리가 알고 있는 정보를 어떻게 해석하고 빈칸을 무엇으로 채워 넣는가'가 문제가 된다.

우리에게도 이런 일들이 일어난다. 길거리에서 낯선 사람을 스쳐 지나가는데 그 사람이 당신을 한 번 더 쳐다보는 느낌이 든 적이 있지 않은가? 그 사람이 왜 쳐다보았는지는 알 수 없다(심지어 정말로 쳐다본 것이 맞는지조차도 확실치 않을 때가 많다). 그런데 사람들은 이런 상황에서 제각기 다른 반응을 한다. 누군가는 그냥 우연히 눈이 마주친 것이겠거니 하고 넘겨버리지만, 누군가는 그 사람이 본인에 대한 호감이 있어서(혹은 본인이 예쁘다거나 잘생겨서) 쳐다보았다고 생각해 우쭐해하기도 하고, 누군가는 '혹시 아는 사람일까?'라고 생각하기도 한다. 또 누군가는 "왜 쳐다봐!" 하면서 불쾌한 감정을 드러내기도 한다. 심한 경우, 심각한 싸움으로 이어지기도 한다. 이렇듯 특정 상황을 개인이 어떤 식으로 해석하는가는 그 개인의 감정과 행동을 좌우한다.

이런 원리를 이용한 방법에 '스토리 프롬프팅(Story Prompting)'이 있다. 마치 프롬프터에 지나가는 대사를 비추어주듯 잠시 스쳐 지나가는 사진처럼 사람들이 의식적으로 알아채지 못할 수도 있는 미묘한 방법을 통해 사람들이 어떤 이야기를 따라가도록 만드는 방법이다.

티모시 윌슨은 다음과 같은 실험을 해보았다[11]. 참가자들은 좋은 성적을 받지 못해 자포자기 심정인 1학년 학생들이었다. 연구자들은 이들에게 설문조사라고 생각하게 하고는 '많은 대학생이 처음에는 잘하지 못하지만, 시간이 지나면서 향상된다'는 정보를 슬쩍 흘려주었다. 거기에 더해서 이 메시지를 다시 한 번 강조해주는 2, 3학년 선배들의 인터뷰 비디오를 보여주었다. 학생들이 대학 공부에 대해서 '이미 따라갈 수 없다'는 믿음으로부터 '단지 요령을 배울 필요가 있다'

는 관점으로 그들의 학업 문제를 재해석하도록 자극한 것이다. 이런 과정을 거친 그룹의 학생들은 그렇지 않은 그룹의 학생들에 비해 이 듬해에 더 좋은 성적을 받았고 중퇴하는 비율이 더 낮았다.

좀 다른 방향에서 생각해보자. 누군가가 당신에게 "너는 어떤 사람 이니?" 혹은 "너 자신을 한마디로 표현하자면?" 하고 물었다 치자. 당 신은 무엇이라고 대답할까? 쉽게 대답할 수 있겠는가? 한마디로 "나 는 ~한 사람이다"라고 이야기할 수 있겠는가? 사실 알고 보면 당신은 무척 복잡한 사람이다. 당신은 한마디로 말할 수 없는 사람이다. 스스 로 생각해보아도 쉽게 답이 나오지 않는다. 당신과 나 모두 다양한 영 역에서, 즉 학생으로서, 친구나 연인으로서 혹은 직장인으로서, 가족 의 한 구성원으로서 보이는 모습이 다 다를 수 있다. 또한 우리는 한 가지 차원에 대해서도 그때그때 다른 행동을 할 때가 너무나 많다.

나 자신을 예로 들자면 어떤 사람은 나를 시니컬하고 합리적인 면 을 중시한다고 보지만, 어떤 사람은 응석받이에 변덕이 심하다고 생 각한다. 나는 지지난 주 주말에 집에 있는 창문들을 모조리 닦고 유행 지난 옷들을 버리고 안 읽는 책들을 중고서점에 보내느라 내내 바쁘 게 보냈다. 하지만 지난 주말에는 딱히 피곤하지도 않았는데 온종일 TV 채널을 이리저리 돌리고 배달 음식을 시켜 먹으며 빈둥댔다. 나는 부지런한 사람인가, 게으른 사람인가? 나는 마음이 동하면 세상 누구 보다도 부지런히 움직이지만, 귀찮을 때는 모두가 한심해할 만큼 게 을러진다. 대개의 사람이 그럴 것이다. 따라서 한마디로 나는 '~한 사 람'이라고 정의 내리는 것은 그리 합당하지 않아 보인다. 그럼에도 우 리는 "나는 정직한 사람이에요" 혹은 "나는 게으른 사람이에요"라고 한마디로 자신을 이야기해버릴 때가 있다.

그런데 매우 흥미로운 점은 내가 나 자신을 어떻게 정의 내리는지에 따라서 나의 행동이 달라진다는 것이다. 당신도 한번 시험해보길 바란다. 아침에 눈을 떴을 때, 아직 잠에서 덜 깨어 따뜻한 이불 안에 계속 있고 싶은 생각이 들 때 이 실험을 해보기 딱 좋다. 그대로 누워서 자신에게 말해보자.

"나는 게으르고 무기력한 사람이다."

다른 날에는 다음과 같이 말해보자.

"나는 활기차고 부지런한 사람이다."

이제 두 날의 행동을 비교해보라. 오전 시간을 보내는 방식이 달라질 것이다. '나는 활기차고 부지런한 사람이다'라는 나에 관한 스토리 자체가 나에게 얼른 이불을 박차고 일어나라고, 집 안에 쌓여 있는 쓰레기를 치우라고, 만나는 사람들에게 웃는 얼굴로 반갑게 인사하라고 직접적으로 이야기하지 않는다. 다만 내가 그렇게 행동하도록 암시를 주는 것이다. 자신에게 어떤 암시를 주는 것이 더 바람직하겠는가?

이제 우리가 할 일은 자기 자신에 대해 그리고 우리 주변에 일어나는 일들에 대해 부정적으로 해석하는 나쁜 습관을 없애는 것이다. 우리를 좁은 세상 속에 가두고, 주눅 들게 하고, 더 이상 발전하지 못하게 하는 제한된 믿음에서 빠져나오는 것이 우리가 할 일이다.

자기 제한적 믿음의 덫에서 빠져나오기: 프레임 바꾸기

자기 제한적 믿음이란 자신에 대해서 혹은 다른 사람이나 세상에 대해서 우리가 가지는 믿음의 일종으로, 어떤 방식으로든 우리를 제한하고 구속한다. 이러한 믿음에는 우리가 어떤 권리를 가졌고, 어떤 의무를 가졌는지, 어떤 능력을 가졌고, 무엇을 할 수 있고 할 수 없는지 등도 포함된다. 우리가 단지 그걸 믿는 것만으로도 우리의 생각과 행동과 말은 그 한계에 갇히고 만다. 그 때문에 마땅히 누릴 수 있는 풍요로움을 경험하지 못하고 살기도 한다.

우리를 가로막는 자기 제한적 믿음에는 어떤 것들이 있을까?

- 부정적인 자아상에 대한 믿음들: 나는 수줍음이 많고, 나이가 많고, 어리고, 약하고, 운이 나쁘거나, 무능하다.
- 제한된 규칙: 그런 일만 일어난다면 행복할 것이다, 성공한 삶이라고 말하기 위해서는 꼭 이것이 필요하다.

- 부정적인 자기 연민: 나는 부와 행복 또는 성공을 누릴 자격이 없다, 나는 그만큼 훌륭하지 않다, 나는 나 자신을 좋아하지 않는다, 나는 사람들에게 사랑받지 못한다.
- 자기 패배적인 믿음: 성공할 수 없기 때문에 노력할 필요가 없다, 뒤를 밀어주는 사람이 없으면 성공할 수 없다.
- 결핍되어 있다는 믿음: 나는 충분한 돈, 시간, 교육 여건을 가지고 있지 않다.
- 경직된 믿음: 그건 나에게 효과가 없을 거야, 그건 불가능해, 한번 시도해봤는데 효과가 없었어, 내가 옳고 네가 틀렸어.
- 도움이 되지 않는 은유, 꼬리표 또는 인식: 인생은 고통이고 투쟁일 뿐 희망이 없다, 돈은 나쁘거나 사악하거나 정직하지 않거나 이기적이다.

그렇다면 자기 제한적 믿음에서 벗어나기 위해 무엇을 해야 할까? 가장 먼저 우리가 가진 자기 제한적 믿음이 무엇인지 깨달아야 한다. 그리고 그게 우리의 행동에 어떤 영향을 주고 있는지를 깨닫는 것이다. 자기 제한적 믿음은 종종 무의식 공간에 자리 잡고 있어서 미처 깨닫지 못할 수도 있다. 따라서 우리가 의식하지 못한 사이에 우리에게 영향을 미치고 있는 자기 제한적 믿음을 인식하는 일이 첫걸음이라 하겠다.

우리가 가진 자기 제한적 믿음을 알아내기 위해서는 몇 가지 단서를 활용할 수 있다. 단서들은 우리가 목표를 향한 과정에서 장애물에 직면할 때 드러난다. 예컨대 자기 제한적 믿음은 다음과 같은 상황에서 주로 나타난다.

- 변명할 때

- 무언가에 대해 불평할 때

- 부정적인 생각에 몰입할 때

- 도움이 되지 않는 습관인 걸 알면서도 멈출 수 없을 때

- 결론을 성급히 내리거나 가정을 할 때

- 주저하거나 두려움을 표현할 때

- 실패를 걱정하거나 실수를 할 때

- 명백한 이유가 없는데도 걷잡을 수 없이 걱정될 때

- 목표한 것을 미루어야겠다고 생각할 때

어떤 것을 이루어가는 과정에서 위와 같은 상황에 처했다면 이때 마음속에 떠오른 생각들을 모두 적어보자. 그 생각 대부분은 당신이 가진 자기 제한적 믿음, 즉 당신 자신의 발목을 잡은 생각들이다.

어떤 자기 제한적 믿음을 가지게 되면 그것은 확증편향으로 말미암아 점점 강해진다. 확증편향이란 원래 가지고 있는 생각이나 신념을 확인하려는 경향성을 말한다. 흔히 '보고 싶은 것만 본다'는 것이다. 그 때문에 잘못된 신념의 증거들은 더 잘 눈에 띄고, 더 무게를 두게 되고, 더 활발히 찾게 된다. 이로 말미암아 우리는 이 잘못된 믿음을 확인해주는 수많은 증거를 스스로 찾아낼 것이고, 이런 증거들은 단지 하나의 생각에 머물다가 결국 의견이 되고 나중에 우리의 신념으로 굳어진다. 결국 우리의 삶에 부정적인 영향을 미치는 것이다.

물론 그것들은 변할 수 없는 바위 같은 존재가 아니다. 단지 당신의 관점일 뿐이다. 일단 관점과 의견을 바꾸면, 자신의 자기 제한적 믿음에 의문을 던지게 될 것이다. 이게 정확히 우리가 지금 하려는 것이다. 먼저 할 수 있는 모든 각도에서 이런 믿음들을 의심해보자. 자문해봄

으로써 당신의 자기 제한적 믿음에 의문을 가져보자. 자신을 속박하고 있는 부정적 프레임에 질문을 던져보자.

- 이 믿음이 정말 그렇게 정확한가?
- 내가 항상 이걸 믿어왔는가? 그랬다면 무엇이 그렇게 만들었나?
- 내가 이걸 믿지 않았을 때가 있는가? 무엇이 그것을 믿지 않게 만들었나?
- 이러한 믿음이 합리적이지 않아 보일 때는 어느 때인가?
- 자기 제한적 믿음이 맞지 않는 때는 어느 때인가?

위 질문의 일부는 바보 같고 이상하게 느껴질 수도 있다. 하지만 이 자문자답 과정은 당신을 가두어놓았던 자기 제한적 믿음에서 벗어나 생각하게 한다. 자신에게 이런 질문과 대답을 하면 할수록 기존의 부정적 믿음에 의구심을 가지게 되고, 바람직한 믿음으로의 전환 과정이 더 빨리 진행될 것이다.

이제 자기 제한적 믿음을 던져버리기 위한 다음 단계로 넘어가보자. 만약 당신이 그 믿음을 버리지 않고 계속 가지고 있다면 어떻게 될까? 또 다른 질문들을 던지고 그 답을 심각하게 고민해보자.

- 내가 지금 이 믿음을 계속 유지한다면 어떤 결과가 초래될까?
- 내가 지금 변화하지 않는다면 신체적으로 어떤 영향이 있을까? 정서적으로는? 정신적으로는? 재정적으로는? 다른 사람들과의 관계에서는?
- 지금 변화하지 않으면 단기적으로 어떤 결과가 초래될 것인가?
- 지금 변화하지 않으면 장기적으로 어떤 결과가 초래될 것인가?
- 이 모든 것이 나를 어떻게 느끼게 할까?

● 이 모든 것을 고려할 때, 왜 지금 이 변화를 만드는 것이 중요한가?

잘못된 믿음을 붙잡고 있음으로 말미암아 발생하는 고통을 더 많이 떠올릴수록 자신의 삶을 긍정적으로 변화시켜야겠다는 동기가 더욱 커질 것이다. 한 번에 하나씩 이런 질문들을 던지고 깊은 성찰의 시간을 가짐으로써 그것과 동반되는 감각기관의 느낌을 떠올려보자. 분노가 치밀고 슬프고 후회되는 일들이 떠오르고 심지어 눈물이 날 수도 있는데, 그냥 그것들을 흘러나오게 놔두자. 자기 제한적 믿음 때문에 더 많은 고통이 연관되어 떠오른다면 이것들은 더 많은 동기로 전환될 에너지가 될 테니까.

이제 당신은 자기 제한적 믿음이 자신에게 얼마나 나쁜 영향을 주고 있는지 명확히 깨닫게 되었다. 그럼 지금부터 당신이 가진 신념을 새롭게 재구성하자.

지금까지 말한 질문들을 좀 더 체계적으로 해보고 싶다면 다음의 순서를 따라가자.

1단계: 먼저, 자신이 가진 자기 제한적 믿음들이 무엇인지 찾아내고 그것들을 적어본다.

바로 떠오르는 생각 외에도 시간을 들여서 292페이지에 있는 마인드맵을 그려보자. 자신이 미처 깨닫지 못했던 자기 제한적 믿음을 발견하게 되고, 그것이 우리 삶에 어떤 영향을 주고 있는지 생각하게 될 것이다. 더 이상 가져가고 싶지 않은 자기 제한적 믿음 각각을 293페이지에 있는 양식에 적어보고 다음의 과정을 따라가자.

2단계: 자기 제한적 믿음이 잘못된 것임을 <u>스스로</u> 증명해본다.

자신이 적은 자기 제한적 믿음 각각에 대해서 그것이 틀렸던 때를 떠올려보자. 자신이 직접 경험한 것이든 다른 사람이 경험한 것이든 상관없다. 예컨대 '나는 새로 시작하기에는 너무 나이가 많다'라는 자기 제한적 믿음에 대해서 다른 사람들보다 늦게 시작했지만, 성공적으로 이루어냈던 자신 혹은 타인의 경험을 생각해보는 것이다.

3단계: 자기 제한적 믿음이 자신의 삶에 어떤 부정적인 영향을 미치는지 곰곰이 생각해본다.

자기 제한적 믿음이 발동되었을 때 자신의 감정 상태는 어떠했고, 행동에는 어떤 영향을 미쳤으며, 그래서 어떤 결과들을 가져왔는지 찬찬히 생각해보자. 이 과정을 거치는 동안 부정적인 감정이 일어나서 조금은 괴로울 수 있다. 이런 과정은 지극히 정상이다. 부정적 감정이 발생한다는 것은 자기 제한적 믿음이 당신에게 그만큼 부정적인 영향을 미치고 있다는 증거이기도 하다. 부정적 감정이 강하게 들수록 그것을 바꾸거나 없애야겠다는 생각이 더 강하게 들 것이다.

우리는 이제 우리의 발목을 잡는 자기 제한적 믿음이 무엇인지 알았고, 그것이 틀렸다는 사실도 증명해보았으며, 그것이 우리 삶에 어떤 부정적인 영향을 미치고 있는지도 알아냈다. 이제 우리는 잘못된 자기 제한적 믿음을 교정하거나 없애야 한다.

4단계: 자기 제한적 믿음이 도대체 어디서 생겨났는지 그 근원을 밝혀내보자.

과거의 어떤 경험들이 우리를 이런 믿음에 이르게 했는지 알고 이해하는 것은 그걸 바로 잡는 데 매우 중요하다. 이렇게 하다 보면 과거의 기억을 깊이 파고들 수도 있다. 어린 시절 혹은 10대, 20대, 때로는 최근의 일일 수도 있다. 잘못된 믿음이 생겨나던 그 순간에 무슨 일이 있었는지 알아내자. 금방 떠오르지 않는다면 차분히 앉아 눈을 감고 과거를 거슬러 올라가자. 자기 제한적 믿음의 근원을 금방 찾을 수 없더라도 괜찮다. 다음 날, 혹은 며칠 후에 다시 해보자. 그 근원을 알아낸다면 그것이 순전히 자기 스스로 창조해낸 것이고 충분히 바뀔 수 있는 믿음임을 뚜렷이 알게 될 것이다.

5단계: 마지막으로, 그동안의 잘못된 믿음을 새로운 것으로 바꾸어주는 일, 즉 새로운 프레임으로 바꾼다.

기존에 자신을 방해하던 자기 제한적 믿음과 반대되는 믿음을 적어보자. 예컨대 '나는 새로 시작하기에는 너무 나이가 많다'라는 기존의 믿음은 '나는 나이가 많고 경험이 많기에 시행착오를 덜 겪으면서 빨리 따라갈 수 있다'로 바꿀 수 있다.

이상의 단계까지 마쳤다면, 새로운 프레임으로 나 자신과 세상을 바라보자. 새로운 프레임은 물리적으로는 여전히 같은 것들도 다르게 보이도록 만들 것이다. 우리가 세상을 바라보는 방식은 다분히 주관적이기 때문이다. 우리는 현실에서 추출한 정보를 이미 머릿속에 저장된 지식이나 관점(프레임)으로 해석하여 재구성하는 방식으로 세상을 인식한다. 즉, 사진을 찍는 게 아니라 그림을 그리는 것이다. 길에 있는 전봇대 하나를 인식하는 데서도 그리는 사람에 따라 다르다. 혹은 같은 사람이 여러 번 그리더라도 그때의 기분에 따라 두껍게도 얇

게도, 혹은 기울어지게도 그려질 수 있다. 때로는 전봇대 자체보다는 거기에 붙여진 너저분한 전단들과 그 아래에 버려진 쓰레기를 더 강조하여 그릴 수도 있다. 전봇대는 어떤 그림에서는 굳건해 보일 수도 있고, 어떤 그림에서는 도시의 외로운 구조물 같아 보일 수도 있다. 따라서 프레임을 바꾸는 것만으로도 세상이 바뀐 듯한 효과를 가질 수 있다. 성공적으로 프레임을 바꾸었다면 자신도 모르는 사이 자신의 행동이 바뀌고 있음을 알게 될 것이다.

나는 33세 되던 해 심리학을 처음 공부하기 시작했다. 처음 다니던 대학에서는 자연과학을 전공했지만 공부에 그다지 취미를 붙이지 못했다. 나는 졸업과 동시에 결혼을 하고 아이를 낳느라 10년 이상을 집에서 보냈다. 아이가 초등학교 3학년쯤 되자 시간적 여유가 생겼고, 공부를 하고 싶다는 생각이 들었는데 그때 관심이 생긴 분야가 바로 심리학이었다. 학부부터 다시 공부하기로 마음을 먹었다. 주변 사람들에게 대학교 학부 과정에 학사편입을 하기로 했다고 하자 제일 먼저 돌아온 반응은 이랬다.

"대학원도 아니고 학부라고? 이제 시작해서 언제 끝내려고?"

무엇인가를 완전히 새로 시작하기에는 너무 늦은 나이라는 자기 제한적 믿음으로 말미암아 격려보다는 걱정의 소리를 더 많이 들은 것이다. 내 용기에 찬물을 끼얹은 또 하나의 자기 제한적 믿음은 '그 나이에 젊은 애들을 따라갈 수 있겠어?'라는 것이었다. 띠동갑 아이들과의 학업 경쟁에서 이기기 힘들 거라는 주위의 걱정을 듣다 보니 시작하기도 전에 '내가 과연 잘할 수 있을까?' 하는 의심이 들기 시작했다.

하지만 나는 무작정 시작해보기로 했다. 어차피 심리학의 여러 분야를 탐색하고 나에게 맞는 대학원을 찾으려면 시간이 걸릴 것이고,

그렇게 시간을 보내느니 일단 학부 과정을 밟으면서 생각해보기로 했다. 다행히도 주변의 우려와 달리 나는 정말 잘 적응했다. 그 비결은 스스로 내가 나이가 많다는 사실을 생각하지 않는 것이었다. 그런 생각은 내 행동에도 영향을 주었고(주눅 들거나 부자연스러운 행동을 하지 않았던 것 같다), 학생들은 내가 직접 말하기 전에는 그렇게 나이가 많다는 것을 인지하지도 못했다. 그냥 휴학을 좀 오래 하고 학교로 돌아온 언니나 누나쯤으로 생각해주었다. 나 자신을 자기 제한적 믿음에 가두지 않은 것, 그것이 성공의 비결이었다.

박사학위를 취득하고 몇 년 후, 아마도 마흔 중반쯤 되었을 때인 것 같다. 우연히 작은아빠와 그의 친구 K와 함께 식사를 하게 되었다. 60대 초반인 K는 기존에 운영하던 사업을 정리하고 몇 년을 쉬다가 다시 새로운 사업을 준비하고 있었다. 공대 출신인 그가 새로 시작한 사업은 상당한 기술적 지식이 필요로 하는 분야였다. 나는 늦은 나이에 새로운 시도를 하는 그에게 존경스럽다고 말했다. 내가 항상 가지고 있던 기술적 분야에 대한 로망을 이야기하자 그는 나에게 "정말 부럽다면 한번 공부해보는 게 어때?"라고 말했다. 나는 다시 새로운 것을 배우기에는 이미 너무 늦은 것 같다고 대답했다. 그러자 그는 말했다.

"네 나이가 이제 마흔을 조금 넘었는데 새로운 분야를 공부한다고 해도 지금 내 나이면 박사학위를 따고도 남을 텐데. 나는 지금 네가 새로운 분야를 공부하는 것과 마찬가지의 모험으로 새로운 사업을 하려는 거야. 그런데 나는 지금 내가 새로운 도전을 시작하는 것이 전혀 늦지 않았다고 생각해."

그의 말을 듣고 나는 뒤통수를 얻어맞은 느낌이었다. 내가 심리학을 공부하기 위해 다시 학부에 편입했을 때, 그것은 나 자신과 여러 사람의 자기 제한적 믿음에 도전하는 일이었다. 그리고 나는 그것을 멋지게 해내지 않았던가. 그런데 시간이 조금 흐르면서 나는 이미 극복했다고 생각한 자기 제한적 믿음에 다시 한 번 갇혀 있었던 것이다.

한번 자기 제한적 믿음을 극복했다고 해서 영원히 그것으로부터 자유로운 것은 아니다. 그것은 깨닫지 못하는 사이에 다시 우리를 무기력과 의심의 심리적 감옥에 가둘 수 있다. 자신의 행동에 영향을 미치는 신념과 믿음에 대해 항상 깨어 있고 의식하는 습관을 들여야 한다. 자신감이 없어지고 자신에 대해 부정적인 생각이 들 때마다 앞에서 했던 것처럼 자문자답함으로써 새로운 관점을 가지려는 노력을 해보자.

자신이 무력하다고 느낄 때

통제감은 우리가 심리적 웰빙을 유지하는 데 매우 중요한 요인이다. 인생에서 가장 좌절감을 주는 상황들을 곰곰이 생각해보자. 내가 어떤 사건의 진행 상황이나 결과에 전혀 영향을 미칠 수 없다고 생각할 때 우리는 힘겨워한다. 예컨대 심각한 질병으로 고통받는 환자들의 경우, 자신의 병에 대한 통제력을 어떻게 인식하고 대처하는가가 심리적 웰빙과 치유 과정에 영향을 미친다. 낮은 직급의 조직 구성원은 일터에서 통제력을 전혀 발휘할 수 없다는 데 고통스러워한다. 내가 시댁 식구들과 같이 살게 되었을 때 가장 힘들었던 것은 식사 준비를 하거나 외출 시간 등을 정하는 데에서 전적으로 내 마음대로 할 수 없다고 느꼈을 때였다. 그런데 나에게 모든 결정권이 있었더라도 비슷하지 않았을까 싶다.

2011년, 심리학 저널 〈사이콜로지컬 사이언스(Psychological Scien-ce)〉에 실린 한 연구는 통제감의 두 가지 원천인 선택(Choice)과 권력

(Power)에 관해 아주 흥미로운 이야기를 하고 있다[12]. 연구자들은 통제감이 사람들에게 매우 중요한 동기며, 통제감의 두 가지 원천인 선택과 권력은 서로의 빈자리를 채울 수 있다고 이야기한다. 그들의 논리는 간단하다. 사람들이 통제감을 가지기 위해서 선택권과 권력(혹은 영향력)이 필요하지만 둘 중 하나가 없다면 다른 것을 통해 통제감을 높여야 한다는 것이다. 즉, 권력이 없는 상황에서 통제감을 가지기 위해서는 더 많은 선택권을 가질 수 있는 상황을 찾아야 한다. 반대로 선택의 폭이 좁은 상황에서는 권력을 추구해야 한다. 연구자들은 자신들의 가설을 증명하기 위한 일련의 실험을 진행했다.

실험 참가자들은 사장 혹은 직원의 역할을 부여받고 만약 그 위치가 된다면 어떻게 느낄지 그리고 이 역할에서 무엇을 할지를 상상하도록 했다. 바로 자신의 권력이 어느 정도인지를 인식하도록 만드는 과정이다. 참가자들에게 안경을 판매하는 두 개의 가게에 대해 들려주었다. 한 상점은 근처에 있었고 세 가지의 안경 중 하나만을 선택할 수 있었다. 반면 또 다른 상점은 더 멀리 있었지만, 15가지 안경 중 하나를 선택할 수 있었다. 참가자들에게 더 많은 선택지가 있는 더 먼 상점까지 운전해서 갈 의향이 어느 정도인지를 물었다.

실험 결과, 자신이 적은 권력을 가지고 있다고 느끼도록 조작된 사람들은 가게로 가기 위해 평균 10마일을 기꺼이 운전하겠다고 말했다. 반면, 그들이 높은 권력을 가지고 있다고 느끼도록 만들어진 사람들은 약 6마일을 기꺼이 운전하겠다고 말했다. 반대 방향으로의 효과를 보기 위해 참가자들의 선택권을 조작하면서 권력에 대한 선호를 조사했을 때, 많은 선택지보다 적은 선택지를 가진 참가자들이 보스가 되는 것을 더 매력적으로 느꼈다.

우리가 무력감을 느끼고 그 때문에 통제감을 상실한 느낌이 든다면 어떻게 해야 할까? 지금 말한 연구 결과와 다른 심리학적 원리들을 결합하여 통제감 상실로부터 오는 무력감에서 어떻게 벗어날 수 있을지를 생각해보자.

첫째, 감정을 신호로 활용한다(명령이 아닌 신호임을 명심한다).

무력감은 거의 모든 사람이 느끼는 감정이다. 부정적인 감정은 그 무엇인가가 우리가 생각하는 진실이나 가치와 안 맞기에 일어난다. 부정적인 감정이 일어났다고 해서 그것에 휘둘리거나 감정 발생 자체를 거부할 필요는 없다. 우리가 그 감정을 내면화하지 않고 자신에 대해 자기 제한적 믿음을 만들어내지 않는 한 무력감을 느끼는 것은 괜찮다. 오히려 우리가 느끼는 감정에 맞서 싸우느라 불필요한 고통을 더 많이 만들어내는 것이 더 나쁜 상황이다. 부정적인 감정의 발생을 인식할 때, 그것에 이끌리지 않고 그냥 그것을 느끼면서 가라앉기를 기다린다. 잠시 멈추어서 편안하게 그 감정이 지나가는 걸 느끼는 것이다. 그러고 나서 지금 당장 할 수 있는 선택으로 초점을 옮긴다.

둘째, 언제나 적어도 두 가지 선택지는 있다.

어떤 경우에도 항상 두 가지 이상의 선택지가 있음을 잊지 말아야 한다. 더 많은 선택지를 만들어낼 수 있다면 더더욱 좋은 일이다. 어쨌든 최소한 'Yes' 혹은 'No'라는 두 가지 선택지가 있다는 것은 매우 중요하다. 우리는 적어도 뭔가를 하거나 하지 않을 수 있다. 무언가를 말하거나 말하지 않기로 선택할 수 있고, 무언가를 믿거나 믿지 않을 수 있다. 선거에서 특정 후보자에게 투표할 수도 있고 혹은 안 할 수도 있고, 특정 기술을 배울 수도 있고 혹은 배우지 않을 수도 있다. 결과가 어떻든 이 선택은 언제나 우리에게 달려 있다. 자신을 위해 또는 다른 누군가를 돕기 위해 특정 행동을 취할 수 있고 혹은 그 행동을 멈출 수도 있다. 각각의 'Yes' 혹은 'No'는 결과가 따르게 마련이다. 그리고 둘 중 한 가지 선택지가, 어쩌면 두 선택지 모두가 유쾌하지 않을 수 있다. 그러나 두 가지 선택지 중에서 어떤 것을 선택하는가는 여전히 우리 몫이다.

셋째, 외부로 표출되는 힘은 결과이지 원인이 아니다.

우리를 둘러싸고 있는 세상을 보고 있자면 소수만이 중요한 결정권을 가진다는 인상을 받는다. 재정적 부, 정치적 영향력, 사회적 지위, 명성이 힘의 원천인 것 같다. 그런 걸 소유하지 않은 우리는 아무런 외부적 힘이 없는 것처럼 보인다. 하지만 어떠한 형태의 외부적 힘도 끊임없이 운동한 내적인 힘의 결과일 뿐이다. 힘은 시간에 걸쳐 끊임없이 반복해온 개인의 의식적 선택에서 비롯된다. 예컨대 하루에 10분 정도 산책하기로 한 건 별것 아닌 느낌이 들 수도 있다. 하지만 1년 동안 매일 그렇게 하면 당신의 삶이 바뀔 것이다. 같은 원리가 모든 선택에 적용된다. 하나의 작은 선택은 별로 큰 효과를 내지 못한다. 하지만 많은 작은 선택의 누적된 효과는 삶에서 어떤 것이든 일어나게 할 수 있다. 우리 자신이 세상을 바꿀 수는 없을지 모른다. 다른 사람들에게 나는 중요한 사람이 아닐 수도 있다. 하지만 우리 자신에게 우리는 분명히 매우 중요하다. 우리가 내리는 작은 'Yes' 혹은 'No'의 결정이 모여 우리 삶에 변화를 줄 수 있다. 적어도 나 자신에게 나는 엄청난 권력과 통제권을 가지고 있다는 사실을 잊지 말아야 한다.

부족함은 성공의 원천이 될 수 있다

일곱 살 자멜 어서 스웨트는 아버지 없이 뉴욕시 집단수용 시설인 한 아파트에 살았다. 자멜의 어머니는 입양아였고, 만성적인 정신장애가 있었으며, 이 때문에 입원도 했다(이런 이유로 자멜은 집단수용단지에 오게 되었다). 자멜이 집에 돌아올 때면 그는 "뭐 필요한 거 없어?"라고 묻는 마약 상인들과 그에게 눈을 맞추는 여자들을 지나쳐야 했다. 아파트 단지에서 그는 때때로 엘리베이터 안에서 소변 웅덩이를 피하기 위해 발끝으로 서야만 했다.

1994년에 그는 웨스팅하우스 사이언스 탤런트 서치 장학금 시험에서 미국 전역을 통틀어 최종 합격자 40명 중 한 명으로 지명되었다. 그가 이러한 인정을 받게 된 프로젝트는 마운트 시니어 메디컬 센터에서 실시된 박테리아에 관한 실험으로 특정 물질이 정기적으로 정화되지 않으면 피부 손상이나 그 밖의 다른 질병을 일으킬 수 있음을 보여주는 것이었다. 1993년에 그는 뉴욕시 과학 엑스포에서 최우수상을 받았으며, 시장과의 저녁 식사에 초대받기도 했다.

이런 열악한 환경에서 성장한 자멜의 회복탄력성을 뛰어나게 만든 요인은 무엇일까?

집단수용단지에서의 생활이 자멜 어서 스웨트의 관심을 그다지 끌지 못했기 때문에 그는 여러 활동에 몰두했으며, 그러는 동안 그를 돌봐주며 그에게 조언해준 사람들을 만났다. 비록 그의 성적이 특별히 높은 것은 아니었지만, 한 교사는 자멜이 어려운 정보들을 얼마나 빨리 통합하여 마운트 시니어 프로그램에 참여할 수 있었는지에 주목했다. 자멜은 자청해서 할렘 초등학교 아이들에게 개별지도를 하기로 결정했다.

자멜에게도 슬픔이 있다(그는 거의 웃음이 없는 것으로 알려져 있다). 그러나 그는 아주 똑똑하고 다른 사람들을 도우려는 강한 의지를 가지고 있으며, 그의 뛰어난 정보처리 능력에 관심을 보이는 교사들과도 지지적인 관계를 형성할 수 있다. 매우 부정적인 생활을 경험했지만, 그는 병리학의 연구 사례가 아닌 회복탄력성의 연구 사례가 되었다.

_아윈 사라손, 바바라 사라손 공저, 《Abnormal Psychology(이상심리학)》.

위 사례는 한 임상심리학 교과서에 실린 사례로 나에게 큰 인상을 준 한 소년의 이야기이다. 이 소년을 비롯한 우리 인간들은 어떤 상황에서는 잘 대처하지만, 또 다른 상황에서는 그렇지 못한 경우가 많다. 상황에 잘 대처하지 못하고 부적응적으로 반응하는 것은 취약성(Vulnerability)이라고 말할 수 있는데, 타고난 유전적 혹은 성격적 요인들도 영향을 미치지만, 일상생활에서 반복적으로 겪은 부정적 경험에 따라 증가한다. 혹은 한 번의 충격적인 사건이 계속 부정적인 생각을 불러일으켜서 적응 행동을 방해할 수도 있다.

그런데 우리의 관심을 끄는 것은 같은 유전적 위험요인을 가지고 있으면서 혹은 같은 부정적인 경험을 했으면서도 타인에 비해 훨씬 더 잘 대처하고 기능하는 경우이다. 자멜은 정신적 문제가 있을 수 있는 유전적 요인을 가졌고 매우 열악한 성장 환경에서 자라났지만 나쁜 길로 빠지지 않았다. 아마도 그에게는 한 개인의 생활 속에 있는 높은 위험요인을 보상해주고, 효과적으로 역경에 직면하며 스트레스를 물리칠 수 있는 보호요인이 있었던 것 같다. 다행히도 그의 주변에는 그의 능력을 알아봐주고 지지해주는 교사들이 있었다.

회복탄력성에 대한 연구 선구자 노만 가메지 교수는 회복탄력성에 영향을 미치는 요인으로 세 가지를 꼽는다[13]. 하나는 활동성의 수준이나 다른 사람들에 대한 반응성과 같은 기질적 요인이다. 두 번째는 온화함, 결속력, 배려와 같은 가족적 요인이며 마지막으로는 지지적이고 적극적으로 도움을 주려는 이웃, 친구, 교사와 같은 외부 사람들의 지지이다.

자멜의 경우 기질적 요인들과 가족적 요인들이 상당히 불리하게 작용하였으나 다행히 그의 주변에는 그를 지지해주는 외부 사람들이 있었다. 이른바 금수저와는 거리가 먼, 객관적 기준으로 보면 다른 모든 면에서 불리한 자멜에게 사회적 지지는 그가 회복탄력성을 가지게 만드는 소중한 자원이었던 것이다. 그는 자신의 소중한 자원을 잘 이용했고 성공적으로 사회에 적응하고 성과를 냈다.

우리는 가끔 어떤 일을 해내는 데 불리한 조건에 처해 있다고 생각할 때가 있다. 그리고 이미 많은 것을 가진 사람들과 비교하며 자신이 가진 게 너무 없다고 생각하는 때도 많다. 하지만 어떤 것을 하겠노라 결심하고 실행하는 데서 자원이 부족하여 어렵다고 말하는 것은 바람직한 핑곗거리는 아니다. 당신이 목표를 달성하는 데 필요한 모든 것을 이미 갖추고 있다면, 아마도 그 목표는 안이하거나 안전한 목표일 것이다. 목표를 달성하기까지는 아무런 어려움이 없겠지만, 그걸 달성한 후에 얻는 성취감도 없을 것이다. 아마도 당신이 더 큰 변화를 이끌어내기로 결심할수록 더 많은 자원이 필요함을 알게 될 것이다. 그래서 때로는 할 수 없을 것 같다는 느낌이 들 수도 있다. 하지만 그럼에도 전진하겠노라 결심하는 것은 결과적으로 큰 차이를 만드는 열쇠이기도 하다.

우리가 무엇을 하기 위해서는 자원이 필요하긴 하지만, 자원을 충분히 가졌는지 여부가 반드시 성공의 선제 조건인 것은 아니다. 주어진 자원이 부족하다고 느끼는 것이 오히려 이득이 될 수도 있다. 창의성과 관련한 많은 연구는 장애와 제약조건들이 오히려 두뇌를 강화하고 창의적인 결과를 낸다고 이야기한다. 인간은 본래, 특히 우리의 뇌는 에너지를 덜 사용하고 효율적인 모드로 있으려는 경향이 있다. 우리의 평소 생활을 보자. 매일 반복되는 일상의 행동들은 거의 자동적으로 이루어진다. 사실 꼭 그래야 하는 이유가 생기지 않는 한, 우리는 인지적 노력 없이 하던 대로 일을 처리하곤 한다. 하지만 우리가 어떤 제약조건에 맞닥뜨리게 되면 우리는 비로소 생각할 수밖에 없다. 인간이 만든 창의적 결과물의 많은 부분이 이런 제약으로부터 출발한 것이다.

신제품을 발명하거나 색다른 아이디어를 내놓는 사람들은 종종 그들을 가로막는 제약으로부터 영감을 받는다. 그들은 자신들이 가지고 있지 않거나 할 수 없는 것에 의해 제한받지 않고, 오히려 직면한 한계를 더욱더 전진하기 위한 지렛대로 활용한다.

위대한 흑인 지도자 마틴 루터 킹 목사는 1964년 노벨 평화상 수상 연설[14]에서 우리가 인류의 가난을 없애기 위해 더욱 노력해야 한다며 다음과 같이 말했다.

"인간이 가진 리소스는 결핍되어 있지 않습니다. 결핍되어 있는 것은 인간의 의지입니다(There is no deficit in human resources; the deficit is in human will)."

가지고 있는 자원이 부족하다는 것은 오히려 우리가 가진 중요한 자원이 될 수 있다. 그것을 극복하기 위한 노력을 하도록 만들고 새로운 시도를 촉발하기 때문이다. 혹시 주변에서도 모든 것을 가졌기 때문에 아쉬울 것이 없어서 인생을 무의미하게 사는 사람들을 보았는가? 당신이 크고 도전적인 목표를 잡는다면, 그것이 크면 클수록 부족한 리소스가 더 많게 느껴질 것이다. 혹은 진행하는 과정에서 처음에는 생각지도 못했던 다른 리소스가 필요해질 것이다. 리소스가 부족하기에 시작할 수 없다고, 혹은 모든 것을 갖춘 다음에 시작할 거라고 생각하지 마라. 그냥 시작하라. 리소스의 부족은 움직이지 않는 이유가 될 수 없다. 오히려 무엇인가를 해야 할 이유이다.

걸어온 길은
걸어갈 길의 토대가 된다

　당신은 과거에 있었던 부끄럽거나 아쉬운, 혹은 화가 났거나 두려웠던 일들에 대해 어떻게 하는가? 두고두고 곱씹으며 밤마다 이불을 차고 괴로워하는가? 아니면 지나간 일들은 더는 생각하지 않고 묻어 버리는가?

　과거의 부정적인 사건들을 자꾸만 되새기고 고민하는 반추(Rumin-ation)가 우울증과 불안의 가장 큰 예측 변수임은 이미 검증된 사실이다. 영국 리버풀대학교의 심리학자들은 'BBC 스트레스 테스트'[15]를 완료한 약 32,000여 참가자들에 대하여 분석하였다[16]. 그리고 힘든 사건을 경험함으로써 받은 정신적 충격이 불안과 우울증의 가장 큰 원인이긴 하지만, 사건을 경험했다는 객관적 사실보다는 그 사건에 대해 주관적으로 어떻게 생각하는지가 그들이 느끼는 스트레스의 정도를 결정한다는 것을 알아냈다. 다시 말해 유사한 사건을 경험하거나 유사한 조건을 가진 사람들을 서로 비교해보았을 때, 과거에 있었던 일을 계속 반추하고 자신을 비난하는 경향이 높을수록 그렇지 않은 사람들보다 스트레스를 더 많이 느낀다는 것이다. 이는 과거에 일어난 사건에 대한 사람들의 심리적 반응, 그러니까 주관적 반응이 실제로 과거에 일어난 일, 즉 팩트보다 더 중요한 요소임을 암시한다.

우리는 기억력이 좋은 사람들을 부러워한다. 조선 시대의 유명한 학자 류성룡이나 철학자이자 언어학자 그리고 작가인 움베르토 에코 같은 사람들은 한 번 읽은 책의 내용은 절대 잊어버리지 않는 비상한 기억력의 소유자였다고 한다. 하지만 이렇게 과거의 모든 것을 세세히 기억하는 것은 항상 축복받을 일만은 아니다. 예컨대 2006년 한 학술지에 소개된 'A. J.'라는 여성은[17] 특정 날짜를 말하면 그날 있었던 일과 날씨를 기록보다 더 정확하게 기억했으며 그날의 감정까지도 표현할 수 있었다고 한다. 그런데 한번 생각해보자. 그날 누군가와 짧은 언쟁을 벌였고 그 때문에 기분이 좋지 않았다면? 사소한 일에 대한 언쟁이었고 그냥 잊어버리고 말면 그뿐인 그런 일이었다면? 이처럼 모든 걸 다 기억하는 게 반드시 좋은 것만은 아니다. 내가 재미있게 읽은 장용민의 추리소설 《궁극의 아이》에서 여주인공 앨리스는 'A. J.'와 유사한 과잉기억증후군을 앓고 있다. 그녀는 일곱 살 이후 벌어진 일을 하나도 빠짐없이 기억하며, 그 때문에 과거라는 철창에 갇힌 기분으로 살아간다. 너무도 많은 기억이 그녀를 짓누르고 있는 것이다. 어쩌면 망각은 신이 우리에게 준 선물일지도 모른다.

한편, 반대로 지나간 과거를 아무런 배움 없이 그냥 망각해버리는 것 역시 우리의 발전을 저해하는 일이다. 영화나 드라마 속 기억상실증에 걸린 사람을 상상해보라. 기억을 잃은 등장인물은 자신이 누구인지, 과거에 무엇을 했는지, 어떤 환경에서 살아왔는지를 전혀 알지 못하고 괴로워한다. 자신의 과거 기억을 모두 잃어버린 사람을 온전히 예전의 그 사람이라고 할 수 있을까?

러시아 공산화의 주역 레닌은 인생 말기에 뇌출혈로 기억과 언어기능이 심하게 손상되었다. 마르크스의 과학적 사회주의 사상을 발전시키고 레닌주의를 창시한 그는 칫솔질조차 제대로 하지 못할 정도가 되었고, 사망하기 전에 그가 온전히 할 수 있는 말이라고는 '어머니' 등 몇 개 단어뿐이었다. 아이러니하게도 죽을 때가 다가오자 태어나서 처음 배운 '어머니'밖에 말할 수 없는 사람으로 돌아간 것이다. 자신의 과거에 대해 아무런 기억이 없던 말년의 레닌은 그가 왕성하게 활동하던 시절의 레닌과 같은 사람인가? 지난날의 기억을 모두 잃은 그에게 '나'는 과연 누구일까? 과거에 대한 기억이 중요한 이유는 그것이 정체성의 토대가 되기 때문이다. 과거의 경험에 대한 기억은 축적되어 정체성을 이루고 이런 정체성은 더 나아가서 그 사람의 미래 행동을 예측할 수 있게 해준다.

기억이 중요한 또 하나의 이유는 학습과 발전의 토대가 되기 때문이다. 인류의 지식이란 그동안 살아왔던 모든 사람의 기억이 축적된 것이라고 할 수 있다. 과거에 노인들이 존경받았던 까닭은 그들이 가장 많은 기억을 축적하고 있었기 때문이다. 근대 이전의 세상은 현대에 비해 매우 느린 속도로 변화했다. 기근이나 해일처럼 수년 혹은 수십 년에 한 번씩 일어나는 현상은 노인들만의 경험이었고, 이러한 일이 발생하면 어떻게 대처해야 하는지는 노인들이 잘 알고 있었다. 노인들은 마을의 원로로서 조언을 제공했고 젊은이들은 그들의 말을 귀담아들었다. 구전되던 이런 지식들을 현대 사회에서는 활자화되어 대중교육으로 많은 사람에게 전수되었고, 특히 요즈음은 출판과 인쇄술,

미디어나 인터넷으로 전해지고 있다.

마지막으로 이야기할 기억의 중요성은, 과거의 경험에는 수많은 시행착오를 기억하는 것도 포함된다는 점이다. 이때 강조하고 싶은 점은 시행착오를 '실패'로 기록하고 평가하는 게 아니라, 다시는 그런 시행착오를 거치지 않도록 거기에서 정보를 얻는 것이 중요하다는 사실이다.

"과거를 기억하지 못하는 자는 그것을 되풀이할 수밖에 없다."[18]

스페인의 철학자 조지 산타야나의 이 말은 우리가 과거의 경험을 통해 성장하는 것이 얼마나 중요한지를 나타낸다.

과거를 그냥 잊어서도 안 되지만, 부정적으로 반추하며 자기 비난을 하는 것 역시 바람직하지 않다. 그래서 나는 '과거를 마무리한다'는 표현을 쓰고자 한다. 과거를 건설적인 방향으로 돌아보고 그 기억을 미래에 더 나은 선택을 할 수 있는 디딤돌로 활용하자는 의미다. 마치 우리가 역사를 공부하는 것처럼 말이다. 우리가 지난 과거의 역사를 공부하는 것은 단지 그게 흥미롭고 이야깃거리를 주기 때문만은 아니다. 역사학자 에드워드 카는 '역사란 과거와 현재 사이의 끝없는 대화'라고 했다. 우리는 역사를 배움으로써 반복의 실수를 하지 않을 뿐 아니라 통찰력을 얻을 수 있다. 또한 과거의 사실을 돌아봄으로써 현재 상황을 더 잘 이해하고 좀 더 진보적이고 발전적인 미래를 준비할 수 있다. 과거를 마무리하는 것은 바로 이러한 과정이겠다. 현재의 시점에서 과거의 일들을 기억하되, 그로부터 교훈을 얻는 것! 이것은 더 나은 미래를 준비하는 데 반드시 있어야 할 중요한 과정이다.

과거를 돌아볼 용기를 가져라

시간 여행자가 아니고서야 과거의 사건을 수정하는 것은 불가능하다. 그럼에도 가끔 우리는 지나버린 일들에 사로잡혀서 산다. 돌이킬 수 없는 과거의 행동에 대해 어쩔 수 없었다며 정당화하고 변명하거나 때론 왜곡하고 미화한다. 혹은 그런 행동을 한 자신을 가치 없다고 느끼며 끊임없이 미워하고 질책한다. 이처럼 과거를 해결하지 못하면 우리는 계속 그것을 미래로 가져갈 수밖에 없고 앞으로 나아가고자 하는 의지는 결국 꺾일 것이다. 그렇다고 해서 과거를 그냥 무시하고 묻어버리기만 해서도 안 된다. 과거의 일들은 현재에도 영향을 미치기 때문이다. 따라서 앞으로 나아가기 전 과거를 다시 한 번 돌아보고 짚어보는 과정은 우리가 어떤 일을 더 잘해내는 데 꼭 필요하다. 지난 1년간 경험한 것이든 혹은 더 오래전에 경험한 것이든 간에 더 잘할 필요가 있던 것이라면 다시 한 번 꺼내서 생각해볼 필요가 있다.

어떤 이는 아주 심각한 과거의 문제를 가지고 있을지도 모른다. 심각하게 충격적인 사건을 경험했거나, 사랑하는 사람을 잃었거나, 치명적인 사고를 당했을지도 모른다. 그런 것들이 트라우마가 되어 당신을 붙들고 있다면 전문가에게 상담을 받아야 할지도 모른다. 자신이 치료가 필요하다고 느끼고 외부의 도움을 받는 것 역시 용기가 필요한 일이다. 지금 우리는 그렇게 심각한 과거의 문제들을 다루고 있지는 않지만, 그럼에도 용기는 필요하다.

작가이자 연구자인 브렌 브라운은 감동적인 TED 강연 '취약점의 힘'에서 자기 자신을 가치 있다고 느끼는 사람들의 공통점은 용기라고 말했다. 여기서 그녀가 말하는 용기(Courage)는 용감함(Bravery)과는 다르다. 용감함은 두려움을 모르는 타고난 자질이다. 용감함을 가지면 두려운 것이 없기에 극복할 게 없다. 예컨대 어떤 사람들은 대중 앞에서 말하는 것에 용감할 수 있다. 그들은 많은 사람 앞에 서는 것이 전혀 떨리거나 두렵지 않고 오히려 즐겁다. 그런데 용기는 용감함과는 다르다. 용감함은 두려움이 존재하지 않는 것이지만, 용기는 두려움에도 불구하고 행동하는 걸 의미한다. 대중 앞에서 이야기하는 것이 두렵고 떨리지만, 그것을 극복하고 실행하는 게 바로 용기이다.

용기의 영어 단어 'courage'는 심장을 의미하는 라틴어 'cor'에서 왔는데 원래는 자신이 누구인지를 온 마음을 통해 솔직히 이야기한다는 뜻이다. 그러니까 자신의 불완전한 면을 숨기지 않고 드러내어 말을 하는 것, 그게 용기라는 것이다. 용기 있는 사람이 되기란 그리 어려운 일이 아니다. 자신에게 일어난 실망스러운 일들을 적어보고 그것들을 다시 한 번 성찰해보는 일만으로도 충분히 용기 있는 사람이 될 수 있다.

이렇게 말하면 어떤 사람들은 "실패한 과거를 뭐 하러 자꾸 들추어

내나?"라고 할 수도 있겠지만, 실패를 소중히 여기는 사람들이 점점 많아지고 있다. 생물정보학과 분자생물학으로 박사학위를 받은 멜라니 스테판이 박사 후 과정에 있었던 2010년경의 일이다(그녀는 현재 에딘버러 의대에서 학생들을 가르치고 있다). 어느 날 그녀는 펠로우십 지원에서 탈락했다는 연락을 받는다. 무엇인가에 실패했다는 소식은 누구에게 알리고 싶은 소식은 아니다. 아니, 알려지지 않았으면 하는 소식일 것이다. 그런데 그녀는 〈네이처〉에 실패를 공개하자고 제안했고 '실패 이력서'라는 글을 기고했다.[19]

  사실 우리 주변은 수많은 성공담으로 가득하다. 매스컴에 등장하는 성공신화의 주인공뿐 아니라 SNS에서 돋보이는 많은 친구, 엄마 친구의 아들딸들은 얼마나 똑똑하고 인맥도 빵빵하고 운도 좋은지 하는 일마다 잘된다. 이렇게 넘쳐나는 성공담 속에서 실패를 경험한 개인은 외로움 속에 빠진 채 낙담하게 마련이다. 그녀는 자신의 실패 이력서가 자신뿐 아니라 일이 잘 풀리지 않는 상황에 있는 동료들에게 큰 힘이 될 것이라고 생각했다.

  실패를 경험한 후, 멜라니는 이렇게 생각했다. 어떤 면에서 펠로우십 지원에서 탈락한 것은 예상된 일이었다고. 보통 펠로우십을 지원하면 약 15퍼센트 정도만 성공하는데, 이는 신청자의 시도 일곱 번 중한 번만 성공한다는 것을 의미한다. 그녀는 실패할 수밖에 없었던 6개의 지원서를 작성하는 데도 성공한 지원서를 작성할 때와 똑같이 노력을 들였다. 그녀의 이력서에는 대학에서 얼마나 공부를 잘했는지, 어디서 어떤 박사학위를 받았고 펠로우십 과정을 거쳤는지, 어떤 상을 탔는지, 몇 편의 논문을 출판했는지 같은 성공의 이야기만 담기게 된다. 그녀가 그것들을 이루는 과정에 실패한 여러 시험, 실패한 박사 과정이나 펠로우십 지원서, 또는 출판을 거절당한 논문들에 대해서는 언급하지 않는다. 학회에서도 실패한 많은 프로젝트가 아니라 효과가 있었던 하나의 프로젝트에 대해서만 이야기한다.

그녀는 자신뿐 아니라 많은 과학자가 그동안 겪었던 많은 좌절을 감추고 성공에 대한 이야기만을 구성함으로써 마치 그들이 그동안 계속 능률적이었고 연속적 승리를 겪은 것처럼 보이게 만드는 것이 문제라고 생각했다. 그런 이력서들만을 보아온 우리는 실패를 경험할 때마다 외로움을 느끼고 낙담하게 된다는 것이다. 만약 우리가 성공뿐 아니라 실패의 경험까지 모두 담은 이력서를 만든다면 일반적인 이력서보다 6배는 길 수도 있다. 그리고 아마 그것을 처음 보았을 때는 매우 우울해질 수도 있다. 하지만 그것에 연연하지 말고 실패의 이력서를 공개함으로써 과학자가 된다는 게 본질적으로 어떤 것인지를 상기시켜줄 뿐 아니라 그걸 공유한 동료들 역시 실패를 떨쳐버리고 다시 일어설 힘을 줄 수 있다는 데 초점을 맞추었다.

사실 거의 모든 분야에서 실패를 겪지 않고 승승장구만 하는 경우는 거의 드물다. 지금은 좋은 회사에 다니고 있는 성공적인 커리어의 사람들도 알고 보면 입사 지원에서 탈락한 경우가 그렇지 않은 경우보다 더 많았을 확률이 높고, 항상 다른 동료들보다 우수했던 것은 아니었으며, 실패한 프로젝트도 많았을 것이다. 하지만 그것들은 부끄러운 경험이 아니라 지금의 자기 자신을 만들어준 과정이다. 생각해보면 갖가지 실패를 겪으면서 우리가 얼마나 성장해왔는가? 실패라는 이유로 그냥 잊어버리거나 눈을 감고 그것들을 보지 않으려 하기보다는 당당히 눈을 뜨고 내가 그동안 어떻게 해왔는지를 들여다볼 용기를 가지자.

후회와 사후 가정 사고

컴퓨터로 문서 작업을 하다 보면 되돌리고 싶을 때가 있다. 실수해서일 때도 있고 작업한 내용이 마음에 들지 않아서일 때도 있다. 그럴 때마다 Ctrl+Z를 눌러 이미 작업했던 걸 없었던 것으로 만들곤 한다. 얼마나 편리한가? 안타깝게도 우리 삶에는 Ctrl+Z가 적용되지 않는다. 우리가 한 행동과 말은 나에게든 내 주변 사람들에게든 어떤 자국을 남기게 마련이다. 그래서 우리는 후회하지 않게 행동하려고 하고, 설사 어리석은 행동을 했더라도 그것을 인정하고 싶지 않아서 후회하지 않는다고 외쳐대곤 한다.

후회란 무엇인가? 후회는 우리가 경험하는 수많은 감정 중 하나이며, '무엇인가를 한 것 혹은 하지 않은 것에 따른 슬픔, 실망, 우울 등의 느낌'이다. 현재 상황이 좀 더 나아질 기회가 있었는데 놓쳤다고 생각할 때, 특히 과거에 '무엇인가를 다르게 했더라면' 하는 가정을 할 때 우리는 후회한다. 후회는 우리에게 부정적인 감정을 느끼게 하고,

심지어 끔찍한 감정적 경험을 하게 만든다. "나는 태어나서 한 번도 후회해본 적이 없어"라고 말하는 사람들이 있다. 그들처럼 후회하지 않을 행동만을 할 수 있다면 좋겠지만, 불행하게도 우리는 늘 후회를 하고 산다. 후회는 어쩌면 우리의 발목을 잡는 과거의 그림자같다.

"지나간 일은 어쩔 수 없다(What's done is done)."

셰익스피어의 명작 비극 〈맥베스〉에서 덩컨 왕을 살해하고 죄책감에 괴로워하는 남편에게 맥베스 부인은 지나간 과거는 바꿀 수 없기에 잊어버려야 한다고 말한다. 기존의 연구자들은 후회에 대해서 바로 이런 관점을 가졌다. 후회란 아무 소용도 없는 부정적 감정이라는 것이었다. 어떤 사람들은 후회를 '사후 가정 정서'라고 일컫는데, 어떤 일이 일어난 후 '그것이 일어나지 않았더라면', 혹은 일어나지 않은 일에 대해 '그것이 일어났더라면'이라고 실재하지 않는 과거를 반추하며 감정적으로 고통스러워하기 때문이다.

그런데 최근 들어 후회에 대해 조금 다른 시각들이 나타나기 시작했다. 후회와 매우 관련 높은 사후 가정 사고(Counterfactual Thinking)의 경우 문제 해결이나 수행 향상에 긍정적 영향을 미치기 때문이다. 예컨대 시험을 망친 한 학생이 그것에 대해 더 이상 생각하지 않고 잊어버리기보다는 '만약 노트 필기를 더 꼼꼼히 보았더라면' 하고 생각하는 게 다음 시험을 더 잘 치르는 데 좋은 영향을 미칠 것은 자명하다. 그럼 먼저 사후 가정 사고에 대해서 조금 더 자세히 이야기해보자.

당신이 3주 동안 망설이다가 겨우 용기를 내어 상사에게 면담을 요청하고 월급 인상을 요구했는데, 상사는 3초도 지나지 않아 단호하게 "안 돼!"라고 대답했다고 해보자. 며칠이 지나도록 당신은 무엇이 잘못되었는지를 곰곰이 생각하게 되고, '내가 더 단호하게 말했다면, 조금이라도 인상해주었을 텐데', '좀 더 일찍 말했으면 협상이 가능했을 텐데' 등의 생각들이 머리를 떠나지 않을 것이다. 계속 지나간 일을 곱씹는 당신의 모습에 대해 어떤 이들은 지나간 일에 대해 미련을 두는 것이라고 말하겠지만, 심리학자들은 또 다른 용어를 사용한다.

'그때 배우자로 이 사람이 아니라 저 사람을 선택했어야 했는데……'

'작년에 기회가 왔을 때 다른 회사로 이직했어야 하는 건데……'

'그때 집을 사서 이사했어야 하는 건데……'

'그때부터 미리 준비했어야 하는 건데……'

이런 말들처럼 이미 일어난 사실에 대해 반대적 가정을 하는 것, 즉 이미 일어난 사실과는 다른 행동이나 결과에 초점을 맞추는 생각이 바로 사후 가정 사고이다. 그리고 이때 일어나는 감정이 후회이다.

사후 가정 사고가 항상 나쁜 것만은 아니다. 오히려 문제 해결에 도움을 줄 수도 있다. 어떤 사안과 관련된 여러 요인 간의 관계성을 분석하고 좀 더 다양한 각도에서 바라볼 수 있도록 돕기 때문이다. 다시 말해 사후 가정 사고는 원치 않은 결과를 일어나게 만든 여러 원인에 대해 생각해보고 다른 옵션들을 선택했을 때의 전개 방향을 머릿속으로 시뮬레이션하게 만든다.

또한, 사후 가정 사고는 창의성을 어느 정도 강화시킬 수 있다. 버클리대학교 경영대학원의 크레이 교수는 사후 가정 사고가 창의적 문제 해결에 도움이 된다는 것을 증명했다[20]. 과거에 실제 벌어졌던 것과는 다른 길, 다른 선택 또는 다른 행동을 고려하여 가능했던 대안들을 상상하는 것이 미래에 해결해야 할 일을 창의적 관점에서 바라보게 만든 것이다. 물론 사후 가정 사고가 상자 밖 사고를 촉진하여 아주 새로운 대안을 생각해낼 정도의 큰 효과는 없었지만, 존재하는 요인들 사이의 숨겨진 관계를 찾아내는 상자 안 사고를 촉진시키는 데는 효과가 있었다.

이쯤 되면 독자들 중 몇몇은 사후 가정 사고와 그로 말미암은 후회가 좋다는 건지 나쁘다는 건지 혼란스럽다고 생각할 것이다. 사실 그것은 전적으로 좋지도 나쁘지도 않다. 예를 들어, 더 나을 수 있었다고 생각하는 상향적 사후 가정 사고와 더 나쁠 수도 있었다고 생각하는 하향적 사후 가정 사고를 비교해볼 수 있다. 올림픽 경기에서 은메달을 딴 사람과 동메달을 딴 사람을 보자. 은메달리스트는 '조금만 더 잘했다면, 금메달을 받을 수도 있을 텐데'라는 상향적 사후 가정 사고를 하지만, 동메달리스트는 '조금이라도 잘못했다면 메달권에 들지 못했을 수도 있을 텐데'라는 하향적 사후 가정 사고를 한다. 이로써 은메달리스트의 만족감이 동메달리스트의 만족감보다 낮게 나타난다.

상향적 사후 가정 사고는 더 좋은 결과를 놓쳤다는 생각 때문에 자책감과 후회를 하게 만들지만, 반성을 통해 상황을 개선하도록 도와주는 긍정적인 역할을 할 수 있다. 반면, 하향적 사후 가정 사고는 더 나쁜 결과를 예방했다는 생각 때문에 만족감과 위안을 주지만 미래의 성과가 개선되는 데는 큰 영향을 미치지 못할 수도 있다. 따라서 사후 가정 사고 자체가 바람직하다 혹은 그렇지 않다고 단정적으로 말하기란 어렵다. 단지 상황에 맞게 잘 활용하면 도움이 될 수도, 해가 될 수도 있다. 사후 가정 사고와 함께 오는 후회 역시 마찬가지다. 그것을 어떻게 활용하느냐에 따라 약이 될 수도, 독이 될 수도 있다. 그럼 이제 후회를 긍정적으로 활용하는 것에 대해 이야기해보자.

후회를 기회로 만들기

우리는 늘 후회하며 산다. 하지만 후회한다는 것 자체는 문제가 아니다. 진짜 문제는 후회하느라 우리 자신을 미워하고 나와 주변 사람들에게 상처를 주는 것이다. 불행한 사건이 일어난 것에 대해서 자신을 비난하고 끊임없이 과거를 반추함으로써 삶의 질을 떨어뜨리는 게 문제다. 그뿐만 아니라 후회를 경험함으로써 다음의 결정에서 도전보다는 위험을 회피하는 데 집중하게 될 수도 있다. 이런 방식으로 계속 후회하다 보면 과거의 경험을 실패로만 간주하고 '이번 생은 망했어'라고 자조하며 주저앉아버릴 수도 있다. 앞서 언급한 확증편향(자신의 생각이나 신념을 확인하려고 하는 경향성)은 인간 모두가 가지고 있기에 일단 이번 생이 망했다고 생각하는 순간 그 증거는 얼마든지 찾을 수 있다.

그 반대로 과거의 실패 경험과 후회의 감정을 우리에게 유익하게 활용할 수도 있다. 후회한다는 것은 우리의 행동이 바뀌어야 한다는 신호가 될 수 있기 때문이다. 후회는 우리에게 교훈을 주고 더 나은 사람이 되게 해주기도 한다.

나는 대학 졸업과 동시에 그러니까 비교적 어린 나이에 결혼을 했다. 결혼하기 전 나는 꽤 무뚝뚝한 자식이었다. 엄마 아빠가 무엇인가 물어올 때면 귀찮다는 듯이 짜증을 내기 일쑤였다. 결혼 후, 시댁과 아래위 층에 살면서 시부모님과 매일 대면하며 지냈다. 그러다 문득 시부모님과 대면하는 내 모습을 돌아보게 되었다. 어린 시절 집에서 엄마에게 항상 듣던 잔소리는 내가 참을성이 없고 이기적이라는 것이었다. 그런데 시댁 식구들을 대하는 나는 조심스럽고 참을성 많고 이해심이 깊었다. 사실 나를 낳아준 내 부모가 나를 더 많이 사랑하고 희생했는데 말이다. 순간 가족들에게 짜증과 신경질을 내던 어린 시절의 내 행동이 몹시 후회되었다. 내가 시댁 사람들을 대면할 때 갖는 인내심과 이해심의 십 분의 일만 활용해 내 부모와 가족들을 대했다면 그들이 얼마나 행복했을까 하는 생각이 들었다. 나는 당장 내가 느낀 후회의 감정을 바로잡고 싶었다. 이미 결혼해 친정 가족들과 떨어져 살고 있지만, 이전에 한 철없던 행동을 되돌릴 수는 없지만, 앞으로 다시는 똑같은 후회를 하고 싶지 않았다.

그 후로 나는 내 가족들에게 이해심 많고 상냥하고자 노력했다. 짜증을 내지도 않았고, 부모님을 만나도 조곤조곤 대화하기 시작했다. 당연히 가족들은 나의 변한 모습을 무척 좋아했다. 심지어 언니는 나더러 결혼하더니 다른 사람이 되었다며 신기해했다. 후회는 이렇게 한순간에 변할 기회를 주기도 한다. 아주 작은 것이어도 좋다. 후회를 변화의 기회로 삼자.

'다시 서른이 된다면 정말 날개 달고 날고 싶어. 그 빛나는 젊음은

다시 올 수가 없다는 것을 이제서야 알겠네. 우린 언제나 모든 걸 떠난 뒤에야 아는 걸까.'

양희은의 노래 '내 나이 마흔 살에는'은 마흔 살 된 여성의 심정을 드러낸다. 젊은 시절에는 세상에 대한 두려움으로 빨리 어른이 되고 싶었지만, 세월이 흐르고 나니 다시 젊은 시절로 돌아가고 싶어지더라는, 그래서 미처 이루지 못했던 꿈들을 마음껏 펼쳐보고 싶다는(하지만 그것은 불가능하다는) 우리 삶의 슬픔과 아쉬움, 후회를 이야기하고 있다.

후회에 관하여 연구해온 미국의 심리학자 자넷 랜드먼은 40대 중반의 여성들을 대상으로 한 연구에서 후회의 다양한 측면을 발견했다[21]. 조사 결과 이들이 가장 많이 하는 사후 가정 사고와 후회는 좀 더 도전적인 직업 혹은 일을 시도해보지 않은 것이었다. 그리고 이런 후회를 많이 할수록 정서적으로 더 많이 우울한 것으로 나타났다. 하지만 항상 이렇게 나쁜 소식만 있는 것은 아니다. 자신이 과거에 대해 사후 가정 사고를 많이 한다고 인식하고 있는 여성일수록 미래의 상황을 더 낫게 바꾸기 위한 미래지향적인 사고도 많이 하는 것으로 나타났다. 즉, 후회의 느낌은 단기적으로는 부정적 정서를 일으킬 수 있지만 장기적으로는 동기적 요소에 긍정적인 영향을 미칠 수 있다는 것이다. 양희은의 노래에서처럼 2~30대에 좀 더 적극적인 삶을 살지 않은 것에 대해 후회해본 40대 여성일수록 50대가 되었을 때 40대의 삶을 후회하지 않도록 더 열심히 40대를 살아갈 수도 있다는 말이다.

이처럼 후회는 부정적인 감정임에도 우리가 앞으로 어떻게 행동해야 할지를 알려준다는 점에서 유익하다. 즉, 자신이 놓쳤던 좋은 것에 대해 후회함으로써 그걸 이루도록 더욱 매진하게 할뿐더러 자신이 경험한 일 중 좋지 않았던 것에 대해서 후회함으로써 그걸 더 이상 하지 않도록 만들어준다. 그래서 후회를 감정적인 비용을 들여서 행동적인 이익을 얻는 하나의 트레이드오프(Trade Off)라고 말하는 학자들도 있다[22].

그렇다면 후회를 하더라도 좀 더 나은 방법으로 할 수는 없을까?

후회를 긍정적으로 이용하는 하나의 방법은 후회하되 과거를 뒤돌아보는 것에서만 끝나지 않고 반드시 관점을 미래로 두고 앞을 바라보며 마무리해야 한다는 점이다. 그렇지 않으면 과거의 일을 부정적으로 반추하며 괴로워하는 것으로만 끝날 수 있다. 우리 주변에도 후회를 특히 많이 하는 사람들이 있다. 그들은 지나간 일, 그래서 바꿀 수 없는 일에 대해서 미련을 가지고 계속 "~ 했어야 하는데"라고 함으로써 주변 사람들을 짜증 나게 하고 본인도 불행한 기분에서 빠져나오지 못한다. 그들의 또 한 가지 특징은 계속 과거를 들추어낼 뿐 후회하면서 얻은 교훈을 통해 미래에는 어떤 변화를 도모할 것인지는 거의 생각하지 않는다는 점이다.

후회가 우리에게 주는 이점 중 하나는 과거의 행동과 결과 사이의 인과관계를 볼 기회를 제공함으로써 어떤 맥락에서 어떤 일이 일어날 수 있는지를 생각하게 해준다는 것이다. 즉, 앞으로 맞닥뜨릴 수 있는 유사 상황에 대한 통찰과 바람직한 행동 레퍼토리를 만들어준다. 따라서 후회하고 과거의 행동을 돌아보더라도 마무리는 반드시 "그렇다면 앞으로는 무엇을 어떻게 해야 하지?"라는 미래지향적 질문으로 끝나야 한다. 너무 당연한 이야기지만, 우리가 후회하며 힘들어하던 순간들을 떠올릴 때 미래지향적이지 못했던 경우가 꽤 많았음을 깨닫게 될 것이다. '이렇게 할걸', '저렇게 할걸' 하며 머릿속으로 과거의 그 순간만 되감고 있던 적이 많았을 것이다.

"그렇다면 앞으로는 무엇을 어떻게 해야 하지?"

이 물음은 매우 중요하다. 이것이 바로 과거를 마무리하는 방법의 핵심이기 때문이다. 과거에 매달리는 것도 아니고 그냥 묻어버리는 것도 아닌, 미래를 위한 밑거름이 되게 하는 것 말이다.

이미 위에서 말한 바처럼 후회를 건설적으로 활용하여 효과적으로 과거를 성찰하고 그로부터 배움을 얻은 이도 있을 것이다. 그럼에도 이 책의 다음 부분에서는 당신이 과거를 효과적으로 돌아볼 하나의 틀을 제공할 것이다. 앞으로 이야기할 '퍼즈 앤 런(Pause and Learn, 잠깐 하던 일을 멈추고 배움을 얻는다는 뜻)'은 일상생활에서뿐 아니라 좀 더 공적인 영역에서도 활용할 수 있는 체계화된 성찰 방법이다. '퍼즈 앤 런'의 단계들을 적절히 거친다면 후회는 오히려 우리에게 많은 유익한 정보를 줄 것이다. 앞서 랜드먼의 연구에서 보았듯, 후회는 우리에게 무엇인가가 잘못되었다고 이야기하는 것과 함께 그러한 잘못을 반복하지 않기 위해 무엇인가를 해야 한다는 동기를 주기도 한다. 저서 《후회(Regret)》에서 랜드먼은 다음과 같이 말했다[23].

'후회는 신이 준 선물이기도 하다. 그것을 가지고 무엇을 하는가에 달려 있다.'

이제 후회를 기회로 만들어보자.

잠시 멈추고 과거를 마무리하기

이미 일어난 일들을 기억하고 성찰하는 게 중요하다는 사실을 앞장에서 살펴봤다. 하지만 힘든 일상생활을 살아가느라 앞으로의 일을 계획하고 염려하는 것만으로도 벅차다고 말하는 사람이 있을 것이다. 물론 불도저처럼 앞으로 밀고 나가는 힘 역시 어떤 일을 해내는 데 매우 중요하다. 하지만 무작정 앞으로 밀고 나아가다 보면 잘못된 길로 접어들 수도 있다. 그리고 한 번 잘못된 길로 접어들면 그 관성에 의해 방향을 바꾸기란 쉽지 않다.

어려운 일을 대면했을 때 우리는 흔히 '한 걸음 물러서서 침착하게 생각해보라'고 말한다. 이런 말은 괜히 있는 게 아니다. 정말 흥미로운 연구 결과인데, 이렇게 한 걸음 물러서는 것이 실제로 인지적 통제력을 높여주는 효과가 있다는 연구가 있다. 우리가 보통 무엇인가를 얻고 싶을 때는 앞으로 다가가게 된다. 반대로 무엇인가를 피하고 싶을 때는 한 걸음 뒤로 물러서게 된다. 홀랜드와 동료들은 실제로 앞과 뒤로 몸을 움직이는 것이 어떤 효과를 주는지 알아보기 위한 실험을 했다[24]. 이 실험의 참가자들은 앞으로 네 걸음, 혹은 옆으로 네 걸음, 혹은 뒤로 네 걸음을 걸은 뒤 스트룹(단어를 인지하는 과정에서 그 단어의 의미와 글자의 색상이 일치하지 않은 조건에서 색상을 명명하는 반응속도가 늦어지는 현상) 과제를 풀기로 했다. 스트룹 과제에서는 '파랑', '초록', '빨강' 같은 단어가 다양한 색으로 칠해져 있고 단어의 의미가 아닌 글자의 색깔을 말해야 하는데, 이 단어의 의미와 실제 그 단어의 색상이 일치하는 경우와 그렇지 않은 경우가 있다. 예를 들면 '빨강'이라는 단어가 빨간색으로 프린트되어 있지 않고 노란색으로 프린트되어 있을 경우, 글자의 색을 말하는 데 더 오랜 시간이 걸리며 잘못 말하는 경향이 생긴다. 그 이유는 단어의 의미에 대한 자동적 반응이 색을 말할 때 간섭을 일으키기 때문이다. 그리고 이 현상을 없애거나 줄이기 위해서는 인지적인 통제가 필요하다. 그런데 놀랍게도 연구 결과 뒤로 몇 걸음 물러선 참가자들은 앞이나 옆으로 몇 걸음 걸어간 참가자들보다 스트룹 과제의 수행이 유의미하게 좋았다. 즉, 실제로 몇 걸음 물러서는 것만으로도 자동적인 반응을 통제하는 효과가 있었다.

때로 어떤 목표를 향해 나아가다 보면 옆도 뒤도 보지 못하고 앞으로만 치닫는 경우가 있다. 이렇게 무작정 앞을 향해 가다 보면 의도치 않게 저절로 떠밀려 가는 느낌이 들 때도 있다. 그러다 보면 습관적으로 이전에 하던 방법들을 그대로 사용하게 된다. 물론 습관적으로 행했던 과거의 방법이라고 해서 모두 잘못된 것은 아니지만, 가끔 가던 길을 잠시 멈추고 뒤로 한 발짝 물러서서 생각해보는 시간을 가져볼 필요가 있다. 내가 정말 가고자 하는 방향으로 가고 있는지, 잘못한 것이 있었다면 왜 그런 잘못이 발생했는지, 개선의 여지는 없는지, 새롭게 배우게 된 점이 있는지 등을 차분하게 생각해보자. 이런 성찰의 시간을 가진 후에 우리는 다시 앞으로 나아갈 더 큰 동력을 얻을 수 있다.

현명하게 과거를 마무리하기 위한 성찰법

지금까지 이 책을 읽은 당신은 과거를 돌아보기 위한 성찰의 시간을 가지는 게 중요하다는 데 공감할 터이다. 그런데 무엇에 대해 어떻게 성찰할지 막막할 것이다. 마치 지도나 방향 정보 없이 주소 하나만 달랑 가지고 무턱대고 어딘가를 찾아가는 느낌일 수도 있다. 그래서 과거를 효과적으로 성찰하는 데 도움을 줄 하나의 틀을 제공하고자 한다. 지금 소개할 이 방법은 '퍼즈 앤 런'으로, 이미 여러 분야에서 활용되고 있는 애프터 액션 리뷰(After-Action Review, AAR)를 응용한 성찰 방법론이다.

그럼 AAR이란 무엇이고 어떻게 활용되는 걸까? 이 방법은 집단 차원에서 일어나는 성찰과 리뷰(Refection and Review) 과정을 제도화해야겠다는 생각으로 미군이 만들어 활용하기 시작했다. 미군은 이 부분에서 매우 선도적이었다고 할 수 있다. 이 방법은 1970년대 중반에 처음 도입되었고 원래는 국립훈련센터의 모의 전투를 위한 학습 방법으로 고안되었다. 처음부터 이것이 매우 잘된 것은 아니었는지, 현장 장교들에 의해 완전히 받아들여지고 하나의 문화가 되기까지 10년이 걸렸다. 하지만 이제 AAR은 미 육군의 표준 절차로서 전 군으로 확산되었다. 지금은 미군 외의 많은 기관에서 AAR을 응용하여 사용하고 있는데, NASA에서는 PaL(Pause and Learn)이라는 이름으로 활용하고 있다.

기법은 비교적 간단하다. 스포츠에서 경기가 끝난 직후 선수와 코치들이 칠판 주위에 모여 이번 경기에서 팀이 보여준 경기력을 분필로 적어가며 토론하는 모습을 생각해보라. 그런 장면과 매우 유사한 과정이 벌어지는 것이다. 실제 AAR은 중요한 활동이나 이벤트가 끝나면 즉시 모여서 자신들의 임무와 그 성공 여부를 확인하고 다음에는 더 나은 성과를 낼 방법을 찾는 식으로 진행된다. 이런 과정을 통해 '모든 사람이 자기 자신과 자신이 속한 집단을 지속적으로 평가하고 어떻게 개선할 수 있을지를 질문하는 것'이다. 이 과정은 공식적 모임일 수도 있고 비공식적 모임일 수도 있는데, 몇 분 혹은 몇 시간 또는 며칠 동안 지속되기도 한다. 형식 면에서는 유연하게 다양한 형태를 띨 수 있지만, 토론은 항상 다음의 네 가지 질문을 중심으로 진행된다.

- 원래 하려고 했던 것은 무엇인가?
- 실제로 어떤 일이 일어났는가?
- 왜 그런 일이 발생했는가?
- 다음에는 무엇을 해야 하는가?

이 방법이 너무 공식적이고 딱딱하다고 생각할지도 모른다. 하지만 알게 모르게 우리는 이미 이런 방식으로 생각하고 행동하고 있다. 예를 들어보자. 부끄러움이 많은 한 젊은이가 있다. 그(혹은 그녀)는 좋아하는 상대에게 데이트 허락을 받고 싶어 한다. 그래서 자연스럽게 그 기회를 포착하려고 수업 시간에 일부러 옆자리에 앉고 필기한 노트를 빌릴 수 있겠냐고 물어보았다. 그러자 상대는 마지못한 표정으로 노트를 빌려주었다. 원래 목표는 노트를 빌리면서 다음에 돌려줄 때 밥을 살 테니 같이 먹겠냐고 물어보는 것이었는데, 상대의 표정이 별로 밝지 않아서 차마 묻지를 못했다. 강의실을 나오면서 우연히 상대가 친구와 하는 얘기를 듣게 되었는데 본인은 성실하지 못한 사람은 별로 좋아하지 않는다는 내용이었다.

자, 이제 되돌아볼 시간이다. 원래 목표는 데이트 기회를 얻는 것이었다. 하지만 그 기회를 얻지 못했을 뿐 아니라 호감도 얻지 못했다(이것이 바로 실제 일어난 일이다). 젊은이는 생각할 것이다.

'왜 이렇게 되었지?'

아마 본인이 좀 더 적극적으로 말하지 못한 게 잘못이었다고 생각할 것이다. 좀 더 친근하게 말했어야 할지도 모른다. 혹은 노트를 빌림으로써 필기도 제대로 하지 않는 불성실한 사람이라는 인상을 주었을지도 모른다. 젊은이는 자신의 의도가 왜 성공하지 못했는지에 대해 나름대로 내린 결론을 가지고 다음 전략을 짤 것이다. 혹시 상대가 가졌을지 모를 불성실하다는 인상을 지우기 위해 본인이 더 꼼꼼하게 노트를 정리해서(도움이 될 만한 다른 내용까지 첨부해서) 그것과 함께 상대의 노트를 돌려줄 수도 있다. 그리고 지난번처럼 어색한 표정과 말투가 되지 않도록 미리 할 말을 연습해야 할 수도 있다.

젊은이의 이야기가 바로 우리가 일상생활에서 사용하는 '퍼즈 앤

런'의 예가 될 수 있다. 그런데 잠시 생각해보면 우리가 일상생활에서 겪는 모든 일에 대해 이런 성찰의 과정을 겪는 것은 아니다. 대부분 아무 생각 없이 지나쳐버리는 경우가 많다. 밥을 먹고 옷을 입고 잠을 자는 일상적인 모든 과정에 대해서 이렇게 심사숙고할 필요는 없을 것이다. 하지만 우리가 반드시 이루고자 하는 중요한 그 무엇에 대해서는 그렇게 할 필요가 있다. 무턱대고 앞만 보고 가기보다는 잠시 멈추어서 과거로부터 배움을 얻어가자.

어떤 독자들은 여기에서 '멈춤'을 의미하는 'Stop' 대신에 'Pause'를 사용한 점에 주목했을 것이다. 극장에서 영화를 보는 것보다 집에서 DVD나 VOD를 이용하는 게 더 좋은 점 중의 하나는 언제든지 'Pause(잠깐 멈춤)'가 가능하다는 사실이다. 'Pause' 버튼을 눌러서 상영 중인 영화를 그 자리에 멈추게 하고 화장실을 다녀올 수도 있고, 이해 안 되는 부분이 있으면 옆에 있는 사람에게 물어볼 수도 있다. 혹은 다시 앞부분으로 돌려서 잘 보지 못한 부분을 확인할 수도 있다. 지금 우리가 하려는 일은 바로 그런 것이다. 내가 하려고 생각했던 모든 과정이 끝난 뒤 성찰할 필요는 없기 때문이다. 어떤 일을 이루어가는 과정 중간중간에 잠시 멈추어서 다음과 같은 방법으로 성찰의 시간을 가져보자.

'퍼즈 앤 런' 방법은 성찰하고자 하는 내용, 주어진 시간 등에 따라 다양한 변형이 가능하다. 하지만 이어서 제시하는 세 가지 단계는 반드시 들어가야 하며 순서 역시 지켜져야 한다. 그럼 이제 '퍼즈 앤 런' 회고법의 뼈대가 되는 세 가지 단계를 하나씩 짚어보며 각 단계에서 어떤 것들을 중요하게 챙겨야 하는지 알아보자.

원래 하려고 했던 것(상태)은 무엇이었는지를 명확히 한다.

정확한 진단은 사실(Fact)를 명확히 하는 데에서 출발한다. AAR은 목표를 명확히 하는 질문으로부터 시작한다. 사실 군대에서는 질문이 매우 명확하기에 논쟁의 여지가 없다고 생각될 수 있다. 하지만 미군의 매뉴얼은 전체 과정의 많은 부분을 첫 번째 질문(원래 기대했던 것이 무엇이었는지)과 두 번째 질문(실제 일어난 것은 무엇인지)에 대해서 할애하도록 되어 있다. 왜냐하면 이 부분이 명확해야 다음 부분에서 끝없는 논쟁의 쳇바퀴를 돌리지 않기 때문이다.

당신에게도 이 부분은 매우 중요한 시작점이다. 무엇인가를 돌아보고 효과적으로 성찰하기 위해서는 기준점이 있어야 하기 때문이다. 갑자기 "올해를 어떻게 보내셨습니까?"라고 묻는다면 뭐라고 대답하겠는가? 아마도 대부분은 어깨를 으쓱이며 "글쎄요…… 좋은 일도 있었고, 나쁜 일도 있었고, 그냥저냥 괜찮았어요" 하고 뭉뚱그려 답할 것이다. 좀 더 구체적으로 대답할 수 있도록 올해가 시작하는 시점에서 했던 생각들을 돌이켜보자. 그때 당신이 세웠던 목표는 구체적으로 무엇이며, 어떤 계획들을 가지고 있었는지를 더듬어보고 그 지점으로부터 출발하자.

실제 어떤 일들이 일어났는지 돌아본다.

첫 번째 단계에서 가고자 하는 곳이 어디인지 생각해보았다면, 그다음은 현재 자신의 위치를 파악해야 한다. 이 두 질문을 통해 당신은 목표와 현실 사이의 간극을 발견할 것이다. 예컨대 당신이 차를 운전하여 서울에서 부산까지 가는 길이라고 하자. 부산은 지금 당신의 목표이다. 그런데 휴게소 근처에서 갑자기 엔진 문제로 차가 멈춰버린다. 이때 어떻게 해야 할지에 앞서 어디까지 왔는지를 먼저 아는 것이 중요하다. 서울 만남의 광장 휴게소에 있을 경우와 부산에 가까운 김천 휴게소에 있을 경우, 차를 어디에 맡겨 수리하고 남은 길을 어떻게 가야 할지에 대한 고민의 결과가 달라질 수 있기 때문이다.

이렇게 자신의 현재 위치를 파악함으로써 당신이 가고자 하는 곳과 현실 사이에 어느 정도의 간극이 있는지를 알게 된다. 사실 일상생활에서는 실행되지 못한 목표로 말미암아 생기는 이런 간극이 많다. 이 간극은 우리를 더욱 열심히 달리도록 하지만, 때로는 괴롭거나 실망스럽거나 후회와 수치심을 주기도 한다. 그런데 이런 부정적인 감정들은 종종 무시되거나 그냥 잊히게 마련이다. 하지만 우리는 이런 감정을 다른 사람과 자기 자신에게 감추려 하기보다는 동기적 요소로 잘 활용할 필요가 있다. 일반적으로 인간의 몸과 마음은 현상 유지를 선호하는 경향이 있다. 새로운 상황에 도달했을 때 맞닥뜨릴 불확실성을 별로 좋아하지 않기 때문이다. 따라서 좀 더 명시적으로 아직 목표에 도달하지 못했다는 것을 깨닫는 계기를 마련하고, 이때 발생하는 불안감이나 후회 같은 부정적 감정을 잘 활용하여야 한다.

이 두 번째 질문에 스스로 답하면서 고려해야 할 문제가 또 하나 있다. 그것은 사람들이 자신의 현실에 간극이 있음을 인식하지 못한다는 점이다. 사실 인식을 못 한다기보다는 인식하기를 꺼리는 경우가 더 많은데, 특히 회피 중심의 대처방식을 많이 사용하는 이들에게서 발생하는 문제이다. 이들은 문제가 발생했을 때도 문제가 있음을 부정하는 경우가 많고 그렇기에 자신의 행동이나 상황이 바뀌어야 한다고 생각하지 않는다. 이들이 가장 잘 쓰는 방법은 그냥 잊거나, 문제가 있음을 인정 안 하거나, 다른 곳으로 주의를 돌리는 것이다. 이러한 회피 중심의 대처방식을 사용하는 것은 그다지 바람직하지 않다[25]. 특히 인지적 회피는 문제가 있다는 것 자체를 부인하거나 문제로부터 주의를 돌리는 것을 뜻하는데, 그로 말미암아 흔히 말하는 '호미로 막을 것을 가래로도 막지 못하는' 경우가 생길 수 있다. 예컨대 재정 또는 건강상 문제 등에 문제가 있음을 초기에 인식했다면 쉽게 해결될 수 있었을 것을 그냥 방치하는 바람에 더 악화되고 심각해질 수 있다.

또 다른 종류의 회피인 행동적 회피는 불편하게 하는 사람·장소·활동 자체를 피하는 것으로(물론 피하지 않음으로써 또 다른 갈등 발생의 위험이 있기는 하지만), 그 때문에 문제 해결의 기회를 만들지 않는 것이다. 예컨대 사소한 말실수나 감정 표현의 실수로 가족 혹은 직장 내에서 문제가 시작되었을 때 문제의 당사자를 만나 서로 오해를 풀고 갈등을 해결하기보다는 그 사람과의 만남을 회피함으로써 더 악화시킬 수도 있다.

마지막으로 강조하고 싶은 한 가지는 우리가 자주 잊게 되는 것이다. 우리가 세운 목표와 현재의 상태 사이의 간극을 이야기하다 보면 대부분은 '미처 하지 못한 것'에 집중하게 마련이다. 하지만 다시 생각해보자. 목표를 세운 다음부터 지금에 이르기까지 당신이 '한 것(이룬 것)'은 무엇인가? 과거를 마무리하기 위해 미처 다하지 못한 것, 잘못한 것 등에만 집중할 필요는 없다. 무사히 마친 것, 잘한 것들도 역시 주목받고 축하받아야 할 일이다. 우리는 그동안 이 부분에 주의를 덜 기울여왔다. 아직 갚아야 할 대출금이 많이 남아 있지만 그래도 그동안 열심히 저축해서 갚은 돈을 생각해보면 뿌듯하고, 아직 원하는 만큼 몸무게를 줄이지는 못했지만 그동안 운동을 하며 만든 근육과 줄

어든 몸무게를 보면 희망이 보이지 않은가! 어쩌면 당신은 스스로 생각하는 것보다 더 잘하고 있는지도 모른다.

경험으로부터 배울 점을 찾는다

영어에서 경험을 의미하는 'experience'는 라틴어 'experientia'에서 유래했다. 시도, 증명, 혹은 실험이라는 뜻의 단어 원래 의미에서 본다면 경험, 특히 도전적 경험이란 우리가 무엇인가를 배울 수 있게 하는 시행착오 실험과도 같은 것이다. 다시 말하면, 경험을 통해서 새로운 지식을 만들어내려면 원인을 탐구하고 가설을 개발하고 그것을 테스트하는 분석 과정이 필요하다는 의미라고 할 수 있다.

사실상 모든 경험은 우리에게 교훈을 주고 성장의 발판이 된다. 교육학자 데이비드 콜브의 경험학습이론(Experiential Learning Theory)에 따르면 '학습이란 경험의 변환을 통해 지식이 창조되는 과정'이다[26]. 즉, 사람들은 경험학습 사이클을 통해 무엇인가를 배우며, 이 사이클의 시작은 경험이다. 먼저 우리가 무엇인가를 경험하면 그것은 성찰의 기초가 된다. 그리고 성찰을 통해 세상에 일반화시킬 이론과 원리를 만들어낸 다음 자신이 만든 그 이론과 원리가 사실인지 확인하기 위해 다른 구체적인 상황에서 실험과 테스트를 함으로써 좀 더 견고한 이론과 기술을 쌓아간다.

예를 들어보자. B는 프레젠테이션을 할 때마다 주변 사람들의 '지루하다', '이해가 잘 되지 않는다'는 부정적 피드백이 많아서 점점 자신감을 잃어가고 있었다. 그런데 어느 날 다른 때보다 특별히 더 정성 들여 준비한 프레젠테이션에서 예상보다 좋은 반응을 얻었다(경험).

B는 어떤 점이 사람들이 달리 반응하게 만들었는지 곰곰이 생각해보았다. 그리고 이전 프레젠테이션과 달라진 점이 깔끔한 도표와 그래프를 이용해서 한눈에 알아보기 쉬운 자료를 제시한 것임을 알게 되었다(성찰). B는 청중이 텍스트로 나열된 장표보다 시각적으로 깔끔하게 구조화된 장표를 선호한다는 결론에 도달했다(개념화). B는 자신의 경험적 지식을 토대로 이후의 프레젠테이션들에서도 청중이 한눈에 이해할 수 있는 시각 자료를 만드는 데 신경 썼고, 이제 한 단계 발전하여 어떤 순서나 포맷으로 제시하는 것이 더 효과적인지를 고민하게 되었다(능동적 실험).

경험을 지식으로 전환하는 경험 학습 사이클에서 경험을 지식으로 전환하는 데 중요한 역할을 하는 도구는 바로 성찰이다. 성찰은 공식적인 학습의 한 방법으로 활용할 수 있지만, 우리의 소소한 일상생활에서도 얼마든지 활용할 수 있다. 조깅하거나 샤워하면서, 잠자기 전에 누워서도 끊임없이 성찰이 일어나고 그 과정에서 깨달음을 얻기도 한다. 예컨대 버스 시간에 빠듯하게 정류장에 도착했다가 버스를 놓치는 바람에 낭패를 본 적이 있을 것이다. 그런 경험 후 우리는 다음에는 5분 더 일찍 나와야겠다는 생각을 하기에 이른다. 이것이 바로 일상생활에서의 성찰이다. 성찰은 우리가 하는 일과 그 결과 사이의 특정한 연관성을 발견하려는 의도적인 노력이며, 성찰 없이는 발전이 이루어지기가 쉽지 않다.

지금까지 세 단계를 간략하게 소개했는데 이것 외에도 주어진 여건에 따라 다음과 같이 좀 더 세부적으로 질문해볼 수도 있다.

- 기대하고 있던 것은 무엇인가? (목표나 기대 상황)

- 실제 어떤 일이 일어났는가? (사건, 사람 등을 나누어서 세부적으로 현 상황 점검 가능)

- 왜 그런 일이 일어났는가? (원인, 주변 환경 등)

- 잘된 것은 무엇이며 잘되는 데 기여한 행동은 무엇인가?

- 잘못된 것은 무엇이며 잘못되는 데 기여한 행동은 무엇인가?

- 새롭게 알게 된 것은 무엇인가?

- 어떤 면이 변화되어야 하는가?(변화되지 않고 계속해야 하는 것은 무엇인가?)

'퍼즈 앤 런'의 3단계 질문을 모두 마쳤다면 이제 행동적인 면에서의 변화가 필요하다. 우리가 목표도 확실하고, 현실도 잘 알고, 경험으로부터 배운 바도 있지만, 그것을 통해 진정으로 변화되는 게 없다면 무슨 소용이겠는가.

요즘은 미국 등 선진국의 기업에서도 애프터 액션 리뷰를 많이 사용하고 있다. 한국 기업들에서는 이와 유사한 방법론 '레슨스 런드(Lessons Learned)'가 많이 알려져 있지만, 이 방법이 성과 향상으로 이어지는 경우는 그리 많지 않다. 왜 그럴까? 〈하버드 비즈니스 리뷰(Harvard Business Review)〉에 실린 한 기고문은 이 점을 비판한다[27]. 저자들은 여러 기업과 조직을 대상으로 AAR과 레슨스 런드 프로세스를 분석하여 왜 그것이 잘 적용되지 않는지 알아보고자 했다. 그들이 조사한 대부분의 기업에서는 사례들을 적극적으로 수집하기는 하지만 그것들로부터 무엇인가를 배우는 일은 거의 없었다. 제조업 분야인 한 대기업의 리더는 두 번이나 연거푸 실패한 한 프로젝트에 대해서 언급했다. 그리고 이전에 일어났던 실패 후에 작성한 AAR 보고서를 다시 검토한 후 두 번째 실패에서도 첫 번째와 같은 실수를 반복했음을 발견하고는 경악했다. 또 다른 텔레콤 회사에서는 좀 더 다른 문제가 발견되었다. 그들은 AAR 회합을 잘 운영하여 문제점을 발견하고 미래의 수정 방향에 대해서도 도출했다. 하지만 그들이 배운 것을 실제 행동에 적용하거나 현재 프로젝트의 의사결정 과정에 전혀 반영하고 있지 않았다. 저자들은 AAR이 실패하는 이유가 AAR을 단지 형식적인 회합이라고 생각하거나, 보고서에 불과하다고 생각하거나, 사후약방문이라고 생각하기 때문임을 지적했다.

AAR이나 지금 우리가 이야기하고 있는 '퍼즈 앤 런'과 같은 성찰 도구는 형식적 과정으로만 생각해서는 안 된다. 이것은 학습과 발전, 실행이 서로 연계된 살아 있는 과정으로 접근해야 하며, 아주 명시적인 방법으로 과거의 경험을 미래의 행동과 연결하는 하나의 과정이라고 생각해야 한다. 그리고 이 과정을 통해 무엇인가를 배우고 깨달았다고 하더라도 그것을 실제적인 행동으로 변화시키지 못한다면 아무 소용이 없다. 중요한 것은 과거로부터 배운 점을 통해 미래가 실제로 변화되어야 한다는 사실이다.

과거와 현재에 대해
감사하는 마음 가지기

지금까지는 주로 과거의 실패를 어떻게 받아들일 것인가에 관해 이야기했다. 실패란 우리가 목표로 한 그 무엇을 달성하지 못한 것을 이른다. 하지만 목표를 달성하지 못했더라도 목표를 향해 시도한 과정을 가볍게 보아서는 안 된다. 비록 대단하진 않을지라도 그 과정에서 얻은 것 또는 실패했더라도 새롭게 알게 된 것에 대해서 주의를 기울이고 감사할 필요가 있다.

감사는 우리의 삶에서 웰빙과 정신건강을 유지하는 데 매우 중요한 요소이다. 유년기의 아이들뿐 아니라 노년기의 사람들에게 이르기까지 감사가 우리에게 심리적·신체적·사회관계적으로 얼마나 도움되는지를 보여주는 수많은 연구와 과학적 증거가 축적되어왔다. 감사는 긍정적인 감정을 비롯한 다른 바람직한 삶의 지표들을 좋게 만들뿐 아니라, 질병을 지닌 이들이나 일반인들이 가질 부정적인 감정과 기능 저하를 방지하는 효과가 있다. 감사가 우리에게 가져다주는 이

115

점은 여기에 다 적을 수 없을 만큼 많지만, 여러 연구에서 입증된 몇 가지만 이야기해보겠다.

감사가 좋은 이유 첫 번째는 **스트레스 상황에 더 잘 대처할 수 있게 해준다**는 것이다. 일상을 벗어난 충격적 상황이나 신체적 위협 등을 경험했을 때 나타날 수 있는 외상 후 스트레스 장애(Post-Traumatic Stress Disorder, PTSD)에 대해서는 이미 들어보았을 것이다. 그런데 생명의 위협을 받는 매우 충격적인 사건을 경험한 후 PTSD 증상을 보이기보다 오히려 긍정적인 방향으로 심리적 성장을 하는 경우가 있다. 하마터면 목숨을 잃을 뻔한 상황에서 살아남은 사실을 오히려 다행으로 여기고 감사하며 앞으로 남은 삶을 다시 태어난 마음으로 산다는 것이다. 이처럼 감사는 외상 후 성장(Post-Traumatic Growth)과 높은 관련이 있다. 예컨대 2001년 9월 11일 미국에서 발생한 테러 공격 후 미국 대학생들을 대상으로 한 연구에서, 감사하는 것이 회복력과 위기 후 대처에 기여한다는 사실이 밝혀진 바가 있다. 트라우마적인 사건을 경험한 대학생 여성들을 대상으로 한 또 다른 연구에서는 '운이 좋은', '고마운', '감사하는 삶' 등을 포함한 외상 후 감사와 관련된 측정 도구의 검사 결과와 정서적 성장 사이의 강한 연관성이 나타났다[28]. 가장 중요한 것은 외상적 사건 경험 후 감사하는 마음을 가지는 게 PTSD 증상 수준과 부정적으로 연관되었다는 점이다. 즉, 감사하는 마음을 많이 가질수록 PTSD 증상이 덜 나타났다.

감사는 또한 **우리의 자존감을 증가시킨다.** 자존감이 행복과 매우 강한 상관관계를 가지고 있음은 학계에서도 널리 공감하는 사실이다[29][30]. 예컨대 감사하는 경향이 높은 청소년들은 높은 수준의 자존감을 보여준다는 것을 검증한 연구도 있다[31]. 아마도 감사라는 건 누군가로부터 받는 것에 초점을 맞추게 하므로 자기 자신에 대한 존중감을 향상시키는 듯하다. 감사하는 마음을 많이 가지는 이들은 자신의 삶이 타인에 의해 지지를 받고 있다는 것에 집중하는 경향이 있기에 삶에 대해 더 안정감을 느끼게 되고, 따라서 자신의 이미지를 일부러 좋게 만들기 위해 물질적인 면에 집착할 가능성이 더 작다. 감사하는 마음을 많이 가지는 사람이 안정적으로 높은 수준의 자존감을 유지한다는 것은 일시적 성공이나 실패 경험에 덜 좌우되고, 그로 말미암아 스트레스에 대처할 능력을 가질 수 있다는 의미이기도 하다. 하지만 어쩌면 그 반대 방향으로 자존감이 높음에 따라 다른 사람이 자신을 대하는 태도에 긍정적으로 반응할 가능성이 크기 때문에 더 많은 감사함을 느끼는 것일 수도 있다. 중요한 점은, 감사와 자존감은 서로 정적인 관계를 갖는 선순환적 관계에 있다는 것이다. 어떤 것이 먼저인지는 확실하지 않지만 감사하는 마음을 가짐으로써 그 선순환에 시동을 걸 수 있다.

마지막으로 감사는 **우리의 목표를 달성하는 데에도 긍정적인 영향을 미친다.** 유시 데이비스대학교 심리학 교수인 로버트 에몬스는 감사의 효과를 연구하기 위한 실험 연구를 디자인했다[32]. 그는 참가자들에게 앞으로 10주 동안 성취하고자 하는 목표에 대해 짧은 리스트를 작성할 것을 요청했다. 참가자들이 학생이었기에, 대부분의 목표는 대인관계나 공부에 관한 것이었다. 이 중 감사 조건의 참가자들에게는 10주 동안 감사 일기를 쓰도록 했다. 두 달 후, 감사 조건의 참가자들은 감사 일기를 쓰지 않은 통제 조건의 참가자들보다 앞서 작성한 목표를 향해 더 많은 진전을 이루었다고 보고했다. 일반적으로 우리는 감사하는 마음이 소극적이고 안주적인 태도를 조장한다고 여긴다. 하지만 에

몬스의 연구 결과는 그런 믿음에 강한 반론을 제기한다. 감사는 오히려 목표 달성을 위한 노력을 증가시킨다.

감사 연습하기

감사가 우리에게 주는 이점에도 불구하고 어느 날부터 갑자기 감사하는 삶을 사는 것은 생각만큼 쉽지 않다. 모든 것이 그렇듯이 감사하는 일 역시 연습이 필요하다. 감사하는 마음을 기르는 가장 효과적이고도 많이 하는 방법은 감사일기를 쓰는 거다. 거창하게 생각할 필요는 없다. 매일 저녁 자기 전에 감사한 일에 대해서 몇 가지씩 적어보는 것이다. 하지만 당신이 나와 비슷한 성향이라면 아마도 감사일기를 3일 이상 계속 쓰기가 어려울 것이다. 매일 저녁 보고 싶은 TV 프로그램과 스마트폰으로 하는 친구들과의 수다, 폭신한 잠자리가 주는 달콤한 유혹을 저버리기란 매우 어렵다. 그래서 감사일기를 시작하고 그것을 오랫동안 쓸 수 있는 데 도움이 될 몇 가지 팁을 소개한다.

첫째, 매일 감사할 거리를 찾는다.
감사함으로써 긍정적인 이득을 얻는 가장 좋은 방법은 매일 새로운 것들에 주목하는 거다. 이 방법은 우리가 상황을 인식하는 방식을 천천히 변화시킬 수 있다. 예컨대 나를 사랑해주는 가족을 가진 데 대해서 항상 감사하는 마음을 가질 수는 있지만, 매일 혹은 매주 반복해서 '가족이 있어서 정말 감사하다'라는 식으로 쓴다면 며칠 못 가서 형식적이고 지루한 활동이 되어버릴지도 모른다. 또한 삶의 순간순간에 감사하는 마음을 일깨워주지는 못할 것이다. 대신 이렇게 써보자.

'오늘 내가 정말 스트레스를 받았다고 말했을 때 남편이 어깨 마사지를 해주어서 기분이 좋아졌다.'

'오늘 엄마가 반찬을 가져다주셔서 힘들게 요리할 필요가 없었다.'

이런 식으로 구체적으로 쓰는 것이다. 이렇게 내 주변의 세상과 살아가는 순간순간에 눈을 뜨면 감사할 일이 너무도 많다는 걸 알게 될 것이다. 감사할 거리 찾기를 매일 새로운 걸 알아차리는 게임으로 만들어보는 것도 흥미를 유지하는 방법이다.

둘째, 자신에게 맞는 감사 연습을 한다.

매일 자기 전에 감사일기를 쓰는 게 좋다고 해서 만인에게 반드시 그런 것만은 아니다. 관점을 전환해서 새롭게 감사할 거리를 찾아내는 과정은 집중력을 요한다. 어떤 사람들은 밤에 쉽게 지치고 집중이 쉽지 않을 수도 있다. 그렇다면 아침에 몇 분 동안 시간을 내면 된다. 출근길에 버스 안에서 할 수도 있다. 예쁜 다이어리에 스티커를 붙이면서 시각적인 만족을 얻어도 좋고 어디서든 볼 수 있게 스마트폰 앱을 사용해도 좋다. 장애물이 무엇인지 인식하고 자신의 상황에 맞게 가장 적합한 방식으로 감사 연습을 하면 된다.

셋째, 감사도 즐겁게 할수록 좋다.

로체스터대학교의 심리학 교수 데씨와 라이언은 내적동기에 대한 연구로 유명하다. 내적동기란 어떤 일을 지속적으로 하고자 하는, 내부에서부터 우러나오는 욕구이다[33]. 이 동기의 핵심은 그 일을 하는 것 자체가 즐거워야 한다는 점인데 알다시피 즐거워야 오래할 수 있다. 단순하게 노트에 감사일기를 적는 것이 별로 즐겁지 않다면 다른 방법을 찾아도 된다. 감사일기를 쓰는 정형적인 방법이 있는 것이 아니기 때문이다. 얼마든지 새롭고 창의적인 방법을 찾아도 된다.

예컨대 인터넷 블로그에서 본 한 여성은 '감사의 상자'를 만들어놓았다고 한다. 그녀는 감사의 순간을 경험하면, 그것을 종이에 써서 상자에 넣는다. 그리고 한 해의 마지막 날 기념행사처럼 그 상자를 여는데, 1년 동안 상자에 넣은 종이들을 일일이 꺼내서 읽어본다. 그리고 그 순간들을 떠올리며 다시 한 번 감사의 마음을 즐긴다. 그래서 평상시에 좋은 일이 일어나면, "와! 이건 감사 상자에 적어 넣어야겠어!"라고 외친단다. 그녀의 방법은 어떤 일이 일어났을 때 그 즉시 그 순간을 더욱 의미 있게 만들어준다.

이런 방법은 가족과도 해볼 수 있다. 집 안에 감사 상자를 두고 가족 모두가 감사한 일이 생길 때마다 적어서 넣는다. 그리고 시간을 정해서 다 함께 모여 감사 상자의 메모들을 꺼내서 읽는 것이다. 아마도 가족에 대한 고마움과 사랑을 표현하고 느낄 수 있는 좋은 방법이 될 것이다.

넷째, 다른 사람들과 함께 감사한 마음을 갖는다.

사람들과 좋은 관계를 맺는 것은 행복의 요인 중 하나다. 그래서 감사함을 생각할 때 다른 사람을 떠올리는 것은 이치에 맞는 일이다. 에 먼스는 상황이나 물질적인 것에 대해 감사하는 일보다는 사람에 대해 감사하는 마음을 가지는 데 집중하는 것이 더 도움 된다고 말한다[34].

그렇다면 감사 연습을 하면서 다른 사람들에게 직접 감사의 표현을 하는 것은 어떨까? 제대로 감사를 표현하지 못한 누군가에게 감사 편지를 쓰거나 문자를 보내거나 혹은 전화를 거는 것은 어떨까? 혹은 저녁 식사 자리에서 가족들과 하루 동안의 감사한 순간들을 나눌 수도 있다. 대화가 이어지면서 감사해야 할 더 많은 일을 발견하게 될지도 모른다.

감사한 마음 갖기 연습은 삶을 풍요롭고 행복하게 만들 뿐 아니라, 미처 깨닫지 못한 자신의 강점을 발견하고 가고자 하는 목표에 도움을 줄, 혹은 이미 도움을 주고 있는 주변 자원들을 발견하게 해줄 것이다. 이를 발견하는 건 그리 어렵지 않을 것이다. 우리는 이미 많은 감사할 것에 둘러싸여 있기 때문이다. 오늘부터 당장 감사하는 마음 갖기 연습을 해보자. 감사는 과거를 마무리하는 멋진 방법이다.

Step 3
미래
디자인하기

진짜 원하는 삶을 그려보라

당신은 스스로를 어떻게 생각하는가? 누군가가 "당신은 어떤 사람입니까?"라고 굳이 묻지 않아도 우리는 스스로에 대해 여러 인상을 갖고 있다. 나를 예로 들자면, 나는 전반적으로 긍정적이고 약간 게으르며 개인주의적이고 논리적인 것을 선호한다. 스스로에 관한 이런 견해들은 내 행동에도 영향을 미친다. 합리적 설명 없이 "남들이 하니까 너도 하자"는 식의 설득은 나에게는 잘 통하지 않는다. 여행 갈 때는 꽉 짜인 일정으로 돌아다니기보다는 중요한 일정만 정해놓고 조금 느긋하게 마음 가는 대로 움직이는 걸 좋아한다. 또 다른 어떤 사람을 생각해보자. '나는 정의감이 강해'라고 생각하는 사람이 있다고 치자. 그가 골목에서 또래들에게 괴롭힘을 당하고 있는 어린 학생을 보았을 때 그냥 지나칠까? 물론 항상 그렇지는 않겠지만, 되도록 괴롭힘 당하는 학생을 구해주려고 노력할 것이다.

이렇듯 사람들의 '자기개념(Self-Concept)'을 통해 스스로를 어떻게 바라보고 평가하는지를 알 수 있을뿐더러 어떤 행동을 빈번하게 하고 어떤 행동을 하지 않을지를 예측할 수 있다. 이것을 행동변화의 측면에서 보자면, 행동을 변화시키려면 자기개념의 변화가 동반되어야 한다는 것을 알 수 있다. 예컨대 학업 성적을 올리고 싶다면 학업과 관련된 자기개념이 먼저 변화되어야만 한다. '나는 공부를 못해'라는 생각을 가지고서는 성적을 올리기란 매우 힘들다.

사람마다 가지는 자기개념은 여러 가지겠지만, 특히 '가능한 자기(Possible Selves)'는 '자신이 미래에 될 수 있는 것, 되고 싶은 것, 혹은 될까 봐 두려워하는 것 등에 대한 개인의 생각'을 말한다[35]. 즉, 스스로 본인의 잠재력과 미래를 어떻게 생각하는가와 관련한 자기개념이다. 나의 경우, 현재 산업 및 조직심리학을 전공한 HR 컨설턴트이지만, 미래에는 호르헤 루이스 보르헤스처럼 독특한 소설을 쓰는 작가가 될 수도 있고, 대회에 출전하는 마라토너가 될 수도 있고, 한적한 동네 구석의 작은 공방 주인이 될 수도 있다. 이처럼 저마다 나름대로 자신만의 가능한 자기를 가지고 있으며, 이는 미래의 꿈과 희망을 반영한 경우가 많다.

그런데 우리는 생각보다 자신이 진정으로 원하는 것에 대해서 잘 모르거나 제대로 생각해보지 않은 경우가 많다. 그래서 가능한 자기에 대해 적어보는 것만으로도 자기 자신을 제어하는 데 많은 도움이 된다. 이를 통해 스스로에 대해 배우고, 삶의 우선순위를 밝혀 조정하며, 자신의 동기와 감정에 대한 통찰을 가질 수 있기 때문이다. 또한 삶의 목표를 적어봄으로써 목표 간 충돌을 줄일 수 있을 뿐만 아니라 개인의 우선순위, 동기 및 가치에 대한 인식과 명확성을 높일 수 있다[36].

'가능한 자기' 중에서도 특히 자신이 될 수 있는 '최고의 가능한 자기(Best Possible Selves, BPS)'를 그려보는 활동은 그동안의 자기 경험을 의미 있는 하나로 통합하고 스스로의 삶에 대해 통제감을 주는 좋은 방법이다. 게다가 삶의 목표를 성공적으로 달성했을 때를 상상해봄으로써 실제 수행이 향상되기도 하고[37], 심리적 안정을 줄 뿐 아니라 긍정적인 감정을 더 많이 느낄 수 있게 해준다[38]. 미국의 심리학자 로라 킹은 이런 생각들을 뒷받침하는 실험적 증거를 찾았다[39]. 그녀는 참가자들에게 4일 연속으로 하루에 20분 동안 미래의 '최고의 가능한 자기'에 대해 써보도록 했다. 동시에 통제 집단에게는 다른 주제로 동일한 시간 동안 무엇인가를 쓰게 했다. 연구 결과, 다른 주제에 관해 쓴 통제 집단과 비교하여 BPS에 관해 쓰는 것은 즉각적인 효과가 있어서 3주 후에 측정했을 때 더 높은 주관적 안녕감을 보였고, 5개월이 지났을 때도 신체적 건강이 유의미하게 더 좋았다. 물론 이 집단들 간에는 서로 다른 주제에 대해서 적어보았다는 것 외의 다른 유의미한 차이는 없었다.

그럼 구체적인 목표를 세우기에 앞서 '최고의 가능한 자기'를 그려보는 연습을 한번 해보자.

먼저, 몇 분 동안 미래의 한 시점(지금으로부터 6개월, 1년, 5년 후 등)을 선택하고 당신이 가능한 자기를 최고로 실현한 모습을 상상해본다. 당신의 마음에 꼭 드는, 그래서 그것을 상상하는 일만으로도 기쁨을 주는 모습을 상상하되, 아주 생생히 시각화할수록 좋다. 새로운 직업을 가진 모습을 상상한다면 당신이 무엇을 하고 있고 누구와 함께 일하고 있고, 어디에 있을지를 매우 생생하게 그려본다.

다음 단계에서는 좀 더 세부적으로 들어가보자. 그 모습을 이루기 위해 어느 지점에서 특히 열심히 노력했는지 구체적으로 상상해본다.

당신이 잠재력을 발휘하거나 중요한 이정표를 세우거나 그동안 머릿속으로만 생각해오던 걸 행동으로 옮기거나 하는 것들 말이다. 이때 비현실적인 환상이 아니라 이치에 맞되 긍정적이고 실제 달성 가능한 것들을 생각하는 게 중요하다.

지금까지의 단계를 잘 따라왔다면 당신의 머릿속에는 미래의 자기 모습에 대한 매우 선명한 이미지가 있을 것이다. 이제 그것을 자세히 적어보자. 최고의 자기 자신에 대해 적음으로써 미래를 어떻게 만들어가야 하는지에 대한 논리적 구조를 만드는 데 도움이 될 것이다. 또한 안개 속에 있는 듯 희미하고 조각난 생각들을 구체적이고 실질적인 가능성의 영역으로 이동시킬 수 있다.

마지막으로 반드시 해야 할 일은 당신이 상상한 이미지에 등장한 인물(미래의 자기 자신)의 강점을 써보는 것이다. 더불어 '최고의 가능한 자기'를 현실화하기 위해서 어떤 강점들이 필요한지도 적어본다.

전문가들은 이 활동을 하루에 20분씩 적어도 3일 정도는 연속으로 해볼 것을 권한다. 이 활동은 그 과정을 통해 자신이 미처 깨닫지 못한 자기 자신에 대해 알게 해줄 뿐 아니라 내가 삶에서 진정으로 원하는 것이 무엇인지 알 수 있게 해준다. 이로써 삶의 목표를 세우고 달성하는 데서 어디에 중점을 두어야 할지를 알게 되고 자신의 삶에 대한 통제력을 갖게 된다. 이 활동을 효과적으로 한다면 다음에 이야기할 주된 주제인 목표에 관해 이해하기가 훨씬 쉬울 것이다.

좋은 목표 세우기

과거를 마무리했고 자신이 원하는 이상적인 모습에 대해서 생각해 보았다면, 이제 목표를 세우자. 그런데 이에 앞서 한 가지 분명히 말해둘 것이 있다. 바로 이상과 목표를 구분할 수 있어야 한다는 것이다. 이상이란 '생각할 수 있는 범위 안에서 가장 완전하다고 여겨지는 상태'이다. 그런데 이상을 통해 그려지는 완전함은 우리의 상상 속에서나 존재할 뿐이며, 완전한 상태란 너무 일반적이고 모호하다. 그뿐만 아니라 이상은 우리가 한 사람으로서 성장해가는 중에 끊임없이 변화한다.

한 예로 어린 시절 부모의 사랑을 받지 못하고 자란 A씨의 경우를 보자. 그의 이상은 '최고의 완벽한 부모가 되는 것'이다. 하지만 정말 부모가 되어보니 자신의 이상이 실현되기 어렵다는 것을 매일 느낀다. 부모도 사람인 이상 시행착오가 있게 마련이어서 아무리 노력해도 최고로 완벽한 부모가 되기란 불가능해 보였다. 게다가 완벽한 부모가 되고 싶다는 마음은 시간이 흘러도 바뀌지 않았음에도, 최고로 완벽한 부모의 모습은 아이들이 커가고 육아 환경과 유행이 달라지면서 점차 바뀌어갔다. 과연 그는 자신의 이상에 도달할 수 있을까?

이처럼 이상적이라고 생각하는 그 무엇은 측정 가능한 지표로 표현하는 것이 어렵다. 어디까지 이루어야 "이상적인 상태에 도달했다"라고 말할 수 있는가? 그래서 이상은 그것을 성취했는지 아닌지에 대한 기준점을 제공해줄 수 없다. 이상은 우리가 그리는 꿈이며, 저 멀리서 빛나는 별과도 같은 것이다. 하지만 우리에게 이상이 필요하지 않다는 것은 아니다. 이상은 우리에게 영감을 주고 앞으로 나아가는 길을 비춤으로써, 우리의 목표가 어떠해야 하는지를 알려준다. 앞에서 했던 BPS 활동은 우리의 이상을 시각적으로 구체화해봄으로써 목표와 연결시키는 것이다. 이처럼 이상의 가이드에 의해 세워진 목표는 측정 가능한 속성을 가지고 있기에 우리가 실제로 도달할 수 있는 지점이라 하겠다.

이상과 달리 목표란 매우 구체적인 것이며, 한 개인이 특정한 곳에 열정과 노력을 쏟아붓는 목적이 될 뿐 아니라 특정한 시간이 흐른 후 나타나는 '원하는 결과 상태'이다. 그런데 목표가 이상과 어긋나는 방향으로 설정된다면 목표를 달성한 후에도 전혀 행복하지 않을 수 있다. 앞에서 말한 A씨의 경우에도 자신의 이상에 따라 다음과 같이 달성 가능한 목표를 세울 수 있다. 완벽한 부모라는 막연한 목표가 아니라, '매일 퇴근 후 적어도 한 시간 이상 아이와 함께 놀아주기', '매주 토요일 아이와 함께 공연을 관람하거나 전시관, 박물관 등을 방문하기', '1년 동안 온 가족이 4번 이상 함께 여행하기' 등의 구체적인 목표를 세워 달성하는 것이다.

이상도 중요하지만, 현실에서는 목표에 집중하는 것이 중요하다. 우리의 이상은 흥분이나 기대감 같은 긍정적인 느낌을 불러일으키지만, 우리가 재미있는 영화를 보거나 즐거운 상상을 했을 때 갖는 느낌과 크게 다를 바가 없기 때문이다. 그래서 이상에 대해 상상할 때는 기분이 좋지만, 현실로 돌아왔을 때의 간극 때문에 불행하고 부족하게 느껴지게 마련이다. 따라서 우리의 삶에 진짜 필요한 감정은 이상이 아닌 목표를 성취했을 때 오는 행복, 만족감, 자신감이어야 한다. 목표를 통해 이런 기쁨을 경험하기 위해서는 우리가 그것을 성취했음을 알 수 있어야 하고, 성취를 위해 노력하는 것이 재미있고 보람 있어야 한다. 자, 이제 목표가 어떤 식으로 설정되어야 하는지 좀 더 구체적으로 알아보자.

목표를 적어보라

인터넷에 떠도는 1953년의 예일대 연구(또는 1979년의 하버드 MBA 연구로 알려짐)가 있다. 1953년 예일대학 졸업생들의 3퍼센트만이 졸업 당시 미래에 대한 구체적인 목표를 적었는데, 20년 후 이들을 추적해본 결과 이들이 명확한 목표가 없는 집단보다 10배나 많은 수입을 얻고 있는 것으로 밝혀졌다는 내용이다. 그 연구가 정말인지, 아니면 누군가가 만들어낸 것인지에 대한 논란이 일었고, 그런 연구는 없었다는 사실이 밝혀졌다. 하지만 이 연구의 실재 여부를 떠나 목표를 구체적으로 적어보는 일의 중요성이 사실이 아닌 것은 절대 아니다.

심리학자 게일 매튜스는 '목표를 적어보는 것이 얼마나 중요한지'를 실질적으로 증명하기 위한 연구를 수행했다[40]. 그녀가 모집한 267명의 실험 참가자들은 미국, 벨기에, 영국, 인도, 호주, 일본 등 다양한 국적에 사업가, 교육자, 보건의료계 종사자, 예술가, 변호사, 은행가, 마케터 등 다양한 직종에 종사하고 있었다. 그녀는 이 참가자들을 5개

집단으로 나누고 몇 주에 걸쳐 추적했다. 이 연구의 결과들 중 가장 흥미로운 점은 목표를 적지 않은 집단에 비해 목표를 적은 집단이 유의미하게 높은 비율로 목표를 달성했다는 것이다(목표를 쓰지 않은 집단의 목표 달성은 목표를 적은 집단의 67퍼센트에 머물렀다).

목표 적기는 달리기 경주의 출발선상에서 결승점을 확인하는 것과 같다. 결승점이 어디인지도 모른 채 출발점에 서 있다고 상상해보라. 제대로 된 경주를 할 수 없는 것은 너무도 자명하다. 여행 목적지 없이 짐을 챙긴다고 상상해보라. 때로는 정처 없이 떠나는 여행의 맛을 느끼고 싶을 수도 있다. 하지만 목적지가 없다면 가방 안에 무엇을 넣어야 할지, 이동수단을 어떻게 잡아야 할지 난감할 것이다. 무엇인가를 글로 적으려면 명확화하는 과정이 반드시 선행되어야 한다. 그러므로 목표를 적는 것은 '자신이 원하는 것이 무엇인가'를 명확히 인식하도록 만든다.

목표 적기가 가져다주는 또 하나의 이점은 그것에 몰입할 수 있게 해준다는 점이다. 목표를 명확히 하고 그걸 적어본다는 것은 무엇인가를 막연히 꿈꾸는 행위 그 이상이다. 예컨대 '해외 여행하기'라는 다소 애매한 목표를 세웠을 때보다 '체코 프라하로 일주일 동안 여행하기'라는 구체적이고 명확한 목표가 정서적으로 더 몰입할 수 있다. 또한 이러한 몰입은 중간에 맞닥뜨릴 수 있는 어려움을 극복할 힘을 준다.

목표 적기의 세 번째 이점은 실제 행동을 취하도록 만든다는 것이다. 자신이 원하는 바를 구체적으로 적었기 때문에 필요한 행동을 생각하기가 비교적 수월해진다. 목표를 적고 그걸 주기적으로 검토하는 것은 지금까지의 목표 달성 현황을 돌아보고 다음에 해야 할 중요한 행동이 무엇인지를 생각해보도록 만드는 좋은 수단이다.

목표 적기의 네 번째 이점은 샤이니 오브젝트 신드롬(Shiny Object Syndrome, SOS)으로부터 우리를 지켜줄 수 있다는 것이다. 샤이니 오브젝트 신드롬이란 '지나치게 많은 아이디어나 최신 유행을 따르다가 그 어느 것도 제대로 완성하지 못하고 시간과 돈을 낭비하는 현상'을 말한다. 이는 특히 소규모 사업을 하는 사람들이 주의해야 할 현상이다. 머릿속이 아이디어 공장이라도 되듯 많은 사업 아이디어가 샘솟는 이들이 있다. 그 아이디어들의 가능성에 가슴이 두근거리기도 하고, 새로운 아이디어를 따라 끊임없이 이러저러한 시도를 하기도 한다. 이때 시장 상황의 흐름을 분석하여 새로운 가능성을 찾아가는 것이 중요한데, 샤이니 오브젝트 신드롬으로 어느 하나도 제대로 끝마치지 못하거나 새로운 아이디어와 방향에 대한 충분한 계획 없이 무턱대고 이것저것 실행을 하다 결국 모두 실패하고 말 수도 있다. 이런 일은 개인 차원에서도 종종 일어난다. 다른 사람들이 하는 것이 더 좋아 보여서, 혹은 다른 사람이 생각 없이 던진 조언에 귀가 솔깃해서 금방 이것에서 저것으로 갈아타는 경험 말이다. 목표를 적게 되면 이런 유혹들을 피하기가 그렇지 않은 경우보다 수월하다. 자신이 원래 가고자 하던 방향이 무엇이었는지 돌아보고 마음을 단단히 가질 수 있게 만들어주기 때문이다.

마지막으로, **목표 적기의 가장 중요한 이점은 자신이 그동안 이룬 게 무엇인지 되돌아보고 축하할 기회를 제공한다는 것이다.** 목표를 향해 앞으로만 가다 보면 더 앞으로 가야 할 길만 눈에 보일 뿐 그동안 걸어온 길은 보이지 않게 마련이다. 하지만 가끔 멈추어 서서 적어놓은 목표를 돌아보면 출발점에서 지금까지 어떤 길을 걸어왔는지, 앞으로 가야 할 길은 얼마나 남았는지 가늠해볼 수 있다. 그리고 단순히 돌아보는 것

에만 그치는 게 아니라, 자신이 지금까지 이룬 일들에 대해 축하할 기
회를 제공한다.

SMARTER 목표 세우기

구체적으로 목표를 적어보는 것만으로도 긍정적인 효과가 많이 있음을 알았다. 그렇다면 구체적이고 명확하게 적는다는 건 어떤 것일까? 그러기 위해서 목표는 어떤 조건을 갖추어야 할까?

SMART(Specific, Measurable, Action-oriented, Realistic, Time-bound) 목표라는 것이 있다. S · M · A · R · T의 각 알파벳이 의미하는 바는 사람들에 따라서 조금씩 다르긴 하지만, SMART 목표는 공통적으로 우리가 달성해야 할 게 무엇인지 명확하고 구체적으로 알려준다. 우리는 이 책에서 SMART 목표에서 한 걸음 더 나아간 SMARTER 목표에 관해 이야기할 것이다. SMARTER 목표의 특징은 다음과 같다.

Specific

Measurable

Actionable

Risky

Time-keyed

Enjoyable

Relevant

Specific(구체적이어야 한다)

SMARTER 목표의 첫 번째 특징은 구체적이어야 한다는 것이다. 즉, 본인이 이루고자 하는 것을 아주 정확하고 구체적으로 밝힐 수 있어야 한다. 목표를 이루는 데서 한 방향으로 집중하는 것은 매우 중요하다. 애매모호한 목표는 그것에 집중할 수 없게 만들고, 어디에 어떤 노력을 기울여야 할지 혼란스럽게 만든다. 따라서 구체적인 목표는 우리의 능력을 한 곳에 집중할 수 있게 만들어줄 것이다.

예컨대 '중국어를 배우고 싶다'는 구체적인 목표가 아니다. 구체적인 목표가 되려면 'ㅇㅇ 학원의 중국어 기본 과정을 마친다'가 되어야 한다. '책을 쓰겠다'가 아니라 '(책 제목)의 목차를 완성하고 1장을 끝마치겠다'여야 한다.

Measurable(측정 가능해야 한다)

SMARTER 목표의 두 번째 특징은 측정 가능해야 한다는 것이다. 다시 말하면 그것의 성취 정도를 측정할 기준이 있어야 한다. 측정 가능성이 중요한 이유는 두 가지다. 하나는 그 목표를 달성했는지 아닌지를 어떻게 알 수 있느냐의 문제이다. '돈을 많이 벌고 싶다'라고 한다면 도대체 어느 정도를 벌어야 그 목표를 달성했다고 할 수 있을까? '멋진 몸을 가지고 싶다'라고 한다면 도대체 어떤 몸이 되어야 목표가 달성되었다고 볼까? 이렇듯 목표의 성공 여부를 판가름하기 위해서는 목표가 측정 가능해야 한다. 즉, 목표에 대한 성공 기준이 있어야 한다.

목표가 측정 가능해야 하는 또 하나의 이유는 진척 상황을 모니터링할 수 있어야 하기 때문이다. 목표를 적고 그 진척 상황을 그림이나 표로 만들어서 체크해보자. 그 과정은 생각보다 흥미롭고 당신을 행복하게 해줄 것이다. 자신에게 의미 있는 목표를 성공적으로 추구하는 과정은 심리적 행복 유지에 중요한 역할을 한다. 목표를 향해 나아가는 동안, 우리는 감정적으로 더 행복해지고 우리의 삶에 더 만족하게 된다. 그 증거로써 목표 추구와 웰빙에 대한 많은 연구가 있다. 그들 연구에서는 목표를 향한 진전과 주관적 안녕감(Subjective Well-being) 사이에 아주 흥미로운 사이클이 돌아가고 있음을 알 수 있다[41].

어떤 목표를 향해 조금씩 나아가고 있다는 느낌은 스스로가 행복하다는 기분을 가지게 하고 삶에 더 만족하게 만든다. 그리고 아주 흥미롭게도 그러한 긍정적인 감정은 다시 목표를 향해 계속 노력하도록 만든다. 목표 지향적인 행동을 하고 목표를 향해 계속 노력하고자 하는 의지를 만들어내는 것이다. 이 행동이나 의지력은 추가적인 목표 달성을 위해 꼭 필요하다. 일단 힘을 내서 목표를 어느 정도 진척시키기만 한다면, 그로 말미암아 당신은 주관적인 행복감을 느낄 것이고, 이런 행복감은 다시 한 번 목표를 향해 더 많은 행동과 진전을 하도록 만들어줄 것이다. 바로 선순환적인 사이클이 계속 돌아가는 것이다.

Actionable(행동 가능해야 한다)

SMARTER 목표의 세 번째 특징은 행동 가능해야 한다는 것이다. 목표란 근본적으로 우리가 하려고 하는 것을 의미한다. 따라서 목표를 세울 때는 목표 달성을 위해 요구되는 행동이 되도록 아주 명확해야만 한다. 어떻게 하면 그렇게 될까? 방법은 생각보다 간단하다. 목표를 만들 때 상태를 지칭하는 단어를 쓰기보다는 행동을 지칭하는 단어를 쓰면 된다. 영어로 말하자면 'be' 동사보다는 'do' 동사여야 한다는 것이다.

예를 들면 '좋은 아빠 되기'와 같은 목표보다는 '아이들과 일주일에 세 번 이상, 한 시간씩 집중적으로 놀아주기'와 같은 목표가 더 행동 가능한 목표라고 할 수 있다. '활동적인 블로거 되기'는 상태 지향적인 목표이지만 '일주일에 두 개씩 블로그 포스트 쓰기'는 행동 지향적인 목표라고 할 수 있다. '건강한 사람 되기'와 같은 목표로는 어떤 행동을 해야 할지 알 수 없지만 '일주일에 5번씩 30분 이상 산책하기'는 행동 가능한 목표이다.

또 한 가지, 우리가 세운 목표는 자신의 통제하에서 행동을 변화시키고 그 변화를 지속할 수 있어야 한다. 예컨대 목표와 관련된 워크숍을 하다 보면 '사랑받는 사람 되기' 같은 목표를 세우는 사람들이 있다. 이런 목표는 행동보다는 상태 지향적인 목표이기 때문에 좋지 않다. 또한 사랑받는 사람이 되기 위해서는 타인이 자신을 사랑해주어야 한다는 전제가 있어야 하기에 좋은 목표라 할 수 없다. 물론 타인에게 호감을 주는 행동을 하는 것은 가능하지만 자신이 호감 가는 행동을 한다고 해서 타인이 반드시 자신을 좋아하는 건 아니다. 즉, 타인의 행동은 내가 통제할 수 없는 것이므로 바람직한 목표가 아니다. 'ㅇㅇ

회사에 입사하기' 같은 목표도 마찬가지다. 당신이 그 회사에 입사하기 위해 온갖 노력을 다할 수는 있지만, 입사를 결정짓는 것은 당신이 아니지 않나? 대신 '○○ 회사에 입사하기 위해 ○○ 자격증을 취득하기' 혹은 '○○을 비롯한 10개 이상의 회사에 입사지원서 제출하기' 등과 같은 목표를 세우는 게 좋다.

자신이 통제할 수 없는 것을 목표로 삼으면 자신의 노력이 무의미하게 여겨지며 자칫 불행하다고 느낄 수 있다. 그러므로 통제 가능한 것과 통제 불가능한 것을 구분하고, 자신이 통제할 수 있는 영역 내에서 목표를 찾는 게 좋다.

Risky(도전적이어야 한다)

SMARTER 목표의 네 번째 특징은 도전적이어야 한다는 것이다. 일반적으로 SMART 목표를 말할 때 'R'을 'Realistic(현실적)'으로 본다. 하지만 나는 'Risky'를 강조하고 싶다.

미국의 한 자기계발 전문가가 인터넷으로 설문조사를 했다. 질문은 다음과 같았다.

'당신은 SMART 목표를 세웁니까, 어려운 목표를 세우십니까(Do you set SMART Goals or HARD Goals)?'

그리고 사람들이 자기가 하는 일에 대해 어떻게 느끼는지를 질문했다. 결과적으로 성취할 수 있고 현실적인 목표(SMART 목표)를 추구하는 사람들의 29퍼센트만 그들의 직업을 사랑한다고 말했다. 하지만 어렵고 대담한 목표 설정자의 40퍼센트가 자신의 직업을 사랑한다고 말했다(출처:https://www.forbes.com/sites/markmurphy/2017/11/02/

people-who-set-smart-goals-are-less-likely-to-love-their-job/#1bbcceb07142).

미국의 저명한 심리학자 에드윈 로크의 목표설정이론이 주장하는 주요 내용 중 하나 역시 '성취 가능한 범위 내에서 어렵고 도전적인 목표일수록 성과가 높다'는 것이다. 로크와 그의 연구 동료인 게리 라담(Gary Latham)은 목표의 난도가 높을수록 목표에 들이는 노력과 수행이 선형적으로 증가하는 것을 발견했다[42]. 이들은 구체적이고 동시에 어려운 목표를 '최선을 다하라'는 식의 모호한 목표와 비교해보았다. 그 결과는, 구체적이고 어려운 목표를 주는 것이 최선을 다하라고 독려하는 것보다 더 높은 수행을 보였다. 다시 말하면 사람들은 그냥 열심히 하라고 말한다고 해서 그렇게 하지는 않는다는 것이다. 열심히 하기 싫어서라기보다는 '열심히'에 대한 참조 기준이 없기 때문이다. 그렇다고 목표가 구체적인 것 하나만으로 수행이 좋아지지는 않는다. 구체적인 목표도 난도 면에서는 매우 다양한 차이를 보이기 때문이다.

그런데 왜 많은 사람은 도전적인 목표보다 안전하고 현실적인 목표를 선호할까? 심리학자이자 행동경제학자로서 노벨 경제학상을 수상한 다니엘 카너먼과 아모스 트버스키가 그 답을 조금은 주고 있는 듯하다. 그들은 사람들의 손실회피(Loss Aversion) 성향, 즉 '잃는다는 것에 대한 두려움'에 대해 이야기했다. 우리가 1천 원을 잃었을 때의 고통은 1천 원을 얻었을 때의 기쁨과 비교했을 때 훨씬 크다는 것이다. 만약 당신이 카지노에서 1백만 달러를 버는 행운을 얻었다고 가정해보자. 이제 아무것도 안 하고 그 돈을 그냥 가질지, 아니면 동전 던지기를 해서 금액을 두 배로 만들거나 아니면 모두 잃거나 하는 모험을 할지 선택해야 한다면 당신은 어떻게 하겠는가? 사실 1, 2분 전만 해도 1백만 달러는 없던 돈이었고 설사 모험을 해서 그 돈을 다 잃는다고 해도 결국 본전이라고 생각할 수도 있다(게다가 그것이 두 배가 될 확률은 무려 50퍼센트 아닌가). 하지만 이런 경우 많은 사람이 즉각 그 베팅을 거절하리라는 것이 이들의 이론이며, 이 이론은 광범위하고 실증적인 증거를 통해 증명되어왔다. 사람들은 무엇인가를 얻어서 이득을 볼 때의 행복보다 가진 것을 잃었을 때 받는 스트레스가 약 2~2.5배라고 한다. 그렇기에 우리는 무엇을 얻는 것보다 잃는 것에 더 민감하게 반응하는 것이다. 목표에서도 사람들은 이런 손실회피 경향을 보여준다. 목표 달성에 실패한다는 것은 곧 손실이 된다. 그리고 어떤 목표를 달성했을 때의 기쁨보다 목표 달성에 실패했을 때의 좌절감을 더 크게 느끼기 때문에 현실적이고 안전한 목표를 선택한다.

그렇다고 해서 무조건 목표를 위험하고 도전적으로 세우라는 것은 아니다. 실현 불가능할 수도 있는 무지막지한 목표를 세우라는 것도 아니다. 너무 쉽게 달성할 수 있는 쉬운 목표에 머무르지 말라는 얘기이다. 자신의 한계를 너무 낮게 설정한 것은 아닌지, 실패의 가능성과 그에 따른 위험을 너무 과대평가한 건 아닌지 스스로 돌아볼 필요가 있다는 것이다.

Time-keyed(시간과 관련한 제약 조건을 주어야 한다)

SMARTER 목표의 다섯 번째 특징은 시간과 관련이 있다. 이것은 데드라인일 수도 있고, 정해진 횟수일 수도 있고, 언제 시작한다는 출발 신호일 수도 있다. 사실 나는 몇 년 전부터 캘리그라피를 배우고 싶다는 생각을 해오고 있었다. 그래서 캘리그라피를 배울 수 있는 곳을 여기저기 검색해보았지만, 나는 한 번도 캘리그라피를 배우는 것과 관련해서 시간적 제약 조건을 둔 적이 없다. 예를 들면 언제부터 시작하겠다든지, 언제까지는 무엇을 마스터하겠다든지 하는 시간적 조건 말이다. 그래서인지 나는 아직도 캘리그라피를 배우지 못하고 있다. 시간적 제약 조건을 주지 않으면 이렇게 한없이 연기되고 미루어지기 십상이다.

우리가 새해에 가지는 '올해의 다짐'이 왜 실천이 안 되는지 생각해 보자. 올해, 즉 남은 1년은 어찌 보면 긴 시간이다. 1월 1일에 12월 31일을 생각하자면 정말 많은 시간이 남아 있다고 느껴진다. 그래서 새해가 시작되고 며칠 동안 올해의 다짐을 지키지 못했더라도 올해는 아직 많이 남아 있고, 언제든 시작할 수 있다고 생각한다.

'다음 주부터 하면 돼.'

'다음 달부터 하면 돼. 그래도 충분히 올해 안에는 끝마칠 수 있으니까.'

이런 생각들이 자꾸만 우리의 실행을 방해한다. 이렇게 너무 멀리 잡아놓거나 확실하지 않은 데드라인은 행동하고자 하는 욕구를 만들어내지 못한다. 가끔 나에게 대학원과 직장을 동시에 다니면서 논문 학기를 맞이한 친구들이 졸업 논문을 어떻게 준비해야 할지 조언을 구할 때가 있다. 나는 그 친구들에게 가장 먼저 할 일은 논문심사 일정을 잡는 것이라고 말한다. 나는 주변에서 파트타임으로 공부하면서 결국 논문을 쓰지 못하고 수료만 하는 친구를 많이 보아왔다. 준비가 다 되면 일정을 잡으리라 마음먹지만 결국 준비하지 못하고, 이번 학기에 졸업하기로 마음먹었던 것을 다음 학기로 미루고, 또 다음 학기로 미루다가 결국 포기하고 만다. 하지만 어찌 되었든 논문심사 일정을 잡으면 심사 날짜부터 거꾸로 거슬러 올라가서 언제까지 무엇을 해야 할지 역방향 계산이 나오고 어떤 것들을 우선해야 할지 갑자기 눈에 보이기 시작한다.

데드라인이 촉박하면 마냥 여유가 있는 경우보다 더 빨리 집중해서 일한다는 것은 실험실과 현장에서 그리고 우리의 경험에서 모두 발견되어왔다. 데드라인은 시간 조절 메커니즘으로 작동하고 목표의 동기 유발 효과를 증가시킨다. 하지만 너무 많은 목표와 지나치게 촉박한 데드라인을 설정해놓는다면 당신은 매번 실패를 경험해야 할 것이다. 그러므로 적정한 수의 목표와 데드라인을 설정하는 것이 중요하다. 사람마다 처한 상황과 목표의 특성에 따라 달라질 수 있겠지만 1년에 7개 안팎의 목표를 세우고, 분기마다 2, 3개의 중요한 데드라인을 설정해놓는 것을 추천한다. 그보다 많아지면 아마도 금세 지칠 것이다.

앞서 언급한 논문 쓰기의 예처럼 데드라인이 정해진 성취목표도 있지만, 그렇지 않은 습관목표에 대해서는 어떤 시간 제약이 필요할까? 성취목표와 습관목표는 특성이 좀 다르다. 계속 유지해야 하는 습관의 경우(금연, 운동)에는 데드라인이 있는 것이 오히려 이상하다. 이런 경우에는 빈도와 시작 시간을 명확히 만들어놓는 게 좋다. 예컨대 '운동 시작하기'와 같은 목표보다는 '내일부터 시작하여 매주 3번, 아침 7시에 30분 동안 조깅하기' 같이 구체적인 횟수와 시간을 정하는 것이 달성 가능성을 높여준다.

이처럼 언제 어디서 목표와 관련된 행동을 할 것인지 특정 짓는 실행의도(Implementation Intention)를 가지는 것이 그 목표가 정말 성취될 가능성을 높인다는 실질적 연구 결과들도 있다[43]. 어떤 목표를 세울 때는 당연히 그것을 달성하고픈 욕구가 있게 마련이다. '올해는 멋진 몸을 만들고 싶어'라고 생각할 때 누가 그것을 이루고 싶지 않겠는가? 우리는 그것을 목표의도(Goal Intention)라고 부른다. 이런 의도는 사람들이 목표 쪽을 향하도록 만들기는 하지만, 목표를 향해 당장 한 걸음을 내딛도록 한다는 보장은 없다. 그렇게 생각만 하다가 1년, 2년, 10년이 흘러가고 만다.

여기서 중요한 역할을 하는 것이 바로 실행의도이다. 일반적으로 우리는 원하는 목표를 만들지만, 그 후에는 갈등을 겪게 마련이다. 도대체 언제, 어디서, 어떻게 그것을 시작해서 달성할 것인가의 문제 때문이다. 그러고는 지금 할지 아니면 나중에 할지, 이 방법을 사용할지 아니면 저 방법을 사용할지 고민만 하다가 착수조차 하지 못한다. 그렇기에 실행의도를 담아서 언제, 어디서, 무엇을 할지를 특정하는 것이 매우 중요하다. 시간 제약을 준다는 것은 시간과 관련된 문제를 정확하게 짚어줌으로써 우리가 목표를 향해 행동할 가능성을 더욱 높일 수 있다.

Enjoyable(즐길 수 있어야 한다)

SMARTER 목표의 여섯 번째 특징은 그 목표를 즐길 수 있어야 한다는 것이다. 즉, 우리의 흥미를 유발하여 내적 동기를 만들어낼 수 있어야 한다. 보상 같은 외적 자극에 의해 행동이 유발되는 외적 동기와 대비되는 내적 동기는 자신이 하는 그 일 자체가 흥미롭고 그래서 그 일을 즐기게 되는 것을 말한다.

즐거움은 우리가 무엇인가를 하게 만드는 중요한 요인이다. 언젠가 인터넷 유머란에서 다이어트를 결심한 후 더 살이 찌는 이유는 '최후의 만찬'이 계속되기 때문이라는 글을 본 적이 있다. '내일부터 굶을 거니까 오늘까지만 먹고 싶은 거 미련 없이 실컷 먹자'가 반복된다는 것이다. 당연히 지금 당장 맛있는 음식을 먹는 것은 즐겁고 다이어트를 위해 굶거나 맛없는 음식을 먹는 것은 괴롭다. 살을 빼서 아름다운 몸매를 만드는 것이 간절하고 중요하다고 해도 말이다. 멋진 몸매는 매우 중요한 보상이지만 한참 후에야 오는 보상이다. 하지만 맛있는 것을 먹는 즐거움은 당장 느낄 수 있는 보상이다. 그렇기에 목표 달성의 가능성을 높이려면 그 과정에서 즐거움이라는 즉각적인 보상을 받을 수 있어야 한다.

시카고대학교의 경영대학원 교수 아일릿 피시바흐와 그녀의 제자이자 코넬대학교 교수인 케이틀린 울리의 연구는 과정에서 느끼는 즐거움이 목표 달성에 얼마나 중요한지를 보여준다[44]. 그들은 사람들에게 새해 결심에 대해 생각해보고 그것을 얼마나 즐겼는지, 그것들이 자신들에게 얼마나 중요한 목표인지를 평가해달라고 요청했다. 두 달 후, 참가자들이 '얼마나 새해 결심을 잘 지켰는지'와 그들이 '올해 남은 기간에 얼마나 잘 그 목표를 지킬 것으로 기대하는지'를 물었다. 참가자들의 응답을 분석한 결과, 이들이 시간이 지나도 계속 유지하고 있는 새해 결심은 그들이 중요하다고 이야기했던 것들이 아니라 즐겁다고 생각한 것들이었다.

그러나 안타깝게도 중요한 것과 좋아하는 것이 일치하는 경우는 그리 많지 않다. 운동이 건강 유지에 중요하다는 것을 알지만, 모든 사람이 다 운동을 좋아하는 건 아니다. 그래도 중요하기 때문에 해야 한다. 그 딜레마를 어떻게 극복할 것인가? 죽어도 하기 싫지만 중요하기 때문에 해야 한다고 느끼는 일들을 굳이 할 필요는 없다. '건강한 식습관을 갖겠다'는 목표를 위해 건강에 좋은 모든 음식의 리스트를 만들고 예전에는 싫어했던 음식들을 먹으려고 애쓰기보다는 좋아하고 즐길 수 있는 음식들 중 건강에 좋은 것을 찾는 것이 더 낫다. 운동할 때도 당신이 즐길 수 있는 운동을 찾고, 책을 읽겠다고 결심했다면 좋아하는 장르부터 시작하면 된다. 내적 동기를 잘 이용하여 그 과정을 즐길 수 있다면 우리가 목표를 끝까지 밀고 나아갈 가능성이 더욱 커질 것이다.

Relevant(나의 전반적 삶에 부합해야 한다)

SMARTER 목표의 일곱 번째 특징은 목표가 삶 전반에 부합해야 한다는 것이다. 지금 무엇인가를 이루고자 하는 것은 더 나은 삶, 혹은 더 행복한 삶을 살기 위해서라고 생각한다. 그러니 지금 세운 목표가 우리 삶의 과정이나 가치관에 부합하지 않는다면 무슨 소용이겠는가?

목표가 성공적으로 이루어지기를 원한다면, 먼저 그것이 삶에서 정말 필요한 것들과 부합하는지 살펴볼 필요가 있다. 삶에서 가장 필요한 것은 각자가 처한 상황에 따라 달라질 수 있다. 어린아이를 키우며 한참 커리어를 쌓아가는 워킹맘들과 이미 아이들이 모두 성장하여 독립했고 직장에선 은퇴한 중년여성들의 목표는 매우 다를 수 있다. 정신없이 바쁜 워킹맘이 새로운 취미를 계발하고자 많은 시간을 소비해야 하는 목표를 세운다면 자신이나 가족 모두 별로 행복하지 않을 것이다. 따라서 자신의 현실과 진정으로 본인이 원하는 것을 진심으로 고려하여 그 모든 것에 부합하는 목표를 세울 필요가 있다.

또 하나, 우리가 세운 목표는 자기 삶에 대한 태도나 가치관에 부합하여야 한다. 때로는 자신의 가치관과는 맞지 않지만, 사회적 압력이나 직업적 요구에 의해 어쩔 수 없이 무엇인가를 해야 할 때가 있다. 자신의 목표가 본인의 가치관과 맞지 않지만, 주변의 압력에 의해 마지못해 만들어진 것은 아닌지 돌아볼 필요가 있다.

마지막으로, 여러 개의 목표를 세울 경우 그것들이 서로 조화를 이루는 게 중요하다. 예컨대 가족과 더 많은 시간을 보내고자 하는 목표와 직장에서 승진하고자 하는 목표는 서로 상충할 수 있다. 이러한 목표들 간의 충돌은 불안이나 우울 증상을 초래할 수 있다. 엑스터대학교의 닉 모벌리가 18세에서 35세 사이의 성인들을 대상으로 연구한 결과, '정신건강이 취약한 사람일수록 그들의 개인적인 목표가 서로 충돌한다고 보고할 가능성이 더 크다'는 것을 발견했다[45]. 즉, 정신건강과 목표 충돌은 서로 부정적인 관계에 놓여 있다는 것이다. 연구자는 목표들 간에 서로 충돌이 있음을 인식하는 것만으로도 그 충돌 정도를 얼만큼 조절할 수 있다고 말한다. 때로는 한 가지 목표에 대해서 양가적 감정이 느껴질 수도 있는데, 이는 우리가 의식적으로 알아차리지 못하는 인식 범위 밖의 가치와 목표 사이에 충돌이 일어나기 때문일 수도 있다고 말한다.

우리 마음속 깊숙이 있는 여러 동기와 가치관에 주의를 기울이고 그걸 인식하는 것은, 충돌되는 목표를 세우지 않거나 혹은 그런 충돌을 비교적 감당하기 수월하게 만드는 중요한 시작점이다. 목표를 세우고 추구하는 것은 삶에 의미와 목적성을 부여할 뿐 아니라 웰빙을 증진시킨다. 하지만 이런 목표들이 충돌함으로써 우리는 심리적 고통을 느낄 수도 있다. 목표 간 충돌은 목표들이 서로 양립할 수 없거나 목표를 위해 활용 가능한 시간과 돈 등 자원이 한정되어 있기 때문에 발생한다. 따라서 우리에게 내재되어 있는 중요한 가치관이 무엇인지, 우리가 활용할 수 있는 자원들은 무엇인지를 잘 알고 그에 부합하는 목표를 세울 필요가 있다.

자, 이상의 SMARTER 원칙에 따라 이제 자신만의 목표를 세울 차례이다. 어쩌면 자신만의 목표가 잘 떠오르지 않을 수도 있다. 그렇다면 이 책의 첫 부분으로 돌아가 '삶의 수레바퀴' 진단 결과를 활용하자. 자신의 삶에서 어떤 부분을 좀 더 변화시켜야 할지 알 수 있을 것이다. 많은 사람이 목표를 세우는 데 한두 가지 영역에만 편중되는 경향이 있다. 예컨대 커리어와 관련한 목표에만 치중하다 보면 삶의 다른 영역은 전혀 개선되지 않거나 오히려 더 안 좋아질 수 있다. 진단 결과를 보면서 삶의 각 영역이 균형을 이룰 수 있도록 만들어보자.

이 책의 부록에는 목표를 만드는 데 도움을 주기 위한 목표 수립 양식이 준비되어 있다. SMARTER 목표의 구성요인을 염두에 두고 목표를 세워보자. 단, 한 번에 너무 많은 목표를 세우지는 말아야 한다. 만약 지금이 새해이고 올해 안에 이루고자 하는 목표를 세우는 것이라면 1년 안에 이루고자 하는 것이 최대 7개를 넘지 않기를 권한다. 너무 많은 목표를 세우면 적절한 노력을 기울이기 어렵고 집중력이 분산된다. 그렇다고 해서 너무 적은 수의 목표를 세우면 도전성이 떨어진다.

양식을 이용해서 구체적인 목표를 세우기 전에 일단 하고 싶은 것들을 빈 종이에 적어보자. 그리고 그것들을 한번 천천히 들여다보자. 목표들 중 좀 다른 속성을 가진 게 있을 것이다. 어떤 목표들은 완료를 해야 하는 시점이 정해져 있는 목표들이 있고(여기서는 이것을 '성취목표'라고 부를 것이다), 어떤 목표들은 데드라인은 없지만, 정기적이고 지속적으로 해야만 하는 것들이 있을 것이다(이것들을 '습관목표'라고 부를 것이다). 이 두 가지 종류의 목표가 가진 차이점은 다음에서 살펴보자.

성취목표와 습관목표

A는 작년에 다니던 회사를 그만두었다. 그만둔 회사는 F&B 업종이었고 영업이 A의 주된 업무였다. 양적 결과만을 중시하는 회사와 업무의 특성이 자신에게 안 맞는다고 생각한 A는 퇴사 후 새로운 영역인 코칭에 도전하기로 결심했다. A는 코칭이 자신에게 새로운 분야인 만큼 코치가 되기 위한 훈련을 받고 자격증을 취득해야겠다고 생각했다. 그는 3개월 안에 1단계의 코치 자격증 취득을 목표로 했다. 이를 위해 필수적으로 요구되는 교육을 받고 자격 취득에 필요한 필수 코칭 시간을 채워갔다. 3개월 조금 넘은 시점에 A는 1단계 코치 자격증을 취득했다. 그는 이제 6개월 안에 2단계 코치 자격증을 취득한다는 새로운 목표를 세웠다.

스물여덟 살의 B는 여행을 좋아한다. 재작년 여름에 혼자 떠난 일본 삿포로 여행은 지금까지 가본 여행 중 가장 기억에 남는 여행이었다. 항상 친구나 가족들과 함께 여행을 가곤 했는데, 삿포로 여행은 이런저런 문제로 말미암아 의도치 않게 혼자 가게 되었다. 처음에는 조금 걱정되었지만, 막상 혼자 가보니 동행인의 취향과 컨디션을 고려할 필요 없이 자신이 하고 싶은 것과 가고 싶은 곳 위주로 다닐 수 있으니 편했다. 그 덕분에 여행지의 풍경과 정취에 더 흠뻑 빠져들 수 있었고, 자신에 대해 생각할 시간도 가질 수 있었다. B는 서른다섯 살까지 30개국 이상을 혼자 여행하고 각각의 여행기를 정리하여 혼자 여행하는 사람들을 위한 가이드북을 내기로 결심했다. B는 매년 여행 계획을 세우는데, 올해는 동남아시아의 2개국과 동유럽의 3개국을 여행하기로 목표를 세웠다. 그는 설 연휴 기간과 연휴 다음 날에 휴가를 하루 얻어서 베트남과 캄보디아를 다녀왔다. 이제 가을의 동유럽 여행을 목표로 저축을 하며 꼼꼼한 여행 계획을 세우고 있다.

A와 B의 사례에서 어떤 공통점을 찾았는가? 이들은 모두 성취해야 할 그 무엇인가가 하나씩 있다. 이들이 달성하고자 하는 목표는 분명하고 완료에 대한 기준이 되는 범위와 시간이 명확하다. 이것은 성취 목표라고 할 수 있다. 또 다른 사례를 보자.

K는 회사에서 3년 연속 올해의 영업왕으로 선정되었다. 그는 다른 동료들에 비해 월등히 높은 영업실적을 보여주었다. 그가 이렇게 좋은 영업실적을 보이는 데는 그의 타고난 소통 기술이 한몫한다고 다들 이야기한다. 그의 대화 기술은 고객을 효과적으로 설득하는 데 큰 도움이 된다. 하지만 만약 누군가 K에게 영업실적의 비결을 묻는다면, 그는 매일 아침 5명 이상의 고객에게 전화를 걸어서 안부를 묻고 하루 2명 이상의 고객을 직접 방문한다는 목표를 5년 이상 꾸준히 지켜온 것이 영업의 비밀이라고 말한다.

S는 한 문화센터에서 주말마다 열리는 수필 쓰기 반을 등록했다. 평

소 책 읽기를 좋아하는데 이제는 남의 글을 읽는 것을 넘어서 본인만의 글을 써보고 싶다는 생각이 들었기 때문이다. 문화센터에서 글쓰기 선생님은 수강생들에게 일주일에 한 편씩 수필을 써내게 했다. 그리고 각자 써온 수필을 함께 읽고 첨삭해주었는데, 이제 막 글쓰기를 시작한 S에게 그렇게 쉬운 일만은 아니었다. S가 선생님께 글쓰기를 잘할 수 있는 비결을 묻자 선생님은 꾸준한 글쓰기의 중요성을 강조했고 매일 한두 시간씩 글쓰기 시간을 가질 것을 권했다. 그래서 S는 매일 아침 한 시간 일찍 일어나서 글쓰기 시간을 갖기로 했다. 하지만 아침에 일찍 일어나기란 그리 쉬운 일은 아니었다. S는 대신 매일 잠자리에 들기 전 한 시간으로 글쓰기 시간을 바꾸었고 1년 이상 지속해오고 있다.

A와 B의 사례와 달리 K와 S의 사례는 목표가 달성되었다고 말할 수 있는 범위와 기간이 명확하지 않다. 대신 지속적으로 이루어져야 할 활동들에 관해 이야기하고 있다. 이것은 습관목표라고 할 수 있다.

습관목표와 성취목표 모두 우리가 원하는 미래를 디자인하는 데 중요한 요인들이다. 예컨대 올해 7개의 목표를 세웠다면 3개 정도는 성취목표로, 4개 정도는 습관목표로 세우는 것이 가장 바람직하다. 두 가지 목표의 차이점과 장점을 잘 이용하여 적절히 조합하여 사용하는 것이 필요하다.

좀 더 구체적으로 성취목표와 습관목표의 차이점을 살펴보자면, 성취목표는 일시적인 성취에 초점을 둔다. 성취목표는 일정 금액의 돈을 모으는 것이 될 수도 있고, 책을 완성하는 것이 될 수도 있고, 원하는 자격증을 취득하는 것이 될 수도 있다. 성취목표에서는 데드라인이 있는 것이 매우 중요하다.

반면 습관목표는 정기적·지속적으로 어떤 활동을 하는 것이다. 예를 들면 매일 아침 명상을 한다든지, 매일 저녁 헬스클럽에서 운동을 한다든지, 일주일에 책 한 권씩을 읽는다든지 하는 것 등이다. 습관목표에는 데드라인이 없다. 이 목표는 계속 유지하는 것이 중요하다. 하지만 데드라인이 없는 대신 행동에 착수하게 만드는 시작 시점이 중요하다.

이해를 돕기 위해 앞에서 언급한 사례들을 비교해보면 그 차이를 쉽게 알 수 있을 것이다.

성취목표	습관목표
6개월 안에 2단계 코치 자격증을 취득한다.	돌아오는 월요일 아침부터 시작하여, 월요일부터 금요일까지 매일 아침 5명의 고객에게 전화를 걸고 2명의 고객을 방문한다.
12월 31일이 되기 전에 동유럽 3개국을 혼자 여행한다.	당장 시작하여, 매일 잠자기 전 1시간씩 글을 쓴다.

SMARTER 목표 설정법의 관점에서 위 표의 성취목표들을 살펴보면, 구체적이고 측정 가능하고 행동 가능하며 시간적인 제약 조건이 있다. 이는 우리의 노력과 시간을 어디에 얼마만큼 집중할지를 알려준다. 데드라인 날짜에 도달했을 때 그 목표가 달성되었는지 아닌지를 판단할 수 있다.

표의 오른쪽에 있는 습관목표 역시 SMARTER 목표 설정법을 따라 작성되었다. 이 목표에서는 해야 할 활동과 얼마나 자주 해야 하는지가 명확히 드러나 있다. 하지만 습관목표는 언제까지 끝내야 하는지가 정해져 있지 않다. 그렇지만 효과적인 습관목표가 되려면 시간 관련 요소들을 잘 이용해야 한다. 특히 다음의 네 가지 시간 관련 요소들이 명확하게 드러나야 한다.

① 언제 시작할 것인가?

습관으로 만들고자 하는 그 행동을 언제 시작할 것인가? 지금 당장? 내일? 아니면 다음 주?

② 얼마나 자주 할 것인가?

습관으로 만들고자 하는 그 행동을 얼마나 자주 할 것인가? 매일 단위가 될 수도 있고, 일주일 단위, 혹은 한 달 단위가 될 수도 있다.

③ 타임 트리거는 무엇인가?

트리거(Trigger)에는 '방아쇠, 기폭제'라는 뜻이 있다. 어떤 조건에서 저절로 반응하게 하는 것 역시 트리거라고 부른다. 타임 트리거는 시간에 반응하는 것이다. 매일, 매주 혹은 매달 특정한 시간이 되었을 때 그 행동을 할 수 있도록 특정한 시간을 정해놓는 것이 좋다. 일정한 시간에 목표 행동을 하는 것이 일관성 유지에 유리하다.

④ 얼마나 지속할 것인가?

습관으로 만들고자 하는 행동을 체화되기 위해서는 연속적으로 몇 번이나 계속해야 할까? 목표의 종류와 개인의 특성에 따라 체화되기 위한 기간과 횟수는 다를 수 있다. 하지만 대개 의식적인 노력을 어느 정도 지속하면, 크게 신경 쓰지 않아도 목표 행동이 유지될 수 있다.

《논어》,《맹자》,《대학》과 함께 '사서'로 불리는 《중용》은 공자의 손자인 자사가 편술한 고전으로 알려져 있으며, 현대인들에게도 많은 지혜를 주는 공자의 말씀들이 담겨 있다. 중용에서 중요하게 생각하는 사상 중 하나는 구(久)인데, 여기서 구란 '지속적이며 꾸준함'을 의미한다. 공자는 중용과 같은 좋은 사상이 있음에도 사람들이 그것을 꾸준히 실천하지 않음을 한탄했다. 그러나 공자가 가장 사랑한 제자 안회는 이를 꾸준히 실천했다. 공자는 "나의 제자 안회는 한결같아 석 달이라는 긴 시간 동안 어짊을 어기지 않고 지속했다. 다른 사람들은 기껏해야 하루, 길어야 한 달 정도 어짊을 지닐 뿐이다"라며 안회의 한결같음을 칭찬했다. 그렇다. 공자가 말한 지속의 기간은 3개월이다. 3개월간 의식적인 노력이 뒤따르면, 노력은 습관이 되어 체화된다는 것이다.

습관목표를 세우고 적어도 3개월 이상 지속해보자. 그런 노력으로 체화된 습관을 행하는 일이 한결 수월해질 것이다. 그러면 당신도 공자가 인정하는 꾸준한 사람이 되는 것이다.

이제 성취목표와 습관목표 활용법이 어느 정도 머릿속에 잡힐 것이다. 예컨대 올해의 목표로 7개 정도의 목표를 세웠다면 아마도 그중에는 성취목표도 있고, 습관목표도 있을 것이다. 여기서 중요한 것은 '어떤 경우에 성취목표를 사용하고 어느 경우에 습관목표를 활용할 것인가'이다.

성취목표는 정해진 시간적 제약이나 산출물이 한정된 프로젝트 등에 적당하다. 예컨대 성과를 올리고자 하는 영업사원은 다음과 같은 성취목표를 세울 수 있을 것이다.

'3분기 영업실적을 작년도 같은 분기 대비 20퍼센트 향상시킨다!'

반면 습관목표는 정해진 산출물이나 시간 제약이 없다. 예컨대 당신이 종교적 신앙심을 더 강화하려 한다고 해보자. 그러면 다음과 같은 목표를 세울 수 있다.

'매일 아침 6시 반부터 30분 동안 기도와 성경 읽기 시간을 가지며, 내일부터 시작한다!'

습관목표를 잘 활용하는 방법은 그걸 성취목표를 위한 마중물로 이용하는 것이다. 오는 10월 말까지 책 쓰기를 마무리하고자 하는 성취목표가 있다고 치자. 그 목표를 달성할 갖가지 실천 방법이 있을 수 있겠지만, 주기적인 글쓰기 습관을 들이는 것이 매우 중요하다.

'일요일을 제외한 주 6일 동안 매일 아침 6시부터 2시간씩 글쓰기를 하되, 하루에 3페이지 이상 쓰고, 내일부터 시작한다!'

이와 같은 습관목표를 세울 수 있다. 실제 내 주변에도 이런 방법으로 책을 출간한 친구가 있다.

사람들은 저마다 자기만의 욕구와 희망을 갖고 있고, 제각각 다른 경험을 갖고 있고, 각기 다른 상황에 처해 있다. 그렇기에 사람마다 시급히 달성해야 할 것과 그렇지 않은 것, 신체적으로 가능한 것, 정서적으로 몰입할 수 있는 것은 모두 다르다. 당신이 해야 할 일은 자신의 욕구와 희망, 경험, 상황, 신체적 조건 등을 정확히 인식하여 그에 걸맞은 목표를 세우는 것이다.

도전적인 목표를 세우라

전직 레슬링 국가대표 선수의 이야기를 들은 적이 있다. 그는 중학교 때 소년체전에서 메달을 땄다. 이후 그는 한동안 좋은 성적을 보이지 못해서 운동을 그만두어야 할 처지였다고 한다. 하지만 그는 마지막 도전이라는 생각으로 전국체전에서 금메달을 따겠노라 다짐했다. 슬럼프에 빠져 있던 당시의 그에게는 이룰 수 없는 목표 같았지만 그런 목표를 세운 후 연습에 임하는 자세와 물리적인 연습량이 달라졌다. 그는 결국 전국체전에서 금메달을 땄다. 이에 그는 더 나아가 이왕이면 국가대표가 되겠노라 생각했고 더 열심히 노력했다. 그리고 마침내 국가대표가 되었다. 이번에는 올림픽에서 반드시 금메달을 따야겠다는 목표를 세웠다. 몇 년 전 슬럼프에 빠져 있을 때는 상상조차 할 수 없는 도전 목표였다. 그는 올림픽에 출전했고 은메달을 목에 걸었다. 그는 어떤 목표에 도달할 때마다 계속 더 도전적인 목표를 세웠고 목표를 세울 때마다 그 일을 대하는 태도와 거기에 쏟아붓는 노력의 양이 달라짐을 느꼈다고 한다.

우리가 쉬운 일을 할 때와 어려운 일을 할 때 마음가짐이 어떻게 달라지는지 생각해보면 도전적인 목표를 세우는 것이 왜 필요한지 알 수 있다. 쉬운 일은 편하다. 인간에게는 생각하거나 문제를 해결할 때 더 복잡하고 노력이 드는 방법보다 단순하고 덜 힘든 방법을 사용하려는 경향이 있다. 그래서 심리학자들은 '인간은 인지적 구두쇠'라고 정의하기도 한다. 인지적 구두쇠인 인간은 고정관념이나 휴리스틱(불충분한 시간이나 정보 때문에 합리적인 판단을 할 수 없거나 체계적이면서 합리적인 판단이 굳이 필요하지 않은 상황에서 사람들이 빠르게 사용할 수 있는 어림짐작 방법)을 사용하여 판단하고, 반복적인 행동은 자동화시키는 메커니즘을 발전시켜왔다. 같은 일을 반복적으로 하면 훨씬 쉽게 할 수 있는 것도 바로 이런 자동화 기제가 작동하기 때문이다. 자동화가 되면 일단 편하게 그것을 할 수 있다.

운전을 처음 배울 때를 생각해보자. 면허를 따고 처음 운전대를 잡았을 때 목적지까지 가는 일은 상당한 도전이었을 것이다. 자신의 모든 인지적·신체적 자원을 동원한 집중력이 필요했을 것이다. 하지만 한번 두 번 반복하다 보면 이제 운전하는 방법이 자동화되고 핸들이나 브레이크 조작에 특별히 신경을 쓰지 않아도 원하는 목적지까지 갈 수 있다. 이제 당신은 숙련된 운전자가 된 것이다. 전문성에 관한 연구들을 보면 전문가의 반열에 오른 사람과 그렇지 않은 사람들의 아주 큰 차이가 여기서 나타난다. 전문가들은 숙련된 단계에 머무르지 않고 자동화 덕분에 생긴 인지적 자원을 도전적 과제에 재투자하여 역량을 계속 업그레이드한다. 일반적인 숙련된 운전자들은 자동화된 운전 기술로 남는 인지적 자원을 음악을 듣거나 동승자와 대화를 나누거나 창밖의 경치를 즐기는 데 사용한다. 반면, 전문 카레이서들은 남는 자원을 운전 기술을 더욱 향상시키는 데 재투자한다. 그들은 어떻게 하면 더 빨리 더 안전하게 운전할 수 있는지에 집중한다. 일반적인 숙련된 운전자와 전문적인 카레이서들이 처음 시작은 비슷했지만, 인지적 자원의 재투자를 어디에 얼마나 했는가에 따라 결과적으로 큰 차이가 나게 되는 것이다.

쉽고 편한 것을 선호하는 인간의 특성상 아무런 이유 없이 인지적 자원을 재투자해서 자신의 역량을 향상시키는 일은 대단한 의지 없이는 힘들다. 그래서 도전적인 목표가 필요하다. 도전적인 목표는 우리가 쉽고 편한 단계에 머무르지 않고 자신의 자원을 총동원하도록 만든다. 그래서 그 목표 달성 과정에서 우리의 역량이 한층 발전하도록 만들어준다.

안전지대에만 머물러 있는 것은 아닌가?

자신의 현재나 미래가 편안하고 행복했으면 좋겠다고 생각하지 않는 사람이 있을까? 우리는 현재의 편안함을 잃지 않으려 노력하고 때로는 미래의 더 나은 건강, 성공적인 커리어, 윤택한 경제생활, 가족이나 친구들과의 좋은 관계를 위해 새로운 목표를 세운다. 하지만 미래가 항상 밝은 핑크빛만은 아니다. 때로는 불안정하고 불확실해 보이기도 한다. 그런데 우리 인간은 통제할 수 없는 것, 예측할 수 없는 것, 불확실하고 모호한 것에 대한 본능적 두려움을 갖고 있다. 진화심리학적 관점에서 인간은 변화를 꺼리는 생물이기 때문이다. 이러한 생물학적 반응은 위험한 숲길을 누비며 먹잇감을 찾아 헤매던 원시 시대에는 꽤 유용했을 것이다. 그러나 현대사회에서는 필요 이상으로 작동하기도 하고 그로 말미암아 지나친 불안을 만들어내기도 한다.

그런데 이러한 메커니즘은 우리가 새로운 무엇인가를 시도하고자 할 때, 어김없이 작동한다. 아무리 목표가 매력적일지라도 목표를 달성해가는 과정이 그려지지 않으면 불안해지게 마련이다. 그래서 새로운 목표를 달성하고자 할 때, 목표 자체보다 그것을 어떻게 달성할지에 더 집착하게 된다. 그러다 보니 처음엔 거창했던 야망은 점점 줄어들고, 현실적이고 안전한 방향으로 수정된다. 우리가 가졌던 높은 비전은 소위 '합리적'이고도 '현실적'인 이유로 낮춰지고 후퇴한다. 결국 처음의 원대한 포부와는 달리 항상 그랬던 만큼만 실현된다. 그런 식으로 계속해서 안전지대(Comfort Zone)에만 머무는 것이다.

그렇다면 우리는 왜 안전지대를 벗어나지 못하는가? 안전지대는 사람들이 안정감과 편안함을 느끼는 영역이다. 자신이 주변 상황을 통제할 수 있다고 생각하게 만듦으로써 불안과 스트레스를 적게 느끼게 해준다. 한마디로 매우 편안한 상태에 머무를 수 있어 불안과 스트레스를 느끼지 않는 곳이다. 그런데 그것이 항상 좋을까? 삶에서는 언제든지 예기치 못하는 사건이 발생할 수 있다. 뜻밖의 난관이 닥쳤을 때 안전지대를 벗어나본 적 없는 사람들은 무방비 상태가 될 수밖에 없다. 물론 불안과 스트레스는 우리에게 해롭긴 하지만, 그것의 순기능도 있다. 인간은 경험을 통해 위협에서 벗어나는 법을 배워야 한다. 그런 경험을 통해 원시 시대에는 위협 요소들(포식자나 위험한 음식)에서 살아남을 수 있었을 뿐 아니라, 현대사회의 더 복잡한 사회적·경제적 위협에서도 살아남을 수 있다.

이제 안전지대에서 한 걸음 벗어나보자. 처음에는 무척 불안할 것이다. 예컨대 A라고 하는 매우 소심한 사람이 좀 더 활발한 사회생활을 하기로 마음먹고 새로운 모임에 참가한 경우를 생각해보자. 그곳은 모르는 사람으로 가득하고 분명 편안한 장소는 아니었을 것이다. 그에게 그곳에 가는 것은 안전지대를 벗어나는 일이다. 어쩌면 '정말 그곳에 가야 하나' 망설이고 걱정도 할 것이다. 하지만 그곳에서 시간을 보내다 보면 분위기에 익숙해지고 낯선 사람들과 이야기하는 것이 생각보다 어렵지 않음을 알게 될 것이다. 어느새 그곳이 편안하다는 걸 발견할 것이다. A의 안전지대가 확장된 것이다. 다른 영역에서도 이런 식의 확장이 일어날 수 있다. 우리가 안전지대로부터 더 멀리 걸음을 뗄수록 다음 걸음을 내딛기가 쉬워진다.

안전지대를 벗어난 높은 목표는 적당히('적당히'란 조금 어려울 수는 있지만 실패 가능성이 거의 없는 수준을 말함) 어렵거나, 쉽거나, 모호한 목표를 수행하는 것보다 더 많은 노력을 기울이게 하고 더 오랫동안 지속하게 한다. 목표는 사람들이 기존부터 주로 사용해오던 능력을 더 많이 사용하게 만드는 것을 넘어서서, 본인이 평소에는 잘 사용하지 않지만 목표 달성과 관련된 보유 지식들을 적극적으로 끄집어내서 사용하게 하고, 필요하면 새로운 지식을 얻기 위해 노력하게 만들기도 한다. 더 어려운 목표를 달성하기 위해서는 기술이 향상되어야 하고

힘든 일이 수반되어야 하기에 더 많은 에너지가 소모된다. 이 에너지
는 동기의 역할을 한다고 보면 된다. 당연히 에너지가 많을수록 동기
도 증가한다.

모험지대를 통해 성장하기

어쩌면 당신은 이미 모험지대를 통해 성장한 경험이 있을지도 모른다. 이전에는 알지 못했던 것들을 새롭게 배우고, 새로운 사람들을 만나고, 도전적인 일들을 시도하는 그런 것들 말이다. 처음에는 관성으로 말미암아 익숙하지 않고 새로운 시도가 달갑지 않았을 수도 있다. 하지만 돌이켜보면 이런 경험들이 얼마나 큰 도움이 되었던가! 아마도 한 단계 성장했을 것이다. 이제 의도적으로 모험적인 목표를 설정함으로써 이러한 경험을 다시 해보자.

한때 위대한 경영인의 대명사 잭 웰치의 경험은 야망과 도전정신의 중요성에 대한 실질적인 교훈을 준다고 평가받았다. 1940년대 초 제네럴일렉트릭(GE)은 기업의 목표 설정 모델로 널리 사용되는 SMART 목표를 공식화했다. SMART 목표는 구체적이고, 측정 가능하고, 성취 가능하고, 현실적이며, 타임 라인을 기반으로 해야 한다(Specific, Measurable, Achievable, Realistic, based on a Timeline). 하지만 1980

년대에 GE는 주요 사업부 중 일부가 침체되어 있었다.

1993년 일본을 방문한 최고경영자(CEO) 잭 웰치는한 일본 회사의 경영진으로부터 1960년대에 어떻게 해서 시속 120마일로 달리는 초고속 열차(Bullet Train)를 개발하는 데 성공했는지에 관한 이야기를 직접 들었다. 일본 회사의 엔지니어들은 처음에는 75마일이 '현실적인' 최고 속도로 추정하여 보고했다고 한다. 하지만 철도 시스템의 최고위급 임원은 더 빠른 열차를 개발해야 한다고 강하게 요청했다. 이후 엔지니어들은 기술 개발에 더 정진했고, 수백 개의 크고 작은 혁신을 통해 결국 더 빠른 초고속 열차 개발을 이루어냈고 일본의 오랜 경제 호황에 도움이 되었다.

본사로 돌아온 웰치는 GE가 'Bullet Train Thinking'을 채택해야 한다고 생각했다. 주주들에게 보낸 편지에서 그는 기존의 SMART 목표에 스트레치 골(Stretch Goal, 도전적인 목표)을 결합할 것을 제안했다. 그는 'Bullet Train Thinking'을 다음과 같이 설명했다.

"이것은 사업 목표를 수립하는 데서 꿈을 이용하는 것을 의미합니다. 그 꿈에 어떻게 도달해야 하는지에 대한 현실적인 방법은 아직 모를 수 있습니다. 거기에 가는 방법을 알고 있다면, 그것은 이미 스트레치 골이 아닙니다."

웰치는 이 새로운 접근법을 '결함을 25퍼센트 줄이겠다'고 발표한 GE 항공기 엔진 사업부에 적용해보았다. 웰치는 그들에게 결함을 70퍼센트 수준까지 줄이기를 원한다고 말했고, 3년의 기간을 주었다. 이 대담한 목표는 각 부서가 제조 공정 전체를 다시 디자인하는 연쇄 반응을 일으켰고, 1999년까지 결함이 실제 75퍼센트 감소했다.

목표가 우리에게 유의미하려면 모험지대에 있어야 한다. 그렇다면 그것을 어떻게 알 수 있을까? 바로 자신의 마음을 들여다보는 것이다. 평소에 부정적이라고 여겨지는 감정들(두려움, 불안, 의심 등)이 느껴지기 시작한다면 당신은 이미 모험지대에 있는 것이다. 당장 그 목표를 향해 어떤 방법을 취해야 할지 잘 모르겠다면, 아마도 한번 시도해볼 만한 목표일 것이다.

물론 사람마다 그리고 상황마다 모험지대는 각기 다를 수 있다. 하지만 나의 경험상 한 가지 확실한 것은, 시작하는 시점에서 '아, 내가 이 어려운 것을 잘해낼 수 있을까? 어디서부터 어떻게 손대야 할지 막막한데……'라고 생각되는 어려운 프로젝트일수록 그걸 무사히 마쳤을 때 오는 기쁨과 보람은 훨씬 크다는 사실이다. 몇 번의 경험을 통해 이 사실을 알게 된 나는 이제 어려운 프로젝트나 목표를 맞닥뜨리면 두려움, 막막함과 함께 한편으로 묘한 설렘과 기대감이 든다. 모험지대는 대개 우리에게 부정적인 감정을 일으키고 그 때문에 움츠러들게 만든다. 하지만 그렇게 걱정하거나 움츠러들 필요가 없다. 그 감정들은 당신이 올바른 길로 가고 있다는 의미이기도 하다.

한 가지 주의할 점은, 목표가 도전적이고 그래서 모험지대에 있다고 해서 한도 끝도 없이 어려워야 하는 것은 아니라는 사실! 만약 그렇다면 이 목표가 과연 도전적인 것인지 아니면 망상에 불과한 것인지 어떻게 알 수 있을까? 모험과 위험은 확실히 차이가 있다.

위험지대까지는 가지 않기

실패한 목표 설정의 예로 많이 언급되는 제너럴 모터스(GM)의 예를 들여다보자. 2000년경, 한때 미국을 대표하는 자동차 회사 GM은 시장 선도업체로서의 입지를 완전히 상실했다. GM은 1970년대부터 미국 시장점유율이 조금씩 하락하고 있었다. 특히 일본의 자동차 메이커들이 품질과 연료 효율을 개선하면서 저가 모델부터 고급 모델에 이르기까지 강력한 경쟁자로 등장하면서 이런 징후는 더욱 가속화되었다. 2002년 GM의 경영진은 예전의 영광을 되찾고자 아주 명확한 SMART 목표를 세웠는데, 미국 내 시장점유율을 29퍼센트까지 끌어올리는 것이었다. 분명 그것은 '스트레치 골'처럼 보였다. 29퍼센트라는 시장점유율은 1999년도의 실적이고, 1976년 이후 GM의 미국 시장점유율은 계속 하락세였기 때문이다. 그런데 실제 시장이 돌아가는 형국을 보았을 때 29퍼센트라는 목표는 달성이 불가능한, 허황된 목표였다. 하지만 경영진은 그것을 이룰 수 있다 철저히 믿었고 이후로 숫자 29는 기업의 모토가 되었다. 일부 GM임원은 29라는 숫자가 새겨진 금색 핀을 착용하기도 했다.

하지만 이 목표는 성공하지 못했다. GM의 시장점유율은 이후로 더 하락해 시장점유율을 회복하지 못했고 앞으로도 그렇게 될 가능성은 작아 보인다. 옷깃의 핀은 사라졌고, 29라는 숫자는 회사 내에서 더 이상 언급되지 않았다. GM이 실패한 원인은 부실한 디자인에서부터 높은 인건비, 저조한 경제 사정에 이르기까지 많은 요인을 꼽을 수 있지만, 업계 분석가들은 그 회사가 했던 가장 해로운 일들 중 하나가 바로 그 목표, 즉 29퍼센트 시장점유율 달성이라는 목표를 세운 것이라고 이야기한다. 시장점유율을 높이는 것은 결함률을 낮추는 것과는 달리 외부 환경인 시장의 반응이 동반되어야 하기 때문에 시장의 변화를 고려하지 않고 무조건 점유율을 높이겠다고 한 점도 문제였지만, 고객 만족이나 수익률 개선 등의 다른 목표들과 조화를 이루기 어려운 목표였기 때문이다.

결국 GM은 29라는 목표를 세우고 노력하면서, 대폭 할인과 무이자 자동차 대출을 제공했다. 즉, 더 나은 차를 만들기 위한 혁신에 투자하는 것이 아니라 코앞의 목표에 매달려 인기 없는 차를 더 많이 사도록 운전자들을 유인하는 데 주력했고, 그러기 위해 별로 바람직하지 않은 광고에 근시안적 지출을 한 것이다. GM은 잘못된 목표를 세우고 그것에 집착했으며, 목표를 달성하는 방법 역시 잘못되어 있었다. GM이 실패한 가장 중요한 요인은 무엇이었을까? 너무 높은 목표를 잡아서일까? 사실 GM은 위험지대를 헤매느라 실패한 것이다.

목표는 우리를 터널 비전에 빠지게 하기도 하고, 엉터리의 전략을 세우게 만들 수도 있다. GM은 무모한 숫자에 집착한 나머지, 사업의 다른 부분이 입는 상처는 생각하지 않았고 결국 회사의 재정 건전성을 악화시키는 결과를 낳았다. 어떤 목표들은 단순히 불가능하기만 한 것이 아니라, 우리 인생에서 중요한 다른 것들과 잘 통합되지 못한다. 이럴 때는 SMARTER 목표의 'Relevancy(삶과의 부합성)'를 점검해봄으로써 잘못된 목표가 가져올 수 있는 자기 파괴적인 요소를 예방할 수 있다.

예컨대 나의 신체적 조건과 평생 지속해온 운동 습관을 아는 사람이라면 내가 내년에 철인3종 경기 입상을 목표로 삼는다고 했을 때, 그것은 결코 이룰 수 없을뿐더러 무리하게 밀어붙이다가는 어디 한 군데 큰일 나고 말 거라고 생각할 것이다. 나는 오래달리기를 해본 적도 없고, 수영도 겨우 물에 빠지지 않는 정도이며, 자전거는 직진밖에 할 줄 모르기 때문이다. 이렇게 능력의 한계를 벗어나서 불가능하다고밖에 할 수 없는 계획은 위험지대에 있는 계획이다.

그런데 또 하나 잊지 말아야 할 것은, 엄청난 계획을 세워야만 위험지대에 들어가게 되는 건 아니라는 사실이다. 때론 너무 많은 개수의 목표를 세우거나 만약을 대비한 여유가 없이 지나치게 빡빡하게 시간을 설정하는 것 역시 위험지대로 빠지는 길이다. 비현실적이거나 목표 그 자체에만 지나치게 집착하는 것은 실패 외에도 다음과 같은 폐해를 가져올 수 있다. 그러므로 위험지대에서는 다음의 것들의 발생 가능성을 염두에 두고 잘못된 함정에 빠지지 않도록 조심해야 한다.

● 부정한 혹은 비윤리적인 행위를 하도록 만들 수 있다: 어떤 사람들은 목표를 달성하기 위해 무엇이든 할 수 있다고 생각한다. 이런 태도는 옳지 않은 부정 행위와 비윤리적 행동을 조장할 수 있다.

- 터널 비전: 목표에 집착할 때, 특히 한 가지 목표에 너무 집중하면 시야가 좁아지고 다른 가능성과 기회를 탐험하는 것을 놓칠 수 있다.
- 큰 그림을 보지 못할 수 있다: 목표에 도달하는 데에만 너무 집착하면 애초에 추구하고자 했던 목표의 의미나 목적을 망각하고 달성 자체에만 집착하게 된다.
- 마인드풀니스(Mindfulness) 상실: 미래의 목표를 향해 노력하다 보면 목표가 완전히 달성되었을 때의 모습을 상상하고 그것에 몰입하여 현재를 희생할 위험이 있다. 목표 달성이라는 결과도 중요하지만, 과정에 해당하는 현재를 즐기는 것 역시 매우 중요하다는 사실을 잊지 말아야 한다.

모험지대에 속하는 목표들은 우리에게 도전감을 주고 최고의 수행을 이끌어내는 역할을 한다. 반면, 위험지대에 속하는 목표들은 결국 실패할 수밖에 없기에 우리에게 남는 건 실망과 좌절뿐이다. 가장 최상은 어떤 측면에서는 위험해 보일 정도로 도전적인 목표를 세우되 SMARTER 목표의 체크 항목들을 점검하여 모험지대로 들어오게 하는 것이다.

목표를 통해 성장하기

행복한 사람들은 대개 분명한 목표가 있다. 그리고 그 목표를 향해 조금씩 나아가는 자신을 보며 행복을 느낀다. 날마다 조금씩 성장하는 자신을 보며 행복을 느끼고 싶은가? 그럼 이제 그동안 머물러 있던 안전지대를 벗어나는 것으로부터 성장을 위한 여정을 시작해보자. 이 여정을 시작해가면서 우리를 힘들게 할 것들 중 하나는 아마도 당신이 느낄 불안감, 걱정과 같은 부정적인 감정일 것이다. 그 때문에 여정을 시작도 하지 못하거나 아니면 앞으로 나아가는 것을 자꾸만 주저하게 된다. 이런 감정들을 극복하고 오히려 그것으로부터 성장하기 위한 방법들을 생각해보자.

먼저, 안전지대를 벗어나는 것을 인생의 중요한 가치로 만들자. 우리는 자신이 중요하게 생각하는 가치에 따라 그 방향으로 움직이게 마련이다. 언제까지 안전지대에만 머물러 있을 것인가? 그런 상태로는 자신이 원하는 곳에 절대 다다를 수 없다. 안전지대에만 머물러 있고자 하는 자기 제한적 믿음을 걷어차고 "나는 안전지대를 벗어날 것이다. 그리고 내가 원하는 걸 이룰 것이다!"라고 크게 외쳐보자.

두 번째는 경험을 두려워하지 말라는 것이다. 많은 사람은 고통을 경험하면 움츠러들게 마련이다. 문제는 이런 움츠러듦이 습관이 되고, 더 나쁘게는 인생을 살아가는 방식이 된다는 것이다. 모험지대가 주는 불편한 감정을 받아들이는 연습을 해보는 것이다. 그리고 앞으로 나아가는 것이다. 세계에서 가장 유명한 울트라마라토너로서 자전적 내용을 담은 《울트라마라톤 맨》의 저자 딘 카르나제스는 전 세계에서 가장 긴 거리를 가장 오랫동안 쉬지 않고 달린 인물이다. 그는 한 인터뷰에서 다음과 같이 말했다.

"지금 우리 문화는 안락함을 곧 행복이라고 생각합니다. 그래서 지금 우리는 매우 편안해졌지만 또한 비참해졌습니다. 지금 우리 인생에서는 고군분투라 할 만한 것이 없습니다. 모험심을 느낄 일도 없습니다. 차를 타고 엘리베이터를 타고…… 모든 것이 쉬워졌습니다. 하지만 내가 발견한 것은, 내가 힘들게 강행하고 고통을 견디고 하는 동안만큼 살아 있다는 느낌을 받는 적이 없다는 것입니다."

카르나제스가 겪은 고통은 항상 내가 머물던 곳을 떠나 얻기 힘든 것을 손에 넣으려고 할 때 거쳐야 할 중요한 과정이다. 카르나제스는 《울트라마라톤 맨》에서 중학교 시절 자신의 재능을 알아본 체육 선생님이 가르쳐준 달리기 원칙을 소개했다.

'더 힘들게 뛰고 더 힘들게 완주하라.'

이 원칙을 명심한 카르나제스가 한 대회에서 우승을 차지했는데, 그때 체육 선생님이 물었다.

"기분이 어때?"

"힘들게 뛰니까 정말 좋은데요."

"좋다고? 그렇다면 넌 최선을 다하지 않은 거야. 원래 지옥 같은 기분이어야 해."

체육 선생님의 말처럼 정말 어려운 일을 이루어가는 과정의 일부는 지옥처럼 고통스러울 수 있다. 혹시 이 지옥 같은 기분을 느끼지 않으면서 힘든 코스를 완주하고 싶은 사람이 있다면 지금 포기하는 것이 낫다. 우리가 인생에서 원하는 것을 얻기 위해서는 모험지대를 거침없이 헤치고 지나가야 한다.

세 번째는 자신이 가진 부정적인 감정을 인식하고 잘 활용하는 것이다. 모험지대에 들어가는 것에 대해 불안, 공포, 불확실성 등을 느끼는 것은 매우 정상적인 반응이다. 하지만 이때 그런 감정들에 휘둘려서는 안 된다. 물론 두려움과 불안함은 위험과 실패에 대한 신호일 수도 있다. 기존의 연구들은 이런 부정적인 감정들을 우리의 수행에 악영향을 미치는 요인으로 보아왔다. 일본의 피겨스케이터 아사다 마오가 김연아를 이기지 못한 이유로 그녀의 약한 멘탈이 언급되곤 한다. 마오는 첫 점프를 실패하고 나면 그 뒤의 연기 요소에까지 부정적인 영향이 종종 나타나곤 했다. 한 번의 실수 후 또다시 실수할 걸 걱정하고 두려워하는 마음이 그녀의 수행을 방해한 것으로 보인다. 하지만 최근의 연구는 이러한 부정적 감정들이 수행하는 순간의 인지적인 프로세스에 주는 부정적인 영향이 있음에도 동기적인 프로세스와 자기조절전략에 주는 긍정적인 측면을 주목한다. 예컨대 어떤 새로운 일 앞에서 이것이 잘 안될까 봐 불안해할 때, 혹은 일이 서툴러 잔뜩 긴장하고 있을 때는 문제가 일어나지 않는다. 오히려 문제가 발생하거나 일이 잘못되는 시점은 '이제 좀 할 줄 안다' 혹은 '이제 이 정도면 잘 되겠지'라며 긴장의 끈을 놓았을 때이다.

마지막으로, 지나치게 많이 생각하지 말라는 것이다. 특히 꼼꼼하고 치밀한 성격의 사람들일수록 목표로 가는 모든 경로를 명확하고 자세히 알고 싶어 한다. 물론 그럴 수 있다면 좋겠다. 하지만 무엇인가를 시작하면서 마지막 도달 지점까지 어떻게 가게 될지를 미리 완벽하게 아는 경우가 얼마나 있단 말인가? 우리가 확실히 알아야 할 것은 바로 '다음 단계까지 어떻게 갈 것인가'이다. 그리고 다음 단계에 도달했을 때 그다음 단계로 가는 길이 보일 것이라는 확신을 가져보자. 그렇게 가다 보면 어느새 목표에 도달해 있을 것이다.

Step 4
의미와
동기 찾기

결심의 동력을 찾아서

'시작이 반'이라는 말이 있다. 그만큼 무엇인가를 하기 위해 마음을 먹고 행동으로 옮기는 것 자체가 어렵다. 게다가 시작했다고 항상 끝에 도달하는 것도 아니다. 얼마 전 한국건강증진개발원과 취업포털 인크루트가 함께 직장인들을 대상으로 유료 운동 시설 이용 현황을 설문한 결과는 우리가 일상생활에서 직접 느끼고 경험한 것들을 수치로 잘 보여준다[46]. 설문에 참여한 590명의 직장인 중 61퍼센트는 헬스클럽, 요가 교실 등 유료 운동 시설 회원권을 등록하고 장기간 이용하지 않는 것으로 나타났으며, 응답자의 71퍼센트가 유료로 운동 시설을 등록한 후 1개월 이내에 운동을 포기했다고 한다.

익숙한 이야기 아닌가? 적어도 나에게는 여러 번 일어났던 일이다. 한 달 안에 운동을 포기한 71퍼센트도 헬스클럽의 회원으로 처음 등록했을 때는 굉장히 야무진 다짐과 계획이 있었을 것이다. 매일은 몰라도 일주일에 두세 번 운동하러 가는 건 그리 어렵지 않을 거라고 생각했을 것이다. 술자리 약속을 좀 줄이거나 혹은 마음을 좀 단단히 먹고 아침에 일찍 일어나서 출근 전에 들르면 될 거라고 생각했을 것이다. 어쩌면 처음 한두 주일을 그렇게 했을지도 모른다. 하지만 결국 그 결심은 그리 오래가지 못했을 것이다. '용두사미(龍頭蛇尾)'라는 고사성어가 괜히 생겼겠는가. 우리가 무엇인가를 시작할 때는 멋진 계획과 희망찬 마음으로 가득 차 있지만, 그것을 끝까지 유지하기란 그리 쉽지 않다. 누구나 초심은 결연하다. 그러나 그 결연함이 언제까지 계속될까? 시작 이후에 이어지는 과정은 사실상 예상했던 것보다 더 터프한 경우가 많다.

나의 어린 시절, 많은 집이 연탄으로 난방을 했다. 연탄은 발화점이 높아서 처음 불붙이는 데 시간도 오래 걸리고, 불붙이는 것 자체가 쉽지 않기 때문에 연탄불을 꺼지지 않게 잘 관리해야 했다. 하지만 실수로 꺼뜨렸을 때 사용하는 것이 번개탄이었다(연탄과 비슷하게 구멍이 여러 개 뚫려 있지만 조금 더 납작하게 만들어졌다). 바싹 마른 톱밥과 숯가루를 뭉쳐 놓은 번개탄은 한번 불을 붙이면 바로 타기 시작하기 때문에 이걸 먼저 태워서 벌건 숯불을 만들고, 그것이 꺼지기 전에 연탄을 얹어서 불이 옮겨붙게 한다. 일단 불이 옮겨붙은 연탄은 일정한 화력을 오랫동안 유지하며 구들장 온도를 따뜻하게 유지해준다.

우리가 무엇을 처음 시작할 때 느끼는 활기와 에너지는 마치 번개탄에 불을 붙이는 것과 같다. 새해 결심, 가슴 두근거리는 목표, 새로운 시작 같은 것들 말이다. 이러한 불꽃의 활기가 없다면 그 무엇도 시작조차 되지 못할 것이다. 하지만 이런 초반의 불꽃이 구들장 온도를 계속 따뜻하게 유지해주지는 않는다. 번개탄의 불꽃을 연탄으로 제대로 옮겨주지 않으면 금세 꺼져버리기 때문이다. 중요한 것은 번개탄의 불꽃을 어떻게 연탄으로 옮겨붙이는가이다. 그냥 무턱대고 번개탄 위에 연탄을 올려놓는다고 해서 불이 옮겨붙지는 않는다. 바로 이 지점이 우리의 새해 결심이 오래 유지되지 못하는 이유와 비슷하다. 번개탄의 경우에는 연탄과 번개탄의 구멍이 잘 맞게 놓아주는 것이 비결이다. 그렇다면 우리의 결심이 처음의 에너지와 불꽃을 쭉 유지하게 하는 비결은 무엇일까? Step 4에서 말할 의미와 동기가 바로 그것이다. 바로 그것이 우리가 무엇인가를 시작할 수 있게 만드는 불꽃을 피우고, 그 에너지가 계획한 걸 달성할 때까지 사그라지지 않고 계속 타오르게 해줄 것이다. 그럼 이렇게 중요한 의미와 동기를 어떻게 찾아야 할지 함께 살펴보자.

핵심동기 요인 찾기

얼마 전 코칭을 했던 클라이언트 L씨는 지인의 권유로 한 야간 대학원에서 강의를 하게 되었다고 했다. 학기가 시작되려면 아직 몇 달이나 남은 시점에서 받은 제안에 그는 흔쾌히 그것을 수락했단다.

한 중견기업의 임원으로 있는 그는 평소 교수인 친구들이 조금은 부러웠다. 그래서 자신도 학교에서 학생들을 가르치는 일을 해봄으로써 그런 부러움을 좀 달래고 싶었다. 그런데 막상 학기가 시작되니 강의 준비가 꽤 힘들고 막막했다. 박사학위가 있지만 그동안 일만 하느라 책이나 논문을 들여다본 것도 너무 오래전이고, 그래서 수업 준비를 하려면 시간이 너무나 많이 걸린 것이다. 게다가 강의료로 받는 돈이 너무 적은 것도 기운 빠지는 일이었다. 이제 막 학기가 시작했는데 앞으로 몇 달 동안 계속해야 할 생각에 후회가 막심할 뿐 아니라 무턱대고 강의를 하겠다고 한 자신에게 화까지 났다.

나는 그의 심정을 충분히 이해할 수 있었다. 나 역시 컨설팅과 학교 강의를 함께하고 있는데 학교 강의는 기업체를 대상으로 할 때와 비교할 수 없을 만큼 보수가 적고 매주 오가는 것이 꽤 번거롭다. 하지만 나는 학교 강의를 제법 즐기는 편인데, 크게 두 가지 이유에서이다. 일할 때는 주로 실무자급 이상의 사람들을 상대하는데, 학교에서는 아직 취업도 하지 않은 어린 학생들과 대화할 기회가 생기기 때문이다. 이 학생들이 장래에 조직에서 보람을 느끼며 일하도록 만드는 게 바로 나의 역할이고, 젊은 세대를 이해하는 것은 오랫동안 이 분야에서 일하는 데 도움 된다고 생각하기 때문이다. 또 다른 이유는 수업을 준비하는 동안 새로운 연구 결과들에 대해서 끊임없이 찾아보고 공부하게 된다는 것이다. 일할 때는 한정된 주제에 대해서만 탐색하게 되는데, 수업 준비는 좀 더 여러 주제에 대해서 새로운 정보를 업데이트할 기회가 되기 때문이다.

나는 그에게 나의 경험을 이야기해주며, 혹시 강의하면서 본인에게 도움 되거나 좋은 점은 없는지 질문했다. 곰곰이 생각하던 그는 자신도 수업을 준비하면서 공부가 많이 된다고 얘기했다. 수업하기 위해서 예전에 알았는데 잊고 있던 것들이나 몰랐던 새로운 이론들에 대해서 공부를 하게 된다. 그리고 예전에는 그냥 이론으로만 생각했던 것들이 다시 들여다보는 동안 그때와는 다른 의미로 보인다고 했다. 나는 그가 공부하게 된 것들이 지금 하는 일에는 어떤 도움이 되는지 물었다. 그는 수업할 내용을 미리 공부하는 동안 자신이 잘못하고 있던 부분들을 알게 되었다고 했다. 그리고 그 내용들을 응용해서 새로운 업무 프로세스를 디자인해볼 수 있을 것 같다고 말했다. 그 후로 우리는 만날 때마다 그가 수업 준비를 하면서 새롭게 알게 된 것들과 그걸 어떻게 업무에 적용할 수 있을지에 관해 이야기했다. 한 학기를 무사히 마친 L씨가 말했다.

"어떤 일을 할 때 의미를 찾는 것이 이렇게 중요한지 정말 몰랐어요. 하마터면 내가 이것을 왜 하는지도 모른 채 억지로 끌려가는 느낌으로 몇 달을 보낼 뻔했습니다. 학생들을 가르치는 중요한 일을 돈과 시간, 명예의 관점에서만 계산하고 있었다는 것이 부끄럽더군요. 물론 저녁 시간과 주말의 짬을 이용해서 수업 준비하고 강의하고 그런 것은 정말 힘들었습니다. 지난 서너 달 동안 삼사 킬로그램이 줄었더라구요. 하지만 한 학기 수업을 하면서 이 분야와 관련된 이론들에 대해서 나름대로 다시 한 번 정리해볼 수 있어서 좋았습니다. 학생들과 여러 주제로 토론하면서 새로운 아이디어도 많이 얻었구요. 회사에서 일하는 데도 도움 되었습니다. 학생들을 가르치러 갔는데 오히려 제가 배웠습니다. 강의는 정말 잘한 일이었습니다."

L씨가 처음 한 학기 수업을 시작하게 되었을 때는 그것을 무사히 마칠 수 있을지 의심스러워했다. 그때는 수업 생각만 하면 머리가 아프고 한숨을 쉴 정도였다. 하지만 어느 순간 그의 태도가 바뀌고 오히려 수업을 즐기게 되었다. 그를 변화시킨 것은 바로 '핵심동기'이다. 그는 학생들을 가르치는 것과 관련한 핵심동기를 발견한 것이다. 또한 핵심동기를 찾아가는 과정 역시 긍정적인 효과를 가지고 왔다. L씨의 경우, 핵심동기를 찾기 위해 왜 그 일을 해야 하는지 생각해보는 것은 자율성을 가지게 되는 과정이었다. 앞으로 자율성에 대해서 다시 이야기하겠지만 외부의 힘에 의해서 무엇을 하는 것과 자신의 내부에서 나온 힘에 의해 무엇을 하는 것은 하늘과 땅 차이다. 당신도 한 번쯤 겪어보았을 상황을 예로 들어보자.

식탁에 앉아서 간식을 먹으며 마음속으로 지금까지의 나태함을 반성한다. 이런 식으로 가다가는 본인이 진심으로 원하는 대학과 학과에 가지 못할 것 같아 이제 열심히 공부해야겠다고 다짐한다. 이제 어떤 마음가짐과 방법으로 공부할지 생각하고 방으로 들어가려는데 엄마가 "이제 들어가서 공부해! 너는 말을 안 하면 공부할 생각을 안 하더라"라고 잔소리를 하신다. 그 순간 '이제부터 열심히 공부해야겠다'는 마음은 싹 사라진다. 결국 잔뜩 골을 내며 방으로 들어와서는 드러 눕거나 딴짓만 하며 시간을 보낸다.

왜 갑자기 공부하고 싶은 마음이 사라졌을까? 그렇다. 바로 자율성이 사라졌기 때문이다. 어차피 공부하기로 마음먹었기 때문에 마찬가지일 듯하지만 자기 의지에 의한 것과 타인에 이끌려 억지로 한다는 느낌은 큰 차이를 만든다. 즉, 그 일이 자신에게 주는 의미와 가치를 자기 의지로 적극적으로 찾고 깨닫는 것이 중요하다. 그럼으로써 자신이 선택했다는 느낌, 자기 의지로 하고 있다는 느낌을 갖게 된다.

유명한 동기부여 전문가이자 여러 권의 베스트셀러를 낸 다니엘 핑크는 동기부여가 되는 세 가지 조건으로 자율성(Autonomy), 숙련(Mastery), 목적과 의미(Purpose)를 꼽았다[47]. 물론 이 세 가지는 이전의 많은 연구에서 이미 밝혀진 조건들이지만, 그럼에도 우리가 살면서 종종 잊는 것들이다. 여기서 자율성은 자신의 삶을 스스로가 만들어나가고자 하는 욕구를 말하며, 숙련은 의미 있는 어떤 일을 점점 더 잘하고 싶은(마스터하고 싶은) 바람이고, 목적은 나보다 더 큰 의미가 있는 무언가를 위해 일을 하고 싶다는 갈망을 의미한다. 여기서는 의미에 대해서 조금 더 생각해보자.

우리가 어떤 일을 하는 데서 그 일이 '어떤 의미를 가지는가'는 무척 중요하다. 가령, 당신이 나사를 만드는 사람이라고 치자. 자신이 만든 나사가 어디에 쓰일지 전혀 모르고 있을 때와 어린이용 자전거의 부품으로 사용될 것이라고 생각할 때 또는 그 나사가 인류 최초의 화성탐사선 부품으로 쓰일 것이라고 생각할 때 그 일에 대한 태도가 달라질 수 있다. 의미를 찾는 건 그런 것이다.

어떤 신입사원이 회사 상사의 업무 지시방식에 대해서 고충을 토로했던 적이 있다. 자신의 상사는 일을 시키면서 왜 그 일을 해야 하는지, 그 일이 나중에 어떻게 쓰일지를 알려주지 않고 무작정 하라고만 하기에 답답하고 일할 기분이 들지 않는다고 했다. 이렇듯 우리가 어떤 일을 할 때 의미를 아는 것은 그 일을 하고 싶은 마음이 들게 하는 데 매우 중요하다. 나는 그 의미를 핵심동기라고 이름지었다.

자, 그럼 핵심동기를 찾는 연습을 해보자. 그리 어려운 일은 아니다. 어떤 일을 하는 데서 그것이 자신에게 주는 의미, 즉 자신만의 WHY를 찾는 것이다. 이것은 꼭 목표에 대해서만 하는 건 아니다. 중요한 목표뿐 아니라 인생에서 매우 중요한 영역에 대해 핵심동기를 찾아서 리스트를 작성해놓으면 때때로 매우 유용하게 활용할 수 있다.

K씨의 예를 살펴보자, 두 아이를 둔 30대 후반의 K씨는 직장인으로서, 엄마로서, 부인으로서 해야 할 많은 일에 종종 지치곤 한다. 그리고 육아 문제, 재정 문제 등으로 가끔 남편과 심각한 싸움을 한다. 그는 남편과 크게 싸울 때마다 '왜 내가 이 결혼생활을 유지해야 하는가?'에 대한 질문을 하고 그 이유를 써 내려간다. 리스트를 적을 때는 일부러 쥐어짜기보다는 그냥 자연스럽게 생각이 가는 대로 놔둔다. 그리고 이때 떠오르는 생각들을 자유롭게 적어본다. 한 가지 중요한 점은 그녀가 '왜 이 결혼생활을 끝내야 하는가?'를 묻지 않는다는 것이다. 물론 왜 끝내야 하는지에 대한 질문에도 그 이유를 꽤 길게 나열할

수 있을 것이다. 하지만 어떻게 질문하는가에 따라 현재와 미래의 상황에 대한 프레임이 달라진다. K씨의 경우는 되도록 긍정적 관점을 유지한다. 그리고 왜 이 결혼생활을 계속해야 하는지, 이 결혼생활은 자신에게 어떤 의미가 있는지를 생각한다. K씨가 생각하는 결혼생활을 유지해야 하는 이유는 다음과 같다.

- 나는 어떤 경우에도 온전히 내 편이 되어줄 누군가가 필요하다.
- 나는 인생이라는 험난하고도 행복한 길을 함께 걸어갈 동반자가 필요하다.
- 나는 안정적이면서도 편안한 사랑을 하고 싶다.

K씨는 가끔 결혼생활에 대한 회의가 들 때 그래서 당장 그만두고 싶은 생각이 들 때, 이 리스트를 꺼내서 조그맣게 소리 내어 읽어본다. 그러면 그동안 보지 못했던 관점이 생기고 새롭게 다시 시작해볼 용기가 생긴다.

또 다른 예를 들어보자. 내 가족 중 한 명인 C는 미국으로 취업하여 이주한 다음 해부터 다발성경화증(MS) 연구와 치료를 위한 기금 모금 바이크 대회에 매해 참여하고 있는데, 그 대회 참가는 그에게 매우 기다려지는 연중행사 중 하나이다. 사실 대회 참가 전에 그는 다발성경화증에 대해서 잘 알지 못했고 관심도 없었다. 회사 동료 한 명이 좋은 일을 하자는 취지에서 추천했고, 괜찮아 보여서 선뜻 참가 신청을 한 것이었다. 그런데 모든 것이 순조롭지만은 않았다. 대회 참가를 추천하던 친구와 처음 이야기할 때는 자전거를 타며 누군가를 돕는 자신의 모습이 왠지 모르게 멋있다는 생각이 들어서 추진한 것이었다. 그런데 막상 대회 참가를 준비하다 보니 체력을 만들기 위해 수 주에 걸쳐서 고된 연습을 해야 했다. 그는 나에게 참가를 포기할까 고민 중이라고 말했다. 힘든 연습을 감당할 자신이 없고, 괜히 중간에 그만두느니 참가 자체를 하지 않는 게 나을 거라는 생각이었다. 하지만 한편으로는 너무 쉽게 포기하는 자신이 한심해 보인다고도 했다. 나는 그가 참가를 포기하지 않고 연습을 계속하는 데 도움을 줄 핵심동기를 찾아주기로 마음먹었다. 그래서 우리는 대회에 참가하고 그것을 위해 연습을 계속하는 일이 그에게 어떤 의미를 주는지를 함께 써보기로 했다.

- 운동을 통해서 예전처럼 가벼운 몸으로 돌아가고 싶다.
- 새로운 직장에서 자신의 능력을 보여줄 스태미너와 에너지를 가지고 싶다.
- 미국에 와서 처음 접하는 도전에 성공함으로써 자신감을 얻고 싶다.
- 아이들에게 기부 활동에 솔선수범하는 모습을 보여주고 싶다.

C는 자신이 왜 그 일을 해야 하는지에 대해 생각해보고 이들 중 가장 중요한 세 가지를 정함으로써 자신만의 'WHY'를 찾았다. 그리고 그것을 했을 때 혹은 하지 않았을 때 얻거나 잃을 수 있는 것은 무엇인지 생각해보았다. 이 리스트를 통해 그는 힘든 연습에 기꺼이 참여하게 되었을 뿐 아니라 이제는 그 행사를 즐기고 있다.

보통 이런 식으로 핵심동기 요인들을 쭉 적어보았을 때 내 경우는 대여섯 개 정도 꼽을 수 있다. 일단 더 이상 생각나지 않을 때까지 적는 것이 좋다. 그리고 그것들의 우선순위를 매긴 다음, 가장 중요한 세 가지를 정한다. 이런 과정을 거치다 보면 세 개보다 더 많이 고르고 싶을 수도 있다. 하지만 정말 당신의 가슴을 뛰게 하는 몇 가지를 고르는 것이 훨씬 더 효과적이다. 리스트를 찬찬히 훑어보면서 '왜 이것이 중요하지?'라는 질문을 자신에게 던지며 순서를 정한다. 별로 어렵지 않다. 당신도 자신이 이루고자 하는 목표에 부합하는 'WHY'를 찾아보자.

핵심동기를
머리뿐 아니라 가슴과 연결하기

핵심동기를 머리와 가슴에 연결한다는 것은 무슨 의미일까? 머리와 연결한다는 것은 그 동기 요인이 논리적으로 납득되고 이해되어야 한다는 의미다. 그 목표를 이룸으로써 당신이 얻을 수 있는 것이 무엇인지에 대한 객관적인 조사 자료를 찾아볼 수도 있고, 그것이 없다면 논리적으로 따져볼 수도 있다. 우리가 앞에서 핵심동기를 적어보고 그것이 왜 중요한지 생각해본 활동은 머리와 연결하는 작업이었다고 할 수 있다.

가슴과 연결한다는 건 단지 머리로 이해하는 것 외에 '그것에 대해 어떻게 느끼는가'가 중요하다는 뜻이다. 목표를 달성했을 때 어떤 기분이 들까? 혹은 달성하지 못했을 때는 어떤 기분일까? 우리가 어떤 것들을 생각할 때는 느낌이 함께 떠오를 경우가 많다. 그 느낌은 우리의 오감과 연결되어 있다. 예컨대 레몬을 떠올려보자. 눈앞에 레몬이 그려지는가? 그것을 한입 베어 문다고 상상해보자. 혹시 나도 모르게 입안에 침이 고이지 않았는가? 레몬에 대한 우리의 경험적 지식들로 말미암아 기억 속에는 레몬과 신맛이 함께 저장되어 있기 때문이다. 이번에는 당신이 가장 좋아하는 음식을 떠올려보자. 초콜릿 케이크여도 좋고, 딸기여도 좋고, 잘 구운 삼겹살이어도 좋다. 그것을 눈앞에 떠올리고 먹고 있다고 생각해보자. 기분이 좋아지고 지금 당장 그걸 먹고 싶다는 생각이 간절해질 것이다. 핵심동기를 가슴과 연결시키는 일 또한 이와 비슷한 원리를 사용한다.

이 방법은 NLP(Neuro-Linguistic Programming, 신경언어학 프로그래밍)에서 주로 사용하는 기법인데 예컨대 꼭 해야 하지만 하기 힘든 어떤 과제에 대해서 그것과 관련한 하위 감각 양식을 긍정적으로 바꾸어줌으로써 동기를 강화하는 방법이다. 다시, 먹는 것의 예를 들어보자. A는 달고 칼로리 높은 음식들을 좋아하고, 건강에 좋고 비교적 칼로리 낮은 브로콜리나 채소 같은 음식들은 별로 좋아하지 않는다. 건강에 적신호가 켜진 A는 식습관을 바꾸기로 결심하고 목표를 세웠지만 마음처럼 되지 않는다. A는 차분히 앉아서 자신이 가장 좋아하는 초콜릿 케이크를 떠올려본다. 아주 섬세하고 입체적이며 총천연색인 초콜릿 케이크의 모습이 바로 연상된다.

'아, 달달한 냄새!'

상상 속에서도 정말 매력적인 모습이다. 그러나 브로콜리나 몸에 좋은 채소를 떠올릴 때면 금방 떠오르지 않을뿐더러 흑백 사진처럼 칙칙하고 그 모습도 희미하다. A는 목표 달성을 위해 음식에 대한 내면의 감각 양식을 변화시키기로 했다. 먼저 초콜릿 케이크 같은 단 음식들의 이미지를 좀 더 2차원적이고 멀리 있고 희미한 것으로 변화시킴으로써 그 매력을 감소시켰다. 반대로 브로콜리나 채소의 이미지를 좀 더 선명하고 입체적이고 컬러풀하게 바꾸어줌으로써 더 끌리도록 만들었다. 이런 연습은 A의 식습관을 바꾸는 데 어느 정도 효과가 있었다. 그런 연습을 한 후 A는 자신도 모르게 브로콜리나 채소를 더 많이 선택하고 있었다.

핵심동기를 머리뿐 아니라 가슴과 연결하는 이 연습은 운동 목표에 대해서도 매우 효과적일 수 있다. 40대 여성 P의 사례를 보자. 그녀는 좋은 체형과 건강을 잘 유지하는 게 중요하다고 생각해왔는데, 그걸 통해 삶에 대한 그 사람의 태도를 잘 알 수 있다는 것이 평소 지론이었다. 그럼에도 지난 1년여 동안 그녀의 몸 상태는 별로 좋지 않았다. 과로와 스트레스, 회사 업무를 비롯한 갖가지 일에 치이다 보니 제대로 운동을 할 시간도 없을뿐더러 하루하루가 너무 맥없이 지나가는 느낌이었다. 게다가 그녀는 얼마 전부터 어깨에 계속 통증을 느껴왔고 몸에 군살이 붙고 탄력이 없어지는 것을 느끼고 있었다. 그녀가 주위 사람들에게 이런 상태를 이야기할 때마다 많은 사람이 권한 것이 필라테스였다. 그녀는 헬스와 요가는 잠깐씩 다녀보았지만, 필라테스는 아직 도전해본 적이 없었다. 그녀는 인터넷을 통해 필라테스에 대해서 알아보았고 자세를 교정해주는 운동으로 통증 완화에 효과가 있음을 알게 되었다. 그녀는 필라테스가 현재의 몸 상태에 딱 맞는 운동이라고 생각하고 자신이 필라테스를 하고 싶은 핵심동기를 찾아보았다. 그녀가 찾은 핵심동기는 다음과 같았다.

- 지속되는 어깨 통증을 완화하고 싶다.
- 젊었을 때 느끼던 몸의 활력을 되찾고 싶다.
- 좋은 몸매를 만들고 유지하고 싶다.

P는 여러 자료를 통해 필라테스가 어떤 점을 개선해주는지를 배웠고 이 운동이 정말로 자신이 생각한 핵심동기를 충족시켜줄 수 있다는 확신을 가졌다(핵심동기와 머리를 연결해준 것이다). 이제 그녀가 찾은 핵심동기를 가슴과 연결할 차례다. 그녀는 필라테스를 하는 도중과 마쳤을 때의 느낌을 상상해보았다. 스트레칭을 할 때의 찌릿함과 이어서 오는 시원함과 쾌감이 떠올랐다. 그 느낌을 상상할수록 온몸의 근육이 간질간질하고 빨리 스트레칭을 하고 싶어졌다. 이어서 필라테스를 마쳤을 때의 느낌도 떠올려보았다. 온몸에 느껴지는 기분 좋은 뻐근함이 떠올랐다. 팔뚝과 복부, 허벅지 등에 느껴지는 단단해진 근육의 느낌도 좋았다. 아직 운동을 하지 않았는데도 에너지가 조금씩 차오르고 힘과 활기가 느껴지는 것 같았다. 그녀는 그 느낌을 아주 생생하게 그려보고 그때마다 빨리 운동을 해서 실제로 몸에서 그것을 느끼고 싶다는 생각이 간절해졌다(핵심동기를 가슴과도 연결한 것이다). 그녀는 이후 몇 달에 걸쳐 필라테스를 계속했고 어깨 상태도 많이 좋아졌다. 그러자 가끔 게으른 마음이 들기도 했다. 그럴 때마다 그녀는 필라테스가 주는 기분 좋은 느낌들을 떠올린다. 그러면 모든 일을 제쳐두고라도 다시 필라테스를 하러 가곤 한다.

우리는 종종 자신이 하고 싶은 것, 원하는 것들을 이야기하지만 P처럼 그것에 대한 강렬한 내적인 이미지를 가지고 있지 않은 경우가 많다. 원하는 것이 무엇인지, 왜 그것을 원하는지, 그것을 이루었을 때 어떤 느낌일지가 전혀 그려지지 않는다면, 혹은 그려진다고 해도 아주 희미하고 실감 나지 않는다면 그것을 향해 가고 싶은 의지가 생기기란 쉽지 않다.

핵심동기를 머리, 가슴과 연결하는 것이 좋은 이유는 이런 과정을 통해 자신의 가치관, 생각, 감정, 행동을 일치시킬 수 있기 때문이다. 생각해보면 중요한 게 항상 좋은 것만은 아니지 않은가? 몸에 좋은 음식들이 항상 맛있는 것은 아니듯이 말이다. 하지만 이런 활동을 통해 내가 가치를 두는 중요한 것들에 대해 풍부하고 강렬하면서도 긍정적인 이미지를 만들어낼 수 있다. 그리고 그걸 생각할 때마다 컬러풀하고 생생한 느낌을 가지게 될 것이다. 나는 이런 이미지들이 우리 삶을 더욱 풍요롭게 만든다고 생각한다. 스스로의 내면의 삶을 들여다보았을 때, 오래되고 지루한 흑백 슬라이드가 아니라 생동감 넘치고 화려한 한 편의 드라마를 보는 기분이 되도록 만드는 것은 어떨까?

자, 지금까지 우리는 '그 목표가 우리에게 어떤 점에서 중요한지'를 생각해보며 의미를 찾았다. 이 과정을 통해 활기찬 첫발을 떼는 데 필요한 동기를 찾아냈을 것이다. 이제 중요한 것은 우리가 꿈과 목표를 이룰 때까지 '얼마나 오랫동안 지속적으로 노력할 수 있는가'이다. 지금부터는 험난하거나 지루할 수 있는 중간 과정을 잘 이겨나갈 힘, 즉 지속성을 만들어줄 동기 개발 방법에 대해 생각해보자.

보상을 내재화하기

지금까지 몇 번이나 어렵고 도전적인 목표를 세우는 것이 좋다고 말했지만, 사실 어려운 목표일수록 중간에 포기하기가 쉽다. 또한 굳이 도전적인 일이 아니더라도 어떤 일을 할 때 처음 느꼈던 흥미를 목표 달성 시점까지 쭉 유지하며 에너지를 투입하는 것은 꽤 힘든 일이다. 하지만 이런 힘든 일을 잘해내는 경우도 있다. 바로 목표나 그 과제에 몰입했을 때이다. 수십 년간 '몰입'을 연구했던 미하이 칙센트미하이는 몰입이란 '어떤 활동이나 상황에 완전히 빠져들어 집중하고 있는 상태'라고 설명하고, 사람들은 몰입을 경험할 때 가장 행복하다고 했다[48]. 이런 몰입을 이끌어내는 것은 무엇일까? 바로 익히 알고 있는 내적 동기이다. 내적 동기란 아무런 보상이 없어도 그냥 어떤 일을 하는 것, 그 자체가 좋아서 하는 것을 의미한다. '머리 좋은 사람은 열심히 하는 사람 못 따라가고, 열심히 하는 사람은 좋아서 하는 사람 못 따라간다'라는 말이 있다. 여기서 '좋아서 하는 것', 바로 그게 내적 동기에 의한 것이다.

내적 동기와 대비되는 외적 동기는 그 행위가 부가적으로 가져오는 결과(금전적 보상, 칭찬, 인정 등과 같은 외부적 보상)에 이끌려 행위를 하는 것이다. 외적 동기는 외부적인 힘에 의해 무엇인가를 하도록 만들기 때문에 어떤 일을 시작하도록 할 수 있지만, 행동을 지속하게 만드는 데서는 그렇게 효과적이지 않다. 즉, 보상이 사라지면 혹은 보상이 계속 주어지더라도 그것이 주는 매력이 사라지면 동기가 시들어서 행동이 느슨해지거나 아예 소멸되는 결과가 나타난다. 이에 반하여, 내적 동기는 외적 동기에 비해 더 오랫동안 몰입하게 만들고, 무엇인가를 하는 과정이 더 재미있고 만족스럽게 해주며, 더 좋은 결과를 가져다준다. 그렇기에 무엇인가를 할 때 되도록 내적 동기를 바탕으로 하는 것이 좋다.

하지만 내적 동기가 아무리 좋더라도 직업을 가진 우리가 순전히 내적 동기만을 가지고 일을 할 수 있을까? 내적 동기에 의해서라면 보수가 얼마이든, 작업 조건이 어떻게 되든 상관없이 오로지 그 일이 좋아서 하는 것이어야 하는데, 우리의 현 상황에서 과연 그것이 가능할지 의심스럽다. 비록 자신이 직업으로 하는 그 일 자체가 매우 즐겁지는 않지만, 돈을 벌어서 가족을 부양하는 기쁨이나 그 직업에 종사하는 것에 대한 자부심 혹은 사회에 기여하고, 이로써 인정받는 즐거움으로 일하는 건 외적인 동기 요인에 의해 유발된 것이기 때문에 나쁘다고 해야 할까?

학생도 마찬가지다. 공부하는 것 자체가 항상 즐겁고 흥미로운 사람이 얼마나 될까? 공부 자체가 아무리 흥미롭다고 해도 종일 그런 내적 동기를 유지하는 것이 가능할까? 본인이 원하는 꿈(훌륭한 의사가 되어서 아픈 사람을 고쳐주고 싶다든가, 공대에 가서 원하는 분야의 기술적 발전에 기여하고 싶다든가)을 이루기 위해, 혹은 1등을 함으로써 자신의 노력과 능력을 인정받는 것 같아서 지금은 조금 힘들어도 인내하고 몰입한다면? 같은 외적 동기라도 부모의 강압에 못 이겨 억지로 공부하는 것과 자신이 스스로 정한 커리어를 위해 열심히 노력하는 것은 분명히 차이가 있지 않을까?

어떤 일을 하든 내적 동기에 의해 그 일을 즐기면서 할 수 있다면 금상첨화일 것이다. 그러면 목표를 세우고 달성하는 과정이 하나도 힘들지 않고 오히려 행복하기만 할 것이다. 하지만 살면서 어떻게 그런 일들만 하고 살 수 있겠는가? 다음에 나오는 A와 B의 예를 보면서 좀 더 깊이 생각해보자.

A는 현재 작은 식당을 운영하고 있다. 대학교를 졸업하고 몇 군데 취업했지만 잘 적응하지 못하고 연달아 그만두었다. 한동안 직업 없이 빈둥대던 그가 마음에 들지 않았던 부모님은 사업자금을 조금 지원해줄 테니 무엇이든지 해볼 것을 권유했다. 그는 재정적으로 여유 있는 부모님에게 더 많은 돈을 지원받아서 근사한 가게를 차리고 싶었지만, 부모님은 단번에 그렇게 큰돈을 내줄 수는 없다며 이번 사업을 잘 운영한다면 더 큰 자금도 지원해줄 수 있다고 말했다. 사실 A는 지금 하는 식당이 너무 보잘것없다고 생각되어서 마음에 들지 않는다. 그래서 가게 운영 대부분을 직원에게 맡겨놓고 가게가 잘 굴러간다는 걸 부모님께 보여드려야 하기에 할 수 없이 일하는 시늉만 하는 경우가 많다. 부모님이 가끔 가게에 나와서 A를 살피는데, 그때가 그가 가장 열심히 일할 때이다. 그에게 무엇을 위해서 일을 하느냐고 물어보면 '물론 돈을 벌기 위해서'라고 말한다. 식당이 잘되고 그래서 돈을

잘 벌면 부모님께서 더 큰 가게를 차려주실 것이기 때문이다.

B는 A의 식당 근처에서 작은 식당을 운영하고 있다. 재작년에 다니던 회사가 어려워지고 결국 정리해고의 위기가 닥치자 스스로 사표를 쓰고 나와 이 식당을 시작했다. 그는 누구보다 열심히 일할뿐더러 새 메뉴와 조리법, 손님 응대방식, 마케팅 방법 등을 항상 고민한다. 그 덕분에 그의 가게는 동네의 다른 음식점들에 비해 더 많은 수익을 올리고 있다. 그 역시 "돈을 벌기 위해서 일한다"고 말한다. 그는 오랜 시간을 일해야 하는 것이 힘들긴 하지만, 노력할수록 점점 잔고가 늘어가고 그 덕분에 사랑하는 가족들에게 해줄 수 있는 게 많아진 것을 보면 기운이 나고 더 열심히 일해야겠다는 생각이 든다고 한다. 가족이 편안하고 안정된 생활을 하는 것은 그의 삶에서 가장 중요한 목표이기 때문이다.

A와 B는 모두 돈을 벌기 위해 일을 한다. 돈은 대표적인 외적 보상이다. 하지만 둘은 매우 달라 보인다. 둘 중 누가 더 자기 삶에 만족할 것 같은가? A는 돈을 버는 목적이 부모에게 잘 보여서 더 많은 보상을 받기 위해서이다. 반면, B는 자기가 버는 돈이 가족들의 안정된 생활을 가능하게 한다는 점에서 보람을 느끼고, 또 자기가 열심히 하면 할수록 그 대가로 재정적으로 더 풍족해지는 데서 기쁨을 느끼고 있다. 미국의 심리학자 에드워드 데시와 리차드 라이언은 A와 B에게서 나타나는 이 차이를 '자기결정이론(Self-Determination Theory, SDT)'으로 설명한다. 자기결정이론에서는 모든 외적 동기를 바람직하지 않다고 이야기하지 않는다. 이 이론에 의하면 어떤 외적 동기는 내적 동기와 마찬가지로 더 좋은 수행, 높은 질적 학습 효과, 더 나은 심리적 안녕감을 보여준다. 그 핵심은 바로 그 동기가 자율적 동기인지 아니

면 외부에 의해 통제된 동기인지에 있다.

앞에서도 자율성에 대해 잠시 언급했지만, 자율적 동기는 대개 우리 내부로부터 시작한다. 하지만 외부로부터 온 동기라도 자신이 중시하는 가치, 희망, 꿈, 완전히 내면화된 자아관 등과 연관된다면 그것 역시 자율적 동기라고 할 수 있다. 위의 B의 사례처럼 비록 돈이라는 외적 보상물을 위해 일하지만 자신의 그런 행동들이 그가 중요하게 생각하는 가족의 안정된 생활을 뒷받침할 수 있다는 생각에서 비롯되었기에 충분히 좋은 동기부여인 것이다.

반면 통제된 동기는 보상이나 처벌같이 순전히 외부적 힘에 의해 조절되는 동기이다. 때론 어느 정도 내면화가 될 수도 있지만, 여전히 자신의 것이 아닌 가치에 의해(수치심을 피하거나 자아를 보호하거나 순전히 남들의 인정을 받기 위해서) 행동을 하는 경우를 말한다. A의 사례처럼 일을 하는 이유가 부모님께 잘 보여 더 많은 돈을 받기 위해서인 경우, 그것은 자율적 동기라고 할 수 없다.

지금 자신이 하는 일이, 혹은 앞으로 계획하고 있는 일들이 내적 동기가 아닌 외적 동기 요인에 의해 이루어진다고 낙담하고 있다면 이제 조금 마음을 놓아도 된다. 외적 동기 요인들도 충분히 내적 동기와 같은 긍정적인 효과를 가져올 수 있기 때문이다. 우리의 기본적이고 보편적인 심리 욕구인 자율성(Autonomy), 유능성(Competence), 관계성(Relatedness)을 충족시켜주면 된다. 보편적 세 가지 욕구는 집단주의나 개인주의 같은 문화적 차이 혹은 전통주의, 평등주의 등과 같은 사회나 개인이 중시하는 가치가 무엇이냐에 상관없이 모든 문화의 사람에게 중요하다. 그럼 이 세 가지 기본적 심리 욕구에 대해서 조금만 더 자세히 알아보자.

먼저, 자율성이란 개인들이 '외부로부터 압박 혹은 강요를 받지 않으면서 자유로운 선택을 통해 자신의 행동을 통제하고 조절할 수 있는 상태라고 느끼는 것'을 말한다. 여기서 혼동하지 말아야 할 점은 자율성이란 외부의 영향력에 전혀 의존하지 않고 독자적으로 판단하고 행동하는 독립성과는 다른 개념이라는 것이다. 독립성은 타인과의 관계에서 나타나는 개인 대 개인 간의 문제지만, 자율성은 내적인 것이며 해당 개인의 의지와 선택이 중요하다. 즉, 자율성은 비록 어떤 판단이나 행동을 하는 데서 타인이 영향을 미쳤더라도 그것을 개인이 자유롭게 선택했고 또 스스로 통제할 수 있다고 느끼느냐의 문제다.

두 번째로 유능감이란 무엇일까? 사람은 누구나 능력 있는 존재이기를 원하고 기회 될 때마다 자신의 능력을 올리길 원한다. 또한 이 과정에서 자신이 유능하다고 느끼려 하는데, 그것이 바로 유능감이다. 유능성에 대한 욕구는 개인 혼자서는 충족시키기가 어렵고 주변과 상호 작용을 하면서 충족된다. 예컨대 어린아이들이 "참 잘했어요"라는 칭찬을 들을 때 기분이 좋아지고 자신감이 생기는 것과 같은 이치다. 이 부분은 바로 다음에 이야기할 관계성과 관련이 있다.

마지막으로, 관계성 욕구는 타인과의 관계에서 조화와 안정성을 느끼려 하는 것을 의미한다. 이 욕구는 타인으로부터 무언가를 얻어 내거나 사회적 지위를 획득하는 것 등과 같이 관계로부터 무엇을 취하는 걸 의미하지는 않는다. 오히려 주위 사람들과 의미 있고 안정된 관계를 맺고자 하는 것이다.

흥미로운 지점은 자율성이나 유능성은 그 자체만으로도 내적 동기를 일으킬 수 있는 심리적 욕구이지만, 관계성은 직접 내적 동기를 일으킨다기보다는 보조 역할을 한다는 점이다. 그럼에도 외적 동기를 내적으로 동기화하는 데서 관계성이 무척 중요하다. 예컨대 외적 동기로 촉발된 행동은 흥미로 유발된 행동보다 일어날 가능성이 작다(아이가 그림을 그릴 때 재미있어서 하는 것과 누군가로부터 칭찬을 받기 위해 하는 경우, 재미있어서 하는 경우가 그 행동이 일어날 가능성이 더 클 것이다). 그런데 그 칭찬을 하는 '누군가'가 어떤 사람이냐가 매우 중요한데, 아이가 모르는 낯선 사람의 칭찬이냐 혹은 아이와 애착관계에 있는 부모의 칭찬이냐에 따라 매우 다른 결과가 나올 수 있다. 아이에게는 부모와의 안정적인 관계는 중요하지만 낯선 사람과의 안정적인 관계는 그다지 중요하지 않을 것이기 때문이다. 다시 말하면 칭찬과 같은 외적 보상은 내적 동기를 유발하기는 어렵지만, 칭찬해주는 타인이 내게 소중한 사람이고 그 사람과 오랫동안 긍정적인 관계를 맺는 것이 중요하다면 내재화된 동기를 유발하고 유지하는 데서 매우 효과적이라고 볼 수 있다.

일상생활에서 우리가 하는 많은 일을 보면 그 일이 정말 재미있어서 자발적으로 시작하기보다는 평소 중요시하는 어떤 인물이 그 행동을 시작하게 만든 경우가 많다. 예컨대 롤모델로 생각하는 누군가와 비슷하게 되고 싶어서 혹은 주위 사람들이 그것을 중요하게 생각하니까, 또는 관계를 개선하고 싶어서 등이다. 바로 앞에서 언급한 관계성 욕구가 동기에서 매우 중요한 요인이라는 것이다. 즉, 그 일을 함으로써 나에게 중요한 사람들에게 어떤 긍정적 영향을 미치는지를 인식하는 것은 외적 동기 요인을 내재화하는 좋은 방법이다.

한 가지 더 언급하자면, 본인에게 내적 동기를 유발했던 과거의 사건을 떠올리는 것은 내적 동기가 본인에게 미치는 영향을 이해하고, 자신이 몰입할 수 있는 일과 방법을 찾는 데 좋은 힌트를 줄 수 있다.

나는 얼마 전 고등학생 H군과 대화를 나눈 적이 있었다. 그는 3학년이 되어서도 공부나 성적에 대한 절박함을 느끼지 못하고 있었다. 앞으로 광고나 디자인 계통의 일을 하고 싶지만 아직은 막연하고 모호한 바람이었다. H군의 부모는 그가 공부에 집중력이 부족한 것을 걱정하고 있었다. 대화하던 중 나는 그에게 스스로 세운 목표에 대해 열심히 노력해서 그것을 성공적으로 달성한 경험에 관해 물었다. 그는 중학교 졸업 무렵, 평소 배우고 싶었던 디자인 관련 컴퓨터 프로그램을 배웠을 때의 경험을 이야기했다. 당시 같이 스터디를 하던 그룹이 있었고 이들과 함께 일주일에 적어도 한 개씩 작품을 만드는 목표를 세웠다고 했다. 평소 집중력이 부족하다고 생각했던 그였지만 이 목표는 3~4달 동안 꾸준히 유지되었다. 심지어 2~3일에 하나씩 작품을 완성하기도 했을 정도였다. 나는 그에게 그렇게 할 수 있었던 비결을 물었다. 그러자 그는 아주 흥미로운 대답을 했다. 자신이 그 일을 하는 동안에는 목표를 얼마큼 이루어가고 있는지에는 별 신경이 쓰이지 않았다는 것이다. 단지 작품을 하나씩 완성하면서 자신의 실력이 점점 좋아지고 더 잘하게 되는 것이 좋았고 신났다고 했다. 그리고 스터디그룹의 친구들과 서로의 작품들에 대해서 나누고 대화하는 것이 즐거웠다고 했다. 그는 항상 집중력이 부족하다는 말을 들어왔지만, 자신도 어떤 경우에는 집중력을 발휘할 수 있다는 것을 처음 깨달았다고 말했다.

나는 H군의 이야기에서 내적 동기의 힘을 절실하게 느낄 수 있었다. 결국 그는 집중력이 부족한 게 아니라 집중할 일을 찾지 못하고 있었던 것이다. H군의 경우 자신의 유능감을 일깨워주고 점점 성장해가는 모습을 보게 해주는 그 일이 좋았던 것이다. 당신도 이와 비슷한 경험이 있을지도 모른다. 당신이 목표로 한 지금 그 일을 하는 데 자신에게 조금만 더 주의를 기울여보자. 그리고 그 일을 함으로써 어떻게 긍정적으로 변화하고 발전해가는지 깨닫는 시간을 가져보자. 아주 작은 차이라도 상관없다. 아마도 그 차이는 당신이 목표를 향해 계속 가도록 만드는 큰 원동력이 될 것이다.

영화 〈킹스맨〉에서 주인공은 헤밍웨이의 멋진 말을 인용한다.

"남보다 우수하다고 해서 고귀한 것은 아니다. 진정 고귀한 건 과거의 나보다 우수해지는 것이다."

지금 우리에게 꼭 필요한 말이다.

목표로 향하는 여행을
친구와 함께하기

파리의 몽마르트르 언덕에는 미술 유적지 세탁선(Bateau-Lavoir, 바토 라부아르)이 있다. 1800년대 말부터 1900년 초반까지의 소위 벨에 포크 시대가 그곳의 전성기였는데, 가난한 몽마르트르의 예술가들이 모여들어 함께 생활하고 작업하던 곳이었다고 한다. 세탁선이라는 이름은 비가 오면 물이 새고 곧 허물어질 것만 같은 그 모습이 마치 센 강가의 빨래터로 쓰이는 배를 연상시킨다고 해서 시인 막스 자코브가 붙인 이름이다. 지금은 화재 때문에 원래 모습은 없어졌지만, 애초 그곳은 선술집을 개조해서 만든 매우 허름한 장소였다. 좁은 복도를 따라 줄지어 있던 작은 방들은 어둡고 더러웠으며 수도 시설은 단 하나뿐이었다니, 그 열악함은 상상하기 힘들 정도였을 것이다. 하지만 그곳을 거쳐간 화가들은 마티스, 피카소, 모딜리아니, 반 동겐 등 이름만 대면 모두 알 만한 대가들이다.

피카소가 그곳에서 〈아비뇽의 처녀들〉을 그렸기 때문에 큐비즘의

탄생지라고도 불리는 세탁선은, 비록 환경은 매우 열악했지만 당시 예술가들이 나누던 꿈과 열정만큼은 그 무엇보다도 뜨거웠던 듯하다. 이후 성공하여 대저택에서 풍요롭게 살게 된 사람들도 이곳의 생활을 그리워하며 가끔 들르곤 했다니 말이다. 예술의 꿈을 안고 싼값의 방을 찾아 모여든 이들은 배고프고 힘든 시절에도 서로에게 영향을 주었으며 이들 중 많은 이가 위대한 예술가의 반열에 올랐다. 이들이 이곳에서 이렇게 만나지 않고 각자 흩어져 혼자서 외로이 작업해야 했다면 그들의 업적은 달라졌을 수도 있다.

우리는 여러 매체를 통해 자수성가한 이들의 이야기를 종종 듣는다. 자수성가란 자기 힘으로 사업(事業)을 일구었거나 큰일을 이루었다는 뜻이지만, 그 성공에 온전히 자신들만의 노력이 작용한 것일까? 우리 사회에서의 모든 성공은 반드시 다른 사람들의 도움이 필요하다. 직접적이든 간접적이든 말이다. 혹은 그냥 주위에 함께 존재한다는 것만으로도 도움 될 수 있다. 마치 벨에포크 시대에 세탁선에 모여들었던 예술가들처럼 말이다. 그렇다면 다른 사람들과 함께한다는 것은 어떤 면에서 도움 되는지 생각해보자.

- **학습을 촉진한다:** 특히 전문가 집단과 함께할 경우 단순히 그들에게 무엇을 배우는 것을 넘어서서, 우리가 중요한 통찰의 순간을 가질 기회와 성공에 도움 되는 중요한 리소스, '모범 실무(Best Practice)' 등을 얻을 수 있다.
- **동기부여가 된다:** 사업상의 목표뿐 아니라 가족생활, 종교 등 그 무엇과 관련되었든 목표를 향해 나아가는 여정은 힘들고 때론 달성 불가능해 보일 수도 있다. 이때 당신을 지지하고 함께 가는 동료들이 곁

에 있다면 어려움 속에서도 계속 나아갈 힘이 될 것이다.

- **기대고 의지할 수 있다:** 우리가 난관에 부딪혔을 때 조언을 구할 믿을 만한 누군가가 있다면 얼마나 든든한가? 우리가 잘못된 길로 가고 있을 때 지적해주고 격려해줄 사람이 필요하다.

- **경쟁을 통해 발전할 수 있다:** 어떤 사람들은 스포츠나 게임을 할 때 내기하는 것을 좋아한다. 꼭 스포츠나 게임이 아니더라도 경쟁을 즐기는 사람들이 있다. 이들은 경쟁을 두려워하기보다는 그것으로부터 재미와 몰입을 느끼고 목표를 성취하는 데 도움을 받기도 한다. 미국 펜실베이니아대학교의 데이먼 센톨라 박사와 동료들의 연구 결과에서도 경쟁이 가져다주는 이점을 알 수 있다[49]. 연구자들은 약 800여 참가자들을 'PennShape'라는 11주짜리 운동 프로그램에 등록하도록 했다. 그리고 이들을 경쟁이 있는 집단과 그렇지 않은 집단에 무작위로 배정했다. 경쟁을 유도하기 위해서는 각 개인 혹은 각 팀의 점수를 온라인에 게시하고 실시간으로 볼 수 있도록 했다. 11주간의 프로그램이 모두 끝나고 각 집단 간에 프로그램 참가 성적상의 차이를 살펴보았을 때, 경쟁을 유도했던 집단의 점수가 월등히 높았고 심지어 두 배 정도 차이가 났다. 물론 지나친 경쟁은 우리를 피폐하게 만들 수 있지만 건전한 경쟁은 우리를 발전시킨다.

금연이나 다이어트 목표를 효과적으로 달성하는 데 도움 되는 팁 중 하나는 '자신의 결심을 주변 사람들에게 알리라'는 것이다. 금연 혹은 다이어트 같은 목표를 세웠음을 주위 사람들에게 알렸기 때문에 적어도 사람들과 함께 있을 때는 약속을 지키려는 책임감이 더해진다는 것이다. 이런 조언에 의하면 자신의 목표를 주변에 알리는 것이 목표 달성에 큰 도움이 될 것 같다. 지금도 당신의 SNS에는 이런 이유로 자신의 목표를 여러 사람과 공유하는 친구들이 있을 것이다.

하지만 이와 반대되는 주장을 하는 연구자들도 있다. 어떤 목표들은 오히려 다른 사람들에게 공표하는 것이 실제 목표 행동을 하는 데 부정적인 영향을 미칠 수 있다는 것이다. 특히 좋은 부모 되기, 훌륭한 과학자 되기, 좋은 선생님 되기와 같이 자신의 정체성과 관련된 목표의 경우 더욱 그러하다고 한다. 좋은 부모가 되고 싶고 그래서 그것을 목표로 삼은 C의 예를 들어보자. 그는 좋은 부모의 모습을 완성하기 위해 이런저런 활동을 할 것이다. 시간을 내서 아이들과 함께 도서관에 가고, 간식을 만들어주고, 공원에서 공놀이 등을 하면서 좋은 부모로서의 자신의 이미지를 완성해갈 것이다. 그런데 C가 너무 바빠서 도저히 시간을 낼 수 없을 경우가 있다. 그래서 좋은 부모로 자기 자신과 남에게 인식되고 싶음에도 활동들을 제대로 할 수 없을 때는 어떻게 할까? 자신이 목표로 하는 정체성을 포기하고 말 것인가? 이럴 때 사람들은 뭔가 대안적인 상징을 찾아서 자신의 정체성을 완성해간다. 예컨대 자신이 얼마나 자상하고 아이들에 대한 사랑이 넘치는지 등을 인정받으려고 노력함으로써 말이다. 뉴욕대학교의 심리학 교수 피터 골비처는 정체성과 관련한 목표의 경우 그것을 사람들에게 공표하는 것이 오히려 목표 달성에 방해가 된다는 것을 발견했다[50]. 예컨대 C가 앞으로 좋은 부모가 되기로 마음 먹고 SNS에 자신의 목표와 각오를 올린다. 그러면 사람들이 "와! C는 정말 좋은 부모가 될 거에요" 하는 식의 긍정적인 피드백을 줄 것이다. 그 순간 C의 뇌는 이미 목표를 달성했을 때와 비슷한 보상기제가 만들어진다. 그래서 C의 뇌는 이미 좋은 부모로서의 자신의 정체성이 어느 정도 이루어졌다고 착각하고, 실제로 해야 할 도서관 가기, 간식 만들어주기 등과 같은 목표 행동을 지속적으로 추구하는 에너지를 떨어뜨린다는 것이다.

다시 앞서 언급했던 게일 매튜스의 연구 결과로 돌아가보자. 그 결과에 따르면 목표를 적어보는 것은 무척 효과가 좋았다. 앞에서는 언급하지 않았지만, 그녀의 연구 결과 중 또 하나 중요한 것은 명시적으로 적은 목표를 주변의 지지적인 친구들과 나누었을 때가 그렇지 않고 혼자만 간직했을 때보다 더 달성 가능성이 크다는 점이다. 그렇다면 목표를 주변 사람들에게 알려야 한다는 것일까, 알리지 말아야 한다는 것일까?

아마도 목표를 주위 사람들에게 알리되 불특정 다수에게 떠벌리듯이 공표하는 것이 아닌, 선택적으로 나누어야 하는 것이 아닐까 생각한다. 목표 달성 과정에서 진정한 지지와 격려를 할 수 있고 힘들 때 도움이 될 친구들에게 말이다. 우리가 목표를 포기하려고 하거나 게을러지려고 할 때 용기를 주고 때론 채찍질도 할 수 있는 그런 사람들과 공유하는 것이 바람직하다는 이야기이다. 벨에포크 시대에 파리의 세탁선에 모여든 예술가들이 그처럼 훌륭한 결과를 낼 수 있었던 것도 어쩌면 그런 이유일지도 모른다.

새로운 습관으로 만들기

　새로운 습관이 형성되기 위해선 어느 정도의 시간이 걸린다고 생각하는가? '21일의 법칙'은 인터넷 등을 떠도는 것으로, '무엇이든 21일만 계속하면 습관이 된다'는 것이다. 정말 21일이면 될까? '21일의 법칙'은 미국의 의사 맥스웰 몰츠가 저서《맥스웰 몰츠 성공의 법칙》에서 처음 주장하였다. 1950년대에 성형외과 의사로 일하고 있던 몰츠는 환자들 사이에서 이상한 패턴을 발견했다. 성형 수술을 한 후 환자들이 자신의 새로운 얼굴에 익숙해지는 데는 약 21일이 걸림을 발견한 것이다. 마찬가지로, 환자가 팔이나 다리를 절단했을 때 환자가 새로운 상황에 적응하기 전에 약 21일 동안 환상통(내장 등 다른 부위도 포함되지만 주로 절단한 팔다리, 즉 존재하지 않는 사지가 아프고 가렵고 여전히 붙어 있는 느낌으로 말미암아 고통스러운 증상)을 감지한다는 것을 알았다. 이러한 경험을 통해 몰츠는 자신이 변화와 새로운 행동에 대한 적응 기간이 어느 정도인지 면밀히 생각하게 되었고, 그것 또한 약

21일이 걸리는 걸 발견했다.

몰츠는 '우리가 흔히 발견할 수 있는 많은 현상을 통해 오래된 심상이 사라지고 새로운 것을 형성하는 데는 최소 약 21일이 걸린다'는 생각을 구체화하여 1960년에 책으로 썼고, 이 책은 3천만 부 이상이 팔리며 블록버스터급 히트작이 되었다. 그 후 수십 년간, 몰츠의 말은 미국의 자기계발 전문가들에게 인용되었다. 점점 더 많은 사람이 몰츠의 이야기를 반복하여 전달하면서 '최소 21일'을 잊어갔고, '21일만'을 강조하게 되었다. 그리고 새로운 습관을 형성하는 데 21일이 걸린다는 일반적인 통념이 퍼지기 시작했다(이런 식으로 출처와 다른 통념들이 우리 사회에 퍼진 것이 많다). 사실 21일은 정말 매력적인 기간이다. 어느 정도의 적응과 노력이 필요하다고 느낄 만큼 길면서도 사람들에게 해볼 만한 기간이라는 용기를 줄 정도로 짧기 때문이다. 우리의 삶을 3주의 노력으로 바꿀 수 있다는 생각을 누가 싫어하겠는가?

유니버시티 칼리지 런던에서 건강심리학을 연구하고 있는 필리파 랠리 박사와 그 동료들은 21일의 법칙을 뒷받침할 과학적 근거를 찾기 위해서 12주에 걸쳐 96명의 습관을 조사했다[5]. 먼저 참가자들은 한 가지 새로운 습관을 선택해야 했는데 어떤 사람들은 '점심과 함께 물 한 병 마시기'처럼 비교적 간단한 습관을 선택한 반면, 어떤 사람들은 '저녁 식사 전에 15분 동안 뛰기'처럼 좀 더 어려운 일을 선택했다. 그리고 12주 동안 그들이 그 행동을 했는지 여부 그리고 행동이 얼마나 자동적으로 느껴지는지(즉, 몸에 밴 습관처럼 느껴지는지)에 대해 매일 보고하도록 했다. 12주 후, 연구자들은 각각의 참가자들이 새로운 행동을 시작해서 그것이 자동화되는 데 걸리는 시간을 분석했다.

분석 결과, 새로운 행동이 자동화되기까지 평균적으로 2개월 이상이 걸렸다. 정확히 말하면 66일이었다. 물론 새로운 습관을 형성하는 데 걸리는 시간은 자동화하고자 하는 습관의 종류, 사람, 환경에 따라 다르게 나타났다. 전반적으로 보았을 때 사람들이 새로운 습관을 형성하는 데는 적게는 18일에서 많게는 254일이 걸렸다. 다시 말해, 당신의 삶에 새로운 행동을 정착시키려면 21일이 아니라 적어도 2개월에서 길게는 8개월이 걸릴 수도 있다는 것이다.

습관이 형성되기까지 생각보다 오랜 시간이 걸린다는 것에 실망하는 사람도 있겠다. 어떤 습관목표는 정착되기까지 더 많은 시간이 걸릴 수 있다. 이럴 때는 성취목표를 함께 활용하는 것이 효과적이다. 즉, 함께 잘 어울릴 성취목표와 습관목표를 동시에 실행하는 것이다. 예컨대 일주일에 3회 이상 헬스클럽에 가는 것은 말처럼 쉽게 몸에 붙는 습관이 아니다. 하지만 그런 사람도 여름 휴가를 가기 전까지(이를테면 8월 첫째 주까지) 5킬로그램을 감량하는 일에는 정서적으로 몰입할 수 있을 것이다. 그렇다면 '8월 1일까지 5킬로그램 감량하기'와 같은 성취목표를 '일주일에 3회 이상 헬스클럽 가기'와 같은 습관목표의 마중물로 활용할 수 있을뿐더러, 더 큰 것을 이루기 위해 노력을 지속하게 만드는 역할로 쓰는 것이다.

끊어지지 않는 체인 이어가기

대학교 2학년 때 영어학원에 다닌 적이 있었다. 그래도 대단한 결심인 게, 오후에는 이런저런 약속으로 매일 빠질 것 같아서 오전반을 신청한 것이다. 주말을 제외한 매일 오전 7시까지 학원에 가야 했고, 그러기 위해서는 5시 반에 일어나 준비를 해야 수업 시작 전에 학원에 도착할 수 있었다. 아침잠이 많은 내게 쉬운 일은 아니었지만, 기특하게도 첫 달에 나는 클래스에서 한 번도 결석하지 않은 유일한 학생이었다. 모두가 나에게 존경의 눈빛을 보냈고 스스로 생각해도 나 자신이 너무너무 대견스러웠다. 주중에는 내내 잠이 부족해서 피곤하고 저녁에는 빨리 잠자리에 들어야 한다는 압박을 느꼈지만, 나는 '한 번도 결석하지 않은 수강생'이라는 타이틀을 무너뜨리기 싫어서 그다음 달 역시 한 번도 결석하지 않았다. 사실 지금까지의 인생을 통틀어서 그렇게 꾸준히 무엇인가를 했던 경험은 손에 꼽을 정도다. 그러다가 다음 달에, 무슨 일이 있었는지 기억이 나진 않지만 한 번 결석을 하게 되었다. 뭐든지 처음이 힘들다고, 이전에는 한 번이라도 빠지면 큰일 날 것 같았는데 그 후로는 이래저래 결석하는 날이 많아졌다. 그리고 몇 달 후 나는 학원을 그만두었다.

아마 비슷한 경험이 있을 것이다. 이런 경험을 한 사람들이 크게 공감할 수 있는 제리 사인펠드의 이야기를 들어보자. 제리 사인펠드는 미국의 희극배우이자 작가이자 프로듀서이다. 그가 직접 출연했던 시트콤 〈사인펠드〉를 본 사람도 있을 것이다. 그는 스탠드업 코미디, 특히 관찰형 코미디(Observational Comedy) 분야에서 두각을 나타냈다. 관찰형 코미디는 일상생활에서 소재를 찾아서 이야기하는 만담 형식의 코미디인데, 우리 삶에서 매일 일어나고 있지만 놓치고 있는 것들에서 이야기 소재들을 찾아 유머로 만든다.

20대 초반의 브래드 이삭은 스탠드업 코미디언으로서 일할 자리를 찾으며 동부 지역을 이리저리 여행 다니고 있었다. 어느 날 밤 그는 우연히 사인펠드가 일하는 클럽을 찾게 되었다. 브래드는 사인펠드가 무대에 오르기 전, 그에게 말을 걸 기회를 잡았다. 브래드는 사인펠드에게 젊은 코미디언에게 도움이 될 조언을 부탁했다. 사인펠드는 더 나은 코미디언이 되는 방법은 더 나은 조크를 만드는 것이고, 더 나은 조크를 만드는 방법은 매일 조크를 최소 하나씩 쓰는 것이라고 말했다. 그 조언에 덧붙여 사인펠드는 스스로 동기부여하는 데 정말 잘 활용될 수 있고, 매일 글 쓰는 것을 하기 싫을 때조차도 힘이 되는 보석 같은 방법을 알려주었다.

사인펠드가 알려준 비결은 다음과 같았다. 먼저 1년 날짜가 한 페이지에 다 담기는 큰 달력을 사서 벽에 건다. 그리고 큰 빨간색 매직 마커를 구입하면 준비 끝. 사인펠드는 브래드에게 매일 조크를 하나 이상 생각해서 써보되, 글쓰기를 한 날은 달력에 큼지막한 빨간 X 표를 그리라고 했다.

"며칠만 지나면 빨간 엑스가 이어져서 체인이 만들어질 거야. 글쓰기를 매일 계속하면 체인이 더 길어지겠지. 연결된 체인을 보고 있으면 기분이 좋아질 거야. 다음에 할 일은 그 체인을 끊기지 않도록 하는 것이지."

그는 강조하기 위해 다시 말했다.

"절대 체인을 끊어뜨리지 마."

체인의 힘은 생각보다 강력하다. 체인이 한번 만들어지면 그것을 끊고 싶지 않은 마음이 생각보다 강력해진다. 앞서 나의 사례에서도 보았듯이 관건은 그것이 끊어지지 않게 하는 것이다. 이때 사인펠드의 조언처럼 달력 같은 도구를 이용해서 체인을 시각화하면 더 효과적이다. 체인을 만들기 위한 타깃은 그 어떤 것이라도 상관없다. 하루에 얼마 이상씩 달리기, 한 주에 얼마 이상 영업 실적 늘리기, 한 달에 한 번씩 배우자와 특별한 데이트 하기 등 반드시 매일이어야 할 필요는 없지만 주기적으로 정해진 양의 행동을 하면 X 표를 그릴 수 있도록 하자. 예를 들면 작가들은 하루에 몇 글자 이상 쓰기와 같은 목표를 많이 세운다고 한다. 나도 내 직업과는 별도로 이 책을 완성하기 위해서 저녁 시간을 이용했는데, 매일 아무리 시간이 늦고 피곤해도 최소 몇 줄이라도 글을 쓴다는 목표를 세웠고, 지금 이 순간에도 계속 그 체인을 이어가고 있다.

사실 모든 분야가 꾸준한 노력이 중요하지만, 글을 쓰는 일만큼 꾸준함이 중요한 분야도 없다. 미국의 작가 프랜 레보비츠가 들려주는 이야기는 꾸준함의 중요성을 일깨워준다. 유명한 예술품 경매 회사 소

더비즈의 한 영업사원이 보여준 마크 트웨인의 필사 원고에 관한 이야기이다. 영업사원은 마크 트웨인의 필사 원고 한쪽 귀퉁이에 조그맣게 휘갈겨 쓴 숫자를 발견했다. 그는 그 의미가 궁금해서 소위 마크 트웨인 전문가라고 할 수 있는 프랜 레보비츠에게 그 원고를 보여주었다. 그녀는 그것을 보자마자 그 숫자는 마크 트웨인 자신이 쓴 글자의 개수를 써놓은 것임을 단번에 알아차렸다. 그녀의 말에 영업사원은 마크 트웨인이 글자수로 원고료를 지불받았기 때문에 아마 원고료 정산을 위해 적어놓았구나, 라고 생각했다. 하지만 프랜은 그렇게 생각하지 않았다. 그것은 마크 트웨인이 매일 어느 정도 진도를 나갔는지 궁금해서 써놓은 것이 틀림없었다. 어린 시절 우리를 즐겁게 해주었던 《톰 소여의 모험》, 《허클베리 핀의 모험》, 《왕자와 거지》에 등장하는 매력적 인물들과 사건들 모두 그날그날의 작업이 차곡차곡 축적되어 만들어진 것이었다.

게임하듯 재미있게 하기

내적 보상(그 일 자체를 즐기는 것)을 통해 유발되는 내적 동기가 외적 보상을 통해 유발되는 외적 동기보다 바람직하고 어떤 일을 지속하게 만드는 힘이 더 강하다는 사실은 이제 다 이해할 것이다. 문제는 내적 동기 유발이 그렇게 쉬운가의 문제다. 당신의 경험을 한번 되돌아보자. 다이어트를 하면서, 시험 준비를 하면서, 새벽에 학원이나 운동을 다니면서 그것이 그토록 쉽게 즐거워지고 빠져들게 되던가?

이제 반대의 경우를 생각해보자. 그 일을 하는 동안에는 주변의 것들을 잊어버린 채 완전히 몰입하여 빠져든 경험이 있는가? 며칠 전에 만난 대학 동기는 아들이 게임에 빠져서 공부는 물론이고 때로는 밥 먹고 잠자는 것까지 뒷전이라고 걱정을 했다. 당신도 특정 스포츠나 보드 게임, 스마트폰 게임 등에 빠져들었던 기억이 있을 것이다.

최근에는 이러한 게임의 원리를 게임이 아닌 영역에 활용하려는 움직임들이 있다. 게이미피케이션, 즉 '게임화(化)'는 단순한 오락의 차원을 넘어서 비즈니스, 교육, 금융, 헬스케어 등의 영역에 규칙, 목표와 같은 게임 디자인적 요소나 동기 유발, 재미와 같은 게임 메커니즘을 활용하는 것을 일컫는다. 사실 우리 주변에서는 이미 이런 원리들이 널리 적용되고 있다. 밥을 먹기 싫어하는 아이들에게 반찬을 얹은 숟가락 비행기를 입안에 착륙시킨다고 말하면서 숟가락을 공중에서 춤을 추듯이 돌리면서 입안에 넣어주고, 그 반찬을 몇 번 이상 먹고 나면 맛있는 후식을 보상으로 제시함으로써 좋아하지 않는 반찬을 재미있고 즐겁게 먹을 수 있도록 아이들의 행동 변화를 이끌어내는 것처럼 말이다. 내가 자주 들르는 카페는 음료를 구매할 때마다 스탬프를 찍어서 어떤 그림을 완성하게 하는데, 그것 역시 게임화의 원리를 이용한 것이다.

목표를 게임화하는 것은 실제로 큰 효과가 있다. 목표설정이론에 따르면 목표가 어려울수록 수행이 더 좋아지는데, 게임화한 목표는 어려운 목표를 제시했을 때와 비슷한 효과를 보여준다[52]. 사실상 게이미피케이션은 행동주의 심리학에서 이야기하는 강화(Reinforcement)를 이용한 동기부여의 한 방식이다. 스포츠, 보드 게임, 온라인 게임들을 왜 하고 싶어 하고 할 때마다 즐기는 걸까? 아마도 도전감과 명확한 목적의식을 주며, 성공했을 때는 성취감을 느끼기 때문일 것이다. 게다가 여러 명이 함께할 때는 같은 팀 멤버나 상대 팀과 연결된 느낌을 가질 것이다. 게임은 그것을 하는 사람들에게 피드백을 제공하고, 점수를 유지해서 원하는 수준에 도달하도록 만든다. 심지어 지고 있을 때조차도 피드백을 통해 계속하도록 동기를 준다. 그래서 중독성이 있다.

그렇다면 우리가 일상의 목표를 추구하는 과정에도 게임이 주는 재미의 원리를 사용할 수 있지 않을까? 계속해서 과정을 추적하고, 점수를 유지하고, 진척 정도에 따라 스스로에게 자주 보상을 주는 것이다. 앞에서 둘레길을 완주한 친구의 예를 든 적이 있었는데, 그녀가 그 목표를 어렵지 않게 달성하게 된 데에는 비결이 하나 있었다. 바로 그 일을 재미있게 하는 방법을 알아낸 것이다. 서울 둘레길에는 157킬로미터의 코스를 따라서 곳곳에 스탬프가 비치되어 있다(종이로 된 스탬프북을 받아서 직접 스탬프를 찍을 수도 있고 스마트폰 앱을 이용할 수도 있다). 그리고 스탬프를 모두 찍으면 완주증을 준다. 그녀와 친구들은 매주 스탬프를 몇 개나 찍었는지 다른 친구들에게 자랑하곤 했는데, 그들의 목표는 스탬프를 모두 찍어서 완주증을 받는 것이었다. 몇 주(어쩌면 몇 달)에 걸쳐 매주 거의 쉬지 않고 트래킹을 한 친구들은 결국 완주증을 받았고 SNS 프로필에 자랑하며 기뻐했다. 내 친구들의 경험은 아주 간단한 게이미피케이션을 활용한 목표 달성 사례라고 할 수 있다. 당신도 이런 방법을 따라 해볼 수 있을 것이다.

게이미피케이션에 대해서 좀 더 말하기 전에 먼저 언급하고 지나가야 할 것이 있다. 자신이 이루고자 하는 목표나 과제를 게이미피케이션 방법론을 활용하여 게임화하는 데서 매우 주의할 점이 있다. 이 방법에서 무엇인가를 계속하게 만드는 원동력은 외적 보상이다. 그런데 외적 보상을 이용하는 것은 그와 관련된 과제를 할 때 창의성과 호기심에 나쁜 영향을 미칠 수 있다. 예컨대 다음과 같은 경우는 게이미피케이션을 활용하는 것이 별로 좋은 생각은 아니다.

'M은 글쓰기를 매우 좋아하고 열정이 있는 상태이다. 그는 좀 더 지속적으로 글을 쓰고 그 글들을 모아서 책을 내고자 한다.'

M이 하려는 것처럼 책을 낼 정도의 좋은 글을 써야 하는 경우에 꼭

필요한 건 창의성과 호기심일 것이다. 그렇기에 게이미피케이션을 활용하는 것은 별로 좋은 생각이 아니다. 이 방법이 가장 효과적인 경우는 그 목표를 달성하는 일이 우리에게 유익하고 꼭 필요한데 그것과 관련된 행동을 제대로 하지 않는 경우이다(예컨대 운동, 금연, 다이어트, 귀찮고 하기 싫은 일 처리 등).

체중감량을 진정으로 원하는데 운동은 죽어도 싫다면, 게이미피케이션을 적용하는 것이 아주 딱 맞는다. 왜냐하면 외적 보상은 우리가 하기 싫은 일을 하게 만드는 데 아주 효과적이기 때문이다(이런 것들은 내적 동기로 시작하기는 정말 힘들기 때문이다). 그리고 외적 보상에 의존해서라도 그 일을 계속하다 보면 어느덧 익숙해지고 결국 습관이 되기 때문이다. 한 예로 내 주변에는 거의 매일 헬스장에서 운동한다는 운동광처럼 보이는 지인들이 있다. 그들에게는 운동이 재미있고 몰입할 수 있는 그 무엇은 아닌 것 같다. 그냥 운동이 건강한 신체를 유지하는 데 좋다고 생각할 뿐이고 이제는 습관이 되어서 하지 않으면 뭔가 허전하고 몸이 찌뿌둥한 것 같아서라고 말한다.

거듭 강조하자면, 게이미피케이션을 잘 활용하되 이미 재미있고 열정 있는 일들을 더 잘하기 위해서 이 방법을 활용하지는 말아야 한다. 이 방법은 하기 싫은 일을 하게 만드는 데 활용되어야 한다. 이제 게임화를 어떻게 활용하여야 하는지 간략하게 살펴보자.

목표를 정의하고 정량화한다.
앞서 SMATER 목표에서 목표가 구체적이고 측정 가능해야 하며 행동 가능해야 한다고 말했다. 게임화를 위해서는 이것이 매우 중요하다. 그냥 '살 빼기' 같은 모호한 목표를 가지고서는 게임화가 불가능하다. '몸무게 ○○킬로그램, 체지방률 ○퍼센트' 하는 식으로 수량화되고 자신의 통제하에 있는 목표여야 한다.

목표를 잘게 쪼갠다.

그다음 할 일은 목표의 세분화다. 어느 종류라도 게임을 해본 경험이 있다면(특히 롤 플레잉 게임을 해보았다면) 전체 게임이 여러 챌린지와 단계로 이루어졌음을 알 것이다. 목표를 세분화할 때도 이 방법을 활용할 수 있다. 여러 챌린지나 단계로 나누어서 스스로 진전을 체크하고 성취감을 느낄 수 있도록 하는 것이다. 예컨대 목표로 하는 운동 시간을 포스트잇 한쪽에 적어서 붙여놓을 수도 있다. 1시간 운동하기, 3시간 운동하기, 10시간 운동하기 하는 식으로 말이다. 여기서 한 가지 주목해야 할 점이 있다. 게임을 하다 보면 1단계는 비교적 쉽게 시작하는 걸 알 수 있다. 여기서도 마찬가지다. 처음부터 너무 긴 시간을 목표로 삼는 것은 권장하지 않는다. 실제 게임을 할 때도 비교적 쉽게 첫 단계를 성공하고 나면 '이거 해볼 만한데!'라는 생각이 들고 다음 단계, 그다음 단계로 계속 올라가는 동력이 되곤 한다. 우리도 마찬가지 방법을 활용하는 것이 좋다. 첫 번째 도전 과제는 비교적 쉬운 걸로 선택하자. 어떤 목표에서든 그것을 이루어 나아가는 데 가장 어려운 부분이 '시작'이기 때문에 첫 번째 과제는 도전감을 주기보다는 격려의 역할을 해야 한다. 첫 번째 고지를 달성했다면 그다음부터는 난도를 조금씩 올려보자. 그런데 여기서 또 한 가지 중요한 점은 각 단계의 난이도가 너무 쉬워도, 너무 어려워도 안 된다는 것이다. 과제에 적응하는 기간이 좀 필요하다고 느낄 때는 난도를 낮추고 이제 좀 적응이 되었다고 느낄 때는 난도를 높이는 식으로 조정할 필요가 있다.

단계별 고지를 달성했을 때마다 줄 보상을 정한다.

첫 단계를 성공했을 때 줄 보상을 정해보자. 비교적 쉬운 과제였으니 간단한 보상을 주어도 좋다. 맛보고 싶었으나 비싸서 사 먹길 망설이던 음료를 선택할 수도 있다. 이런 식으로 고지별 보상을 정한다. 앞서 포스트잇 한쪽에 운동 시간을 적어서 붙여놓는 방법을 말했다. 그렇다면 종이의 나머지 공간에 각 타깃을 완성했을 때 받을 보상을 적어보자. 어려운 목표일수록 보상은 더 크게 주자. 여기서 중요한 점은 노력의 양과 보상의 크기가 비례해야 한다는 것이다. 첫 부분에 등장한 쉽고 도달하기 쉬운 목표에도 큰 보상을 준다면(게다가 다음 보상이 그것에 비해 너무 별로라면) 다음 고지를 향해 가고자 하는 동력을 상실할 수도 있다. 너무 값어치가 많이 나가지 않으면서 평소에 가지고 싶었으나 망설이던 것들을 보상으로 주는 게 좋다.

진척도를 쉽고 빠르게 점검한다.

진척도를 점검할 때 너무 복잡한 방법을 사용해서는 안 된다. 예컨대 나는 어릴 때 용돈을 아끼기 위해 용돈 기입장을 여러 번 작성해보았는데 용돈을 아끼는 것 자체보다 용돈 기입장을 쓰는 것이 더 골치 아파서 그만두곤 했다. 체크하는 일이 아주 쉽거나 저절로 이루어지는 것들을 활용할 수 있으면 좋다. 요즘 나온 여러 스마트폰 앱 중 자신에게 가장 잘 맞는 것을 찾아서 활용해도 좋다. '트렐로'처럼 무료로 제공되는 생산성 앱이나 스마트폰에 디폴트로 내장되어 체크리스트 기능을 사용할 수도 있다. 혹은 아날로그적으로 포스트잇을 활용하는 것도 재미있다. 내 경우는 목표와 보상을 포스트잇에 쭉 적어놓고 하나씩 떼어내는 방법을 자주 쓰는데, 쉽고 편하면서 재미있는 방법이라고 생각한다. 여기서 핵심은 한눈에 진척도를 모니터링할 수 있어야 한다는 것이다. 온라인 설문을 해봤다면 페이지마다 '프로그래스바(Progress Bar)'라는 설문 진척도를 알려주는 막대그림 표시나 숫자를 보았을 것이다. 물론 설문의 종류와 제시 방법에 따라 차이가 있기는 하지만, 이것이 있고 없고는 설문에 임하는 사람들의 만족도와 몰입에 차이를 만든다[53]. 예컨대 당신이 테트리스 같은 게임을 할 때도 현재 레벨, 점수, 없애야 하는 라인의 개수 같은 것들이 표시되어 있지 않다면 과연 그 게임에 그렇게 시간 가는 줄 모르고 빠져들게 될까?

이제 지루하고 특징 없는 일들을 마치 게임과 같은 느낌이 드는 '재미있는' 활동으로 바꾸어보자. 처음엔 생각처럼 잘되지 않을 수도 있다. 잘 안된다면 목표를 쪼개는 단위, 진척도 모니터링방식, 완료 시 주는 보상 등을 바꾸면서 다시 시도해보자. 이렇게 몇 번의 시행착오를 겪고 나면 자신에게 가장 효과적인 방법을 찾을 수 있을 것이다.

현실적인 관점 가지기

많은 이가 긍정적 사고의 중요성을 이야기한다. 비관적, 패배주의적 생각이 우리에게 미치는 악영향을 생각하면 낙관적이고 긍정적인 사고가 필요한 것은 사실이다. 한때 TV에서 아이들의 자존감에 대한 다큐멘터리가 히트를 쳤을 때 한 학부모가 했던 이야기가 생각난다.

"박사님, 제가 어제 중요한 걸 배웠어요. 아이들한테 자존감이 그렇게 중요하다면서요? 그런데 자존감을 길러주려면 무조건 칭찬을 해줘야 한대요. 절대 혼내면 안 되고요. 잘못한 일이 있어도 무조건 잘했다고 긍정적으로 칭찬을 해줘야 한대요, 무조건이요."

아이들에게 긍정적인 피드백을 주는 것은 중요하다. 하지만 어떤 일이 있어도 무조건 칭찬만 하는 것이 과연 아이에게 좋을까? 긍정적 사고 역시 마찬가지다. 현 상황을 너무 비관적으로 보고 불안해하는 것도 나쁘지만, 그렇다고 해서 무조건 다 잘되리라 생각하는 건 우리가 무엇인가를 이루어내고자 할 때 좋기만 한 것은 아니다.

다 잘될 거라는 낙관주의적인 생각 습관은 물론 우리에게 많은 이점을 가져다준다. 낙관주의로부터 비롯된 긍정적 정서는 전반적인 삶의 질이나 사회적인 관계, 건강, 동기 등에 좋은 영향을 미치며 심지어 돈도 더 잘 벌게 만들어준다[54]. 사실 인간은 어느 정도 낙관적인 편향을 가지고 태어난다. 남들에게 생기는 나쁜 일들이 설마 나에게 생기리라고는 아무도 생각하지 않듯이 말이다. 대부분의 사람이 자신은 평균 이상으로 똑똑하고(모두가 평균 이상이라면 평균 이하엔 누가 있단 말인가), 남들보다 사회생활을 잘하고 있다고, 자신의 성공 가능성은 남보다 크고, 실패 가능성은 남보다 작다고 생각한다. 그래서 우리가 잘 살 수 있는 것이다. 우리가 나의 현실을 지나치게 객관적으로 냉철하게 본다면 이 험한 세상을 살아가기가 쉽지 않을 것이다.

그런데 이런 낙관주의가 항상 밝은 면만 있는 것은 아니라는 게 요즘 많은 학자의 의견이다. 긍정심리학의 아버지 마틴 셀리그만도 때로는 현실적 비관주의가 우리에게 도움 될 수도 있다고 말한다[55]. 사실상 낙관주의와 비관주의는 모두 우리에게 도움 되는 특성이다. 물론 거의 대부분의 상황에서는 낙관주의가 상대적으로 좋은 전략일 수 있다. 낙관주의는 우리가 목표를 계속 추구하고, 필요한 자원을 획득하고, 현실적으로 활용 가능한 여러 기회에 대해 개방적인 자세를 가지도록 만들기 때문이다. 또한 낙관주의는 자신감과 성공할 수 있다는 믿음을 가지게 해준다.

하지만 문제는 바로 코앞에 위험이 닥쳤을 때이다. 위험에 대한 사전 준비 없이 '어떻게든 되겠지', '다 잘 풀릴 거야'라는 믿음만으로는 앞으로 닥칠 장애물을 이겨낼 순 없는 경우가 많다. 한 연구의 예를 들면 대학생들에게 앞으로 자신이 알코올과 관련된 문제를 겪을 가능성이 있냐고 생각하는지를 물어보고 이들을 2년 동안 추적한 결과, 자신은 절대 그럴 리 없다고 비현실적 낙관주의를 보인 사람들이 오히려 이후에 술과 관련한 부정적 사건(심각한 숙취를 겪는다든가, 술 때문에 수업을 빠지거나, 경찰들과 마찰을 빚거나 등)에 더 많이 연관되어 있었다[56].

또 다른 문제는 우리가 기대했던 것처럼 어려움을 성공적으로 극복하지 못했을 때 나타난다. 그냥 무작정 잘될 것이라고 생각한 경우는 실패를 어느 정도 예상한 때보다 정신적 충격이 더 큰 경우가 많다. 이런 때는 낙관주의자들보다 현실적 관점을 가진 비관주의자가 더 유리할 수 있다. 또 다른 연구를 예로 들자면, 한 연구의 참가자들 중 시험을 본 후(시험 성적과는 관계없이) 실제보다 높은 점수를 받을 것이라고 예상했던 낙관주의자들은 부정적 피드백을 받은 후 부정적인 정서를 더 많이 느꼈다[57]. 흔히 말하는 '기대가 크면 실망도 크다'는 말이 실험적으로 입증된 것이다.

낙관주의의 중요성을 강조하는 셀리그만은 이 문제와 관련해서 우리가 세상에 가장 잘 적응할 방법에 대해 조언하고 있다. 그것은 바로 전반적으로는 낙관적 관점을 가지되, 필요할 때 현실적 비관주의를 소량 투여하는 방법이다. 그는 이렇게 말한다.

"우리는 비관적인 전망이 맞는 것 같을 때 그것을 견뎌낼 용기를 가져야 한다."

아마도 중요한 점은 끊임없이 비관적으로 생각하거나 혹은 비현실적인 낙관주의에 갇혀 있지 않고 상황과 필요에 따라 비관주의와 낙관주의를 오갈 수 있는 균형감과 유연성을 가지는 것이리라. 이제 우리가 이런 사고의 균형을 이룰 방법 하나를 살펴보자.

사고의 균형 잡기

미국의 심리학 교수 가브리엘 외팅겐 교수는 우리가 흔히 말하는 '긍정적 사고의 힘'이 가질 수 있는 단점에 관해 이야기했다[58]. 그녀의 연구는 우리가 긍정적인 결과만을 상상하게 되면 그런 결과에 이르게 하려는 노력을 게을리할 수 있음을 보여준다. 그녀는 '긍정적인 생각은 우리가 이미 목표를 달성한 것처럼 착각하게 만들고, 그로 말미암아 그 목표를 추구하기 위한 행동을 덜 하게 만든다'고 말한다. 무엇인가를 간절히 원하고 그것이 마치 이루어진 듯 긍정적으로 생각하는 게 기대만큼 효과적이지 않다는 사실이다. 바다 한가운데에서 해변에 닿을 수 있으리라 간절히 믿으며 긍정적으로 생각한다고 해서 그 긍정의 물결이 우리를 해변까지 데려다주지는 않는다는 것이다. 해변에 가기 위해서는 노를 저어야 한다.

무조건 긍정적으로만 생각하는 것과는 달리, 그녀가 강조하는 것은 균형 잡힌 긍정적 사고이다. 다시 말하면 원하는 결과에 대한 긍정적인 생각과 함께 발생 가능한 문제와 장애물을 현실적 관점에서 살펴보는 게 목표를 달성할 가능성을 훨씬 더 높일 수 있다는 것이다. 이런 식의 균형 잡힌 사고 과정을 '정신적 대조(Mental Contrasting)'라고 한다.

예컨대 체중감량을 목표로 하고 있는 A를 가정해보자. A가 오로지 다이어트 끝에 갖게 될 마르고 멋진 몸매를 상상하고(마치 그것이 이루어진 것처럼) 간절히 소망하는 데만 생각을 국한한다면, 그 과정에서 맞닥뜨릴 수 있는 장애물에도 주의를 기울이는 정신적 대조 연습을 하는 경우보다 다이어트에 실패할 가능성이 훨씬 크다. 정신적 대조는 체중감량이라는 목표로 가는 도중에 어떤 장애물이 있을지 생각하게 해준다. 예컨대 A는 스트레스를 받을 때마다 먹는 것으로 푸는 습관이 있다고 하자. A가 자신의 체중감량에 방해 혹은 문제 될 것들에 대해서도 미리 생각한다면, 다이어트를 하는 중에는 되도록 스트레스를 받지 않도록 조절하거나 스트레스를 받았을 때 해결할 다른 현명한 방법들에 대해서도 미리 준비할 가능성이 크다.

자, 그렇다면 정신적 대조를 효과적으로 활용하는 방법에 대해서 알아보자.

①a) 목표를 달성했을 때 예상되는 긍정적인 측면들을 쭉 적어보거나 생각해본다. 예컨대 체중감량을 목표로 하고 있다면, 목표 달성 시 일어날 수 있는 긍정적인 일들은 더 멋있어 보이고, 더 건강하게 오래 살고, 더 활기차고, 더 활동적으로 움직일 수 있고, 가족들에게 체중과 관련된 잔소리를 덜 듣고, 시도해보지 못했던 스타일의 옷들을 입을 수 있다는 것 등이다.

①b) 다음은 긍정적인 측면들을 좀 더 구체적이고 정교하게 생각해보는 것이다. 앞에서 적거나 생각해본 여러 긍정적인 측면 중 가장 크게 당신의 마음에 와닿는 것을 고른다. 가장 중요한 한 가지만 골라도 되고, 작은 여러 가지를 골라도 된다. 단, 눈을 감고 그것이 이루어졌을 때를 마치 하나의 사진이나 영화처럼 시각적으로 생생하게 그려본다. 가능한 시간을 들여서 천천히 마치 현실처럼 선명하고 구체적으로 그려볼수록 더 좋다.

②a) 이제 목표를 달성하는 데 방해가 되는 여러 장애물에 대해 쭉 적어보거나 생각해본다. 예컨대 체중감량을 목표로 하고 있다고 치자. 그 과정에서 맞닥뜨릴 수 있는 장애물들은 가족들이 식탁에 놓아두는 간식의 유혹에 빠지거나, 저녁 모임에서 늦게까지 사람들과 어울려 먹거나, 좋아하는 메뉴라면 평소보다 과식하거나, 시간에 쫓겨서 계획된 운동을 하지 못하거나, 스트레스를 받아서 충동적으로 먹는 경우 등이다.

②b) 다음은 장애물에 대해서 좀 더 구체적이고 정교하게 생각해보는 것이다. 가장 위협이 되는 큰 장애물 하나 혹은 몇몇 작은 장애물에 대해서 생각해볼 수도 있다. 그런 다음 천천히 이러한 장애물을 시각적으로 그려본다. 더 오랫동안 천천히 구체적으로 그려볼수록 좋다.

굉장히 간단한 방법이다. 하지만 비교 집단을 활용하여 정신적 대조의 효과를 입증하는 여러 연구에서, 참가자들은 단 한 번에 걸쳐 몇 분 동안 이 방법을 사용하도록 안내받았을 뿐임에도, 그 효과는 몇 주 동안 계속되었다[59 60 61]. 나 또한 꼭 이루고 싶은 중요한 목표에 대해서는 반드시 이 방법을 사용하는데 며칠에 한 번씩 시간을 내어 앞에서 말한 과정을 천천히 밟아간다. 그런데 경험상 매일 하루에 한 번씩 하는 것이 가장 효과적이긴 하다.

단, 이 방법을 사용할 때 한 가지 유의할 점이 있다. 이는 자신감을 북돋아주기 위한 방법론은 아니며, 성공에 대한 막연한 생각을 동기와 관련된 정서로 연결시켜주는 방법이다. 따라서 자신감이 떨어진 사람들에게는 이 방법이 오히려 해가 될 수 있다. 성공에 대한 확신과 기대치가 낮은 경우에는 오히려 장애물과 같은 부정적인 측면에 더 많은 주의를 기울일 수도 있기 때문이다. 또한 너무 비정상적으로 어렵고 달성 불가능한 목표의 경우에도 별 효과를 보지 못할 수 있다. 이 방법은 도전적이지만 에너지와 시간과 노력을 들이면 달성 가능한 목표이어야 하고, 목표를 달성하고자 하는 사람 역시 목표를 달성할 수 있다는 굳은 믿음을 가진 경우에 매우 효과적이겠다.

갈 길이 너무 멀다고 느껴질 때
Gain 측정하기

앞서 현실감과 균형감에 관해 이야기했는데 Step 4를 마무리하기에 앞서 좀 다른 관점의 이야기를 해보자. 먼저 과거에 크고 어려운 목표에 도전했을 때의 기억을 떠올려보자. 정말 열심히 노력한 것 같은데 앞으로 얼마만큼 더 가야 하는지를 확인하는 순간 "아직도 그만큼이나 더 가야 해?"라며 의욕을 잃은 경험이 있을 것이다. 책을 쓰거나, 집을 사면서 담보대출을 한 대출금을 갚아 나가거나, 기간을 길게 잡은 목돈 마련 저축을 할 때처럼 오랜 시간이 걸리는 목표일 경우 더욱 그렇다. 문득 멈추어서 앞으로 얼마나 더 가야 하나 생각해보면 눈앞이 아득해지곤 한다. 여태껏 열심히 해왔는데 온 길보다 앞으로 가야 할 길이 더 멀다니……

미국의 유명한 비즈니스 코치인 댄 설리반은 성공한 사업가들을 코칭하면서 한 가지 발견한 것이 있다고 한다. 일반적 잣대로 보았을 때 정말 대단한 성공을 거두었고 그들의 삶은 더할 나위 없이 윤택해 보이지만 항상 실패했다고 느끼는 사람들이 있었던 것이다. 그들은 다른 모두가 자신을 롤모델로 삼고 우러러보지만 정작 자기 자신은 스스로에 대해서 항상 우울하고 실망스러운 기분이라고 말했다. 설리반은 사업적으로는 매우 성공했다는 공통점이 있지만 매우 행복하고 만족스러워하는 집단과, 실패했다고 느끼고 불행해하는 집단의 차이를 만드는 요소는 무엇일까 고민했다. 그리고 그가 얻은 통찰은 이런 것이었다. 행복하고 만족스러워하는 집단은 자신이 그동안 이룬 목표, 즉 Gain에 초점을 맞추지만 우울하고 실망스러워하는 집단은 아직 이루지 못한 이상과의 Gap에 주로 초점을 맞춘다는 것이었다.

우리는 자주 혹은 가끔이라도 자신의 미래를 상상해보곤 한다. 그러면서 마음속으로 삶의 여러 영역과 관련된 갖가지 것에 대해서 이상적인 자신의 모습을 상상해보곤 한다. 모두가 부러워하는 사업체의 CEO 혹은 특정 분야에서 존경받는 전문가가 되었다든지, 모두가 부러워하는 건강하고 멋진 몸을 가지게 되었다든지, 행복한 가족을 꾸리게 되었다든지 등등……. 우리가 상상하는 이상(理想)은 우리에게 감정적으로 동기를 부여하는 힘이 있다. 우리 자신이 더 성공하고, 더 나아지고, 더 가치를 인정받는 것! 즉, 우리가 궁극적으로 이루고자 하는 이상적인 상태를 향해 한 발짝씩 나아가고 있다는 생각은 우리에게 에너지를 줄 수 있기 때문이다. 그런데 앞서 목표에 대해 처음 이야기할 때도 잠시 언급했지만, 우리의 이상이란 궁극적으로 우리가 이루어야 할 완벽한 상태이다. 따라서 우리가 아무리 노력하여도 이상에 가까이 갈 뿐이지, 이상을 달성하기란 정말 어렵다. 우리는 단지 계속 목표를 세우고 그것을 달성함으로써 이상에 조금씩 가까이 갈 뿐이다. 여기서 우리는 두 가지에 초점을 맞출 수 있다. 하나는 출발점으로부터 현재 우리가 달성한 목표까지의 거리(우리가 그동안 이룬 것, 즉 Gain이다), 그리고 다른 하나는 우리가 그동안 달성한 목표들에서 이 상까지 남은 거리(아직 이루어야 할 것들, 즉 Gap이다)이다. 둘 중 어디에 초점을 맞추는가에 따라 당신의 인생은 완전히 다르게 느껴질 수 있다.

우리가 생각하는 이상과 현재 우리가 서 있는 현실과의 차이, 즉 Gap만을 생각하며 이 공간에 갇히면 마치 자신이 실패한 것 같고, 부족한 자신에게 환멸을 느끼고, 모든 것이 불만족스럽고, 자신감을 잃을 수 있다. 하지만 우리가 시작했던 곳에서 현재 도달한 곳까지, 즉 Gain을 측정해보면 그동안 이뤄낸 진전에 대해 생각하게 된다. 그동안 얼마큼 진전되었는지를 생각하다 보면 행복해지고 만족하며, 자신감이 치솟는다.

Gain을 측정하는 일은 앞서 말한 것과 같은 지나치게 낙관적인 관점이 아니다. 우리는 가끔씩 우리가 이룬 것은 잊은 채 이루지 못한 것에만 치중하는 경향이 있다. 그러다 보면 하루에도 몇 번씩 Gap의 공간에 들어가고 결국 그곳에 갇히고 만다. 이는 우리의 뇌가 부정적인 것과 불확실한 것들에 더 민감하게 반응하기 때문에 생기는 자연스러운 결과이다. 하지만 그럴 때마다 자신이 Gap의 공간에 있고, 그곳에 갇히면 안 된다는 사실을 깨닫는 것만으로도 우리는 달라질 수 있다. 그곳에서 빨리 빠져나오면 되기 때문이다. 어떻게 그곳에서 빠져나올 수 있을까? 바로 Gain을 측정해보는 것이다. 여러 어려움이 있었음에도 이루어낸 진전과 이전보다 발전한 자신을 보며 대견해하자. 그리고 어떻게 하면 Gain의 공간을 더 넓혀나갈 것인지 생각해보자. 그것이 진정한 균형감이고 현실감이다.

Step 5
실행하고
점검하기

지나친 완벽주의 조심하기

아직도 기억나는 학창 시절 친구가 있다. 그는 미술 시간에 그림을 그리다가 자신이 그린 선 하나라도 마음에 들지 않으면, 혹은 원고지에 글쓰기를 하다가 한 글자라도 오자가 생기면 작업하던 것을 버리고 새로운 종이에 다시 시작하곤 했다. 그래서 항상 무슨 과제든 맨 마지막에 겨우 제출했고, 제출한 후에도 미처 수정하지 못한 혹은 뒤늦게 깨달은 작은 실수에 대해 온종일, 때로는 며칠간 신경 쓰곤 했다. 물론 그 친구는 덤벙대고 허술한 나나 다른 친구보다 더 성취욕도 높고 똑똑해 보였으나, 우리는 그가 부럽지만은 않았다. 그 친구는 쓸데없이 자신을 비판하고 별거 아닌 듯한 일도 부정적으로 해석하며 우울해하거나 불안해하기 일쑤였기 때문이다.

간혹 이 이야기가 마치 자신의 이야기처럼 느껴지는 이도 있을 것이다. 생각보다 많은 사람이 완벽주의의 덫에 걸려서 스스로 만들어낸 스트레스와 불안에 시달리고 있다. 더 나쁜 소식은 요즘 젊은 세대들에게서 이런 완벽주의 성향이 점점 증가하고 있다는 것이다.[62] 능력에 따른 불평등을 정당한 것으로 생각하는 신자유주의의 등장이 이런 성향을 더욱 두드러지게 만들고 있는 것으로 보인다. 이러한 현상은 미국, 캐나다, 영국 같은 개인주의의 서구권 국가들뿐 아니라 우리나라 같은 집단주의 문화에서도 마찬가지다. 이미 모두 느끼고 있겠지만 우리나라 역시 경쟁적인 개인주의 사회로 변화되어가고 있기 때문이다. 개인 간 무한 경쟁의 시대가 되면서 경쟁에서의 승패는 경제적 부와 사회적 지위로 직결됨은 물론, 교육이 배움과 성장보다는 취업과 경제적 성공을 위한 수단이 되고 있다고 해도 과언이 아니다.

드라마 〈스카이캐슬〉에 많은 사람이 공감한 까닭은 바로 이러한 면을 지적했기 때문일 것이다. 완벽주의자들은 이런 사회 속에서 그 성향이 더욱 심화되고 자신들이 성취한 결과가 점수, 지표 또는 다른 사람들의 평가를 통해 최고의 성과로 인정받길 원한다. 그리고 이를 충족시키지 못하면 실패가 자신의 약점이나 무능력에서 비롯된 것이라 생각하여 심각한 심리적 혼란을 겪는다.

우리는 수행에 대해 높은 기준을 가지는 것을 미덕으로 여긴다. 수행 기준의 높낮이가 일을 어느 수준에서 마무리할지, 그리고 어느 정도 노력을 기울일지 등을 결정하기 때문이다. 나 역시 그런 생각을 하며 살아왔다. 지금은 성인이 된 아들이 어렸을 때 내가 가장 많이 하던 잔소리 중 하나가 '눈높이를 높여라'였다. 높은 기준을 가짐으로써 얻을 장점이 많기 때문이다. 하지만 모든 것에는 적당한 선이 있는 법이다. 기준이 지나치게 높다면 그 높고 완벽한 기준에 도달하기 위해서 겪어야 하는 내면의 고통은 이루 말할 수 없다. 지나친 완벽주의자들은 자신이 설정한 기준에 도달하지 못하는 것은 모두 실패라고 여긴다. 사실은 실패가 아님에도 말이다. 그런 관점은 과감한 결정이나 모험적 시도가 필요한 시점에서 주저하고 움츠러들게 만든다. 미국 남북전쟁 당시 활약했던 미국의 조지 매클렐런 장군의 예는 소심함과 완벽주의가 어떤 결과를 가져올 수 있는지 우리에게 교훈을 준다.

1861년 미국의 남북전쟁이 시작되었을 때, 조지 매클렐런은 북부 사람들로부터 가장 기대받는 군인이었다[63]. 웨스트포인트 사관학교를 우수한 성적으로 졸업한 매클렐런은 전쟁 초기에 몇 번의 전투에서 북군에게 승리를 안겨주었을 뿐 아니라, 군사들을 훈련시키고 조직하는 데 뛰어난 능력을 보였다. 그는 키가 작아 '리틀 맥'이라고 불리기도 했지만, 링컨 대통령과 북군은 그를 '젊은 나폴레옹'이라 부르며 위대한 성과를 기대했다. 링컨이 그를 포토맥의 군대 사령관으로 임명했을 때, 〈필라델피아 인콰이어러〉 같은 신문들은 '매클렐런의 지휘 아래에서 우리 군대는 전하 무적이 될 것이다'라며 그를 치켜세웠다.

하지만 그의 별명은 곧 '타디(tardy, 꾸물거리는) 조지' 또는 '느림보 조지'로 바뀌었다. 사실 그는 천성적으로 지나치게 소심했다. 링컨 대통령이 적극적인 행동을 간청했는데도 포토맥에 있던 그의 부대는 이동을 주저했다. 그는 남부군이 자신들에 비해 압도적인 수적 우위에 있다고 믿었다. 그의 지나친 완벽주의 성향은 군대에 완전한 준비라는 건 있을 수 없다는 것과 모험을 하지 않고서는 전쟁에서 결코 이길 수 없다는 걸 깨닫지 못하게 만들었다. 사실 풍부한 자원의 도움을 받고 있는 쪽은 오히려 북군이었다. 북부는 남군에 비해 충분한 병력과 물자를 매클렐런 군대에 지원할 준비가 되어 있었다. 하지만 뉴욕과 시카고의 공장이 생산해낼 수 없는 것이 있었으니, 바로 시간이다. 링컨은 그것을 잘 알고 있었고, 맥클렐런이 행동을 개시하기를 기다리다 지친 링컨은 당장 조치할 것을 명령했다.

1862년 9월 17일, 가장 많은 사상자가 발생한 하루였던 앤티텀 전투가 시작되었다. 이때 북군의 숫자가 우세했음에도, 맥클렐런의 공격은 힘의 집중력을 얻지 못했다. 맥클렐런이 이전 전투에서도 보여주었던 지나치게 소극적인 지휘로 몇 차례의 결정적 승리의 기회를 허공으로 날린 반면, 남군의 로버트 리 장군은 열세한 병력과 강행군으로 지친 병력을 지휘하면서도 달려온 증원군을 시의적절하게 방어선에 계속 투입해 버텨내는 데 성공한다. 최종 사상자는 북군 12,400명에 남군 10,300명이었다. 맥클렐런은 여러 장소에 적절히 배치할 만큼 충분한 수의 예비 병력군이 있었음에도 리 장군의 남군 격파에 실패했다. 북군이 수적으로 열세라는 맥클렐런의 계속된 그리고 잘못된 신념은 전투 내내 그를 지나치게 조심하게 만들었다. 결국 그는 앤티텀 전투에서 남북전쟁의 영웅이 될 마지막 기회를 놓쳐버렸다. 이후 링컨은 맥클렐런의 재능에도 그를 다시는 사령관으로 임명하지 않았다.

맥클렐런의 문제는 부분적으로는 그가 계속 적의 숫자를 과대평가했다는 사실이다. 하지만 더 큰 문제는 그의 마음속에서 적이 위협적으로 느껴질수록 그가 전장에서 보여준 자신감이 줄어들었다는 것이다. 맥클렐런은 오늘날 우리에게 아주 의미 있는 교훈을 남겨준다. 목표를 잘 세우는 것은 중요하지만 목표를 세웠다고 해서 일이 저절로 이루어지는 건 아니라는 사실이다. 일을 마무리해주는 것은 확실한 행동이다.

물론 완벽주의가 무조건 나쁜 것은 아니다. 완벽주의자들은 스스로 높은 기준을 세우고 그 기준에 도달할 때까지 열심히 일하기 때문에 성과가 뛰어나고 기술도 빨리 향상된다. 또한 이들의 세심한 성격은 실수를 줄이는 데 도움 된다. 그런데 이러한 장점들 때문에 완벽주의자들은 점점 더 완벽해지고자 하며 급기야 완벽함에 집착하게 된다. 인간은 항상 모든 면에서 완벽하고 항상 성공하는 것은 아니다. 그럼에도 사소한 실수가 대참사를 일으키리라는 두려움, 실수를 저지르지 않아야 한다는 생각이 오히려 역효과를 부른다.

그렇다면 당신은 어떤가? 완벽주의 성향 때문에 모든 것이 완벽하게 세팅될 때까지 기다리느라, 혹은 중간에 실수나 실패를 하는 것이 두려워서 아직도 시작을 못 하고 있지는 않은가? 다음의 특성들은 완벽주의가 가져올 부작용들이다. 당신도 여기에 해당되는지 한번 생각해보자.

결정 장애가 있거나 행동이 부족하다.

완벽주의적인 성향은 언제나 가장 최선의 선택을 하려고 한다. 그렇게까지 할 필요가 없거나, 때로는 그렇게 하는 것이 불가능한 경우에도 말이다. 우리가 어떤 결정을 할 때 너무 단편적인 요소들만 보아도 안 되지만 너무 많은 것을 고려하다 보면 오히려 그르칠 때가 많다. 내 친구 중 한 명은 물건을 살 때나 여행지 등을 고를 때 쉬이 결정하지 못한다. 예컨대 본인이 사려고 한 물건에 하나라도 나쁜 상품평이 있으면 구매를 꺼리는 일이 많다. 모든 사람이 100퍼센트 만족하는 상품이나 서비스는 없다는 사실을 쉽게 받아들이지 못하고 완벽한 것을 찾다 보니 정작 필요한 시점에 구매하지 못하는 경우가 종종 있다.

매몰비용을 지나치게 걱정한다.

완벽주의자는 작은 실수도 계속 마음에 되새기는 경향이 있다. 그래서 조그만 것이라도 잘못되면 상황을 되돌리려 애쓴다. 매몰비용이 발생하면 그것을 과도하게 걱정하고 회수하려고 노력한다. 때론 잘못된 것은 과감하게 버리고 그 교훈을 바탕으로 새롭게 시작할 필요가 있는데, 그러지 못하고 오히려 이미 지나간 과거를 바로잡는 데 더 많은 신경을 쓴다.

실패가 두려워 도전하지 않는다.

완벽주의자는 완전히 준비되었다고 느끼기 전에는 도전하지 않는다. 예를 들면 발표하는 방법과 내용을 완벽히 마스터하기까지는 대중 앞에서 발표할 수 없다고 생각하거나, 새로운 아이디어가 떠올라도 자신의 제안서에 대해 누구도 실수를 지적하거나 반박할 수 없을 만큼 완벽하다고 생각될 때까지 공개하지 않겠다고 생각하는 것들이다. 이런 경향 때문에 성공의 기회들을 놓칠뿐더러 발전 없이 정체되는 경우가 생긴다.

약점, 실수, 실패를 자꾸 후회한다.

완벽주의자가 작은 실수도 극구 피하려고 하는 이유는 한 번 실수를 저지르면 자꾸 되돌아보게 되기 때문이다. 앞으로 일어날지도 모르는 상황을 지나치게 생각하는 것이 걱정이라면, 이미 일어난 상황에 대해 지나치게 집착하는 것은 후회이다. 앞서 말했듯 미래지향적인 후회는 발전과 성장의 기회를 주지만, 지나친 후회와 과거지향적인 후회는 감정적 고통을 키울 뿐이다.

이상의 특성들을 읽다 보니 자신의 이야기 같다는 생각이 든다면, 조금이라도 극복해보려는 노력을 해보자. 완벽주의자들은 계획과 준비에 너무 많은 시간과 에너지를 투입한다. 그들 중 어떤 이는 새로운 사업을 계획하거나, 다른 직업을 찾거나, 나처럼 책을 써야겠다고 생각한다. 하지만 그냥 생각과 머릿속의 계획일 뿐, 시작의 방아쇠를 당기지 못한다. 마치 맥클렐런 장군이 그랬듯이 완벽한 준비가 되지 않았다고 생각하고 아직 너무 불확실하다고 생각한다. 물론 아주 미세하고 정확한 실행 계획이 필요할 때도 있다. 당신이 원자력발전소를 건설하고, 달에 우주선을 보내는 중이라고 한다면 말이다. 하지만 일상생활의 일반적 계획들에서 너무 디테일한 것에 집착하다 보면 시작을 하지 못하고 계속 미루게 마련이다. 계획을 세우는 게 진짜 행동하는 것보다는 쉽기 때문이다.

이제 지금 단계에서 가장 중요한 건 일단 시작하는 것이다. 시작 시점에서는 마지막 목표에 도달했을 시점의 모습이 명확히 보이지 않을 수 있다. 앞에서 말했듯 시작부터 모든 것이 명확하다면 그건 이미 도전적인 목표가 아니라고 할 수 있다. 처음 시작하면서 목표가 달성되고 종료될 때까지의 모든 과정이 한눈에 보이지 않아도 괜찮다. 지금 필요한 것은 '다음 스텝이 무엇인가'이다. 아무리 크고 높은 목표라도 한 단계씩은 충분히 다룰 만하다. 맥클렐런처럼 완벽히 준비되기만을 기다린다면 오히려 더욱 주눅 들고 망설여지고 용기를 잃게 될 것이다. 결국 삶의 전쟁에서 패배할 것이다.

쉬운 과제부터 하나씩 해나가기

중요하지만 힘들고 하기 싫은 일, 중요도는 떨어지지만 비교적 쉽고 재미있게 할 수 있는 일이 같이 있을 때, 당신은 어떤 일부터 하는가? 이는 우리가 자주 고민하는 문제이고 딜레마이다.

'아침에 일어나서 제일 하기 싫은 일을 해치워라. 그러면 그날은 더 이상 나쁜 일은 일어나지 않을 것이다(Eat a live frog first thing in the morning and nothing worse will happen to you the rest of the day).'

이는 마크 트웨인의 명언이다. 꾸물거리지 말고 가장 하기 싫고 어려운 일부터 해치우면 다른 것들은 쉽게 느껴지리라는 의미이다. 마크 트웨인의 명언을 인용한 책《Eat the frog》를 낸 미국의 동기부여 전문가 역시 하루에 할 일을 중요도 순으로 나열한 후 가장 중요한 일부터 처리하라고 조언한다. 이 방법은 꾸물거림을 방지하는 데 매우 유용한 팁이다.

하지만 매우 중요하고 큰 프로젝트나 어려운 목표의 경우에는 반대 방법이 더 유용할 수 있다. 가장 쉬운 일부터 먼저 하나씩 해 나아가는 것이다. 나는 책이나 논문, 혹은 교육 프로그램용 자료를 만들 때 이 방법을 쓴다. 혹시 어디부터 시작해야 할지 몰라 모니터에 빈 페이지만 띄워놓고 몇 시간이고 쳐다본 적이 있지 않은가? 이럴 때는 일단 손이 가는 대로 제목, 목차, 챕터별 간략한 주제 등 비교적 쉬운 부분부터 써 나간다. 그리고 챕터별로 들어갈 내용들을 쭈욱 생각해본 후 가장 쓰기 쉬운 챕터부터 채워나간다. 아무것도 없는 상태에서 책 한 권 혹은 논문 한 편을 완성한다고 생각하면 사실 한숨부터 나온다. '언제 이걸 다 할까?', '과연 내가 끝마칠 수 있을까?' 싶다. 하지만 일단 한 챕터, 한 꼭지만 쓰겠다고 하면 조금 할 만하다. 교육 프로그램이나 교재 같은 것들을 만들 때도, 큰 프로젝트를 진행할 때도 같은 방법을 활용한다. 어디서부터 어떻게 해나가야 할지 모를 때, 혹은 알더라도 엄두가 나지 않을 때, 일단 가장 쉽고 작은 것부터 시작해서 끝마쳐본다. 그러고 나면 길이 보일 것이다.

앞서 모험지대에서 목표를 세울 필요가 있다고 했지만, 그 목표로 가는 효과적인 방법 중 하나는 안전지대에 있는 과제부터 공략하는 것이다. 게임을 활용한 방법론에서 첫 단계를 쉬운 과제로 시작하는 원리와 같다. 쉬운 과제부터 공략하라는 이유는 그것이 주는 이점이 있기 때문이다.

가장 먼저 생각해볼 이점은 그리함으로써 우리가 행동하게 된다는 것이다. 어떤 프로젝트가 되었든 간에 첫발을 내딛는 것은 참으로 어려운 일이다. 하지만 쉬운 일부터 먼저 하면 첫발이 더 쉽게 떼어지게 마련이다.

두 번째 이점은 일단 시작한 후 조금씩 전진하고 있다는 느낌이 들면 동기

를 부여하는 큰 힘이 된다는 것이다. 하버드대학교의 교수 테레사 애머빌이 〈하버드 비즈니스 리뷰〉에 기고한 글은 이것을 너무 잘 설명하고 있다[64]. 그녀는 7개 회사의 26개 프로젝트팀에 속한 238명의 개인들로 하여금 거의 12,000개의 일지를 작성하도록 했다. 누구나 그렇듯이 연구에 참가한 모든 사람은 그날그날 감정의 기복을 경험했고, 그것을 일지에 기록했다. 연구팀의 목표는 사람들 내면의 어떤 일들이 가장 높은 수준의 창의적 결과물과 관련 있는지 알아내는 것이었다. 분석 결과, 회사에서 일어나는 다양한 사건 중 사람들에게 가장 긍정적인 영향을 주며 가장 최고의 동기부여 요인이 되는 것은 바로 '진전 (Progress)'이었다. 잘 풀리지 않던 과제를 돌파하거나 가시적 성과를 얻거나 어제보다 나은 무엇인가를 이룬 날에 가장 동기부여가 되었던 것이다.

쉬운 과제부터 공략하는 것이 이로운 마지막 이유는 그것이 우리 정서를 고양할 수 있다는 점이다. 인간의 뇌는 무엇인가를 완료하는 게 가져다주는 즐거움을 추구하도록 되어 있다. 바로 '완료 편향(Completion Bias)' 경향성이다. 이메일에 응답하거나 SNS 계정을 업데이트하는 등의 간단한 작업을 완료하면 시간이 적게 걸리면서도 작업 목록의 항목을 체크할 수 있다. 하버드대학교 경영대 교수인 프란체스카 지노는 할 일 목록의 항목을 체크하는 것이 심리적으로 사람들을 행복하게 만든다는 것을 발견했다[65]. 우리의 뇌는 목표를 달성할 때 도파민을 방출한다. 도파민은 주의력, 기억력, 동기를 향상시키므로 작은 목표를 달성함으로써 더 힘들고 어려운 일을 해낼 긍정적인 마음 상태를 만들 수 있다.

그 반대로 무엇인가를 마치지 못했다는 생각은 부정적인 영향을 미칠 수 있다. 1927년 소련의 임상심리학자 블루마 자이가르닉은 다음과 같은 실험을 했다[66]. 성인 참가자들에게 구슬 꿰기, 퍼즐 풀기 같은 다양하고 간단한 일들을 하도록 했는데 어떤 조건에서는 참가자들을 방해해 과제를 완료할 수 없게 하고, 또 다른 조건에서는 무사히 완료할 수 있게 했다. 그 후, 자이가르닉은 참가자들에게 어떤 활동을 기억하는지 물어보았다. 참가자들은 자신이 완료하지 못한 과제를 두 배 이상 더 많이 기억하고 있었다. 완료한 과제보다 완료하지 못한 일을 더 잘 기억하는 이 현상은 '자이가르닉 효과' 혹은 '미완성 효과'라고 한다. 2011년 심리학자 마시캄포와 바우마이스터에 의해서 이루어진 또 다른 연구도 있다[67]. 이들은 연구 참가자들에게 신체적·정신적 작업을 요하는 사전 워밍업 과제를 주었다. 그런데 사전 과제들을 끝내지 못하는 조건에 해당하는 참가자들의 경우 그다음에 이어진 브레인스토밍 작업에서 더 나쁜 성과를 보였다. 연구자들은 참가자들이 끝마치지 못한 사전 과제를 머릿속에서 지워버리지 못했기 때문에, 그것이 다음 작업을 방해했다고 설명했다. 앞서 말한 자이가르닉 효과가 다음에 하려는 과제에 몰입하지 못하도록 방해한 것이다.

단, 여기에 주의할 점이 하나 있다. 쉬운 과제를 먼저 하라고 해서 쉬운 과제들에만 매달리면 정말 중요한 일이 뒤로 밀리고 장기적 성과는 오히려 나빠질 수 있다. 이런 점을 고려한 조언을 한다면, 쉬운 일을 먼저 하고 그 좋은 느낌을 동력으로 삼아 더 어려운 일을 하는 것이다. 그리고 할 일 목록을 만들 때, 중요하지만 어려운 일을 쉬운 일들과 함께 포함하는 것이다. 그럼에도 당신의 다음 스텝이 불확실하게 느껴지는가? 앞으로 가야 할 길이 뚜렷이 보이지 않아 너무 걱정하거나 두려워하고 있지는 않은가? 그렇더라도 일단 한 걸음을 떼어보자.

어쩌면 그동안 어떤 일을 끝까지 밀어붙이는 것이 힘들었던 이유는 목표를 하나의 큰 덩어리 과제로만 보았기 때문일 수도 있다. 그건 마치 한 걸음에 100미터를 가야 하는 것처럼 느껴질 수도 있다. 당신이 목표를 향해 얼마나 멀리, 얼마나 거친 길을 가야 하는지는 개인 또는 상황에 따라 다를 수 있다. 하지만 한 가지 분명한 것은 한 번에 한 걸음씩 가야 한다는 사실이다. 목표를 단계별로 나누어서 조금씩 성취하고 마무리해 나아가자. 이런 방법을 돕기 위해 목표설정 가이드(Goal Template)는 큰 목표들을 좀 더 작은 단계들로 나누도록 만들어져 있으니 그것을 잘 활용해보자.

'나는 매번 시합을 앞두고 차를 타고 마라톤 코스를 둘러보곤 한다. 이때 코스마다 눈길을 끄는 목표물을 정해둔다. 예컨대 첫 번째 목표는 은행 건물, 두 번째는 큰 나무, 세 번째는 붉은 집 등 나만의 표식을 만들어둔다. 경기가 시작되면 100미터를 달리는 스피드로 첫 번째 목표 지점을 향해 돌진한다. 첫 번째 목표 지점에 도착한 다음엔 같은 속도로 두 번째 목표 지점을 향해 달린다. 이런 식으로 40킬로미터가 넘는 풀코스를 작은 코스로 나누면 훨씬 수월하게 달릴 수가 있다. 처음에는 멋모르고 40킬로미터나 떨어진 결승선 테이프를 목표로 삼고 달렸다. 그랬더니 겨우 몇 킬로미터를 달리고 지쳐버려 더 이상 뛸 수가 없었다. 결승선까지 아직도 멀었다는 생각에 초반부터 겁을 먹었기 때문이다.'

이는 무명에 가까웠던 일본 마라톤선수 야마다 혼이치가 1984년 도쿄 국제초청마라톤대회와 2년 후 열린 이태리 국제초청마라톤대회에서 우승한 후 밝힌 우승 비결이다. 목표를 세분화하여 나누는 것이 목표 달성에 어떻게 도움을 주는지 이 이야기만큼 더 잘 보여주는 게 또 있을까! 당신도 어려운 목표나 과제에 맞닥뜨렸을 때 야마다 혼이치처럼 목표를 더 작게 쪼개서 도전해봄 직한 비교적 쉬운 과제로 만들기 바란다.

마지막으로 미하엘 엔데의 소설《모모》에 등장하는 청소부 베포의 이야기를 통해 Step 5의 핵심을 전하고 싶다. 그는 성실한 청소부이다. 그는 매우 천천히 일하지만 쉬지 않고 청소를 한다. 한 걸음 떼어놓을 때마다 숨 한 번 쉬고, 숨 한 번 쉴 때마다 비질을 한 번씩한다. 그러다가 가끔 잠시 멈춰 서서 생각에 잠겨 앞을 우두커니 바라보다가는 다시 한 걸음, 한 번 숨 쉬고, 한 번 비질을 계속한다. 그는 자신의 절친인 모모에게 이렇게 이야기한다.

"모모야, 때론 우리 앞에 아주 긴 도로가 있어. 너무 길어서 도저히 해낼 수 없을 것 같다는 생각이 들지."

그러고는 한참 동안 묵묵히 앞만 바라보다가 다시 말했다.

"그러면 서두르게 되지. 그리고 점점 더 빨리 서두르는 거야. 허리를 펴고 앞을 보면 조금도 줄어들지 않은 것 같지. 그러면 더욱 긴장하고 불안한 거야. 나중에는 숨이 탁탁 막혀서 더 이상 비질을 할 수가 없어. 앞에는 여전히 길이 아득하고 말이야. 하지만 그렇게 해서는 안 되는 거야."

그는 한참 동안 생각에 잠겼다가 다시 말을 이었다.

"한꺼번에 도로 전체를 생각해서는 안 돼. 알겠니? 다음에 딛게 될 걸음, 다음에 쉬게 될 호흡, 다음에 하게 될 비질만 생각해야 하는 거야. 계속해서 바로 다음 일만 생각해야 하는 거야."

그러고는 다시 말을 멈추고 한참 동안 생각을 한 다음 이렇게 덧붙였다.

"그러면 일하는 것이 즐겁지. 그게 중요한 거야. 그러면 일을 잘해 낼 수 있어. 한 걸음 한 걸음 나아가다 보면 어느새 그 긴 길을 다 쓸었다는 것을 깨닫게 되지. 어떻게 그렇게 했는지도 모르겠고, 숨이 차지도 않아."

트리거 활용하기

목표를 세웠다고 해서 항상 그것이 이루어지는 건 아니다. 주의 깊게 잘 만들어진 목표는 행동의 가능성을 높여주지만, 목표를 세우는 것과 그걸 행동으로 옮기는 건 별개다. 그래서 성공적으로 목표를 달성하기 위해서는 다음의 두 가지 문제를 모두 해결해야 한다. 하나는 그 목표에 강하게 몰입하는 것이고, 다른 하나는 효과적으로 실행하는 것이다.

앞에서 우리는 목표에 의미와 동기를 부여함으로써 목표에의 몰입이 얼마나 중요한지에 대해서 이야기했지만, 그것은 목표 달성을 위한 필요조건일 뿐이다. 실제로, 효과적인 목표 달성 과정은 여러 문제에 의해 방해받을 수 있다. 아예 시작 자체를 하지 못하거나 도중에 다른 것에 주의를 빼앗기거나 기존의 나쁜 습관에서 빠져나오지 못하는 등의 문제들 때문에 말이다. 혹은 효과적이지 못한 방법을 계속 사용하고 있거나 성취 불가능한 목표를 세우고 그것에서 벗어나지 못할 수도 있다. 이들 중 가장 빈번하게 일어나는 것이 목표를 세울 뿐 정말로 그걸 실행할 의지 혹은 의도가 없는 경우이다.

여기서 의도란 '무엇을 하고자 하는 생각이나 계획'을 의미한다. 그런데 우리가 마음속에 품은 의도가 항상 행동으로 이어지지는 않는다. 목표와 관련된 여러 연구 결과를 종합한 메타 분석 결과에 따르면 목표(목표의도라고도 할 수 있음)와 실제 목표 지향 행동과의 관계는 그리 높지 않았다[68]. 즉, '올해는 반드시 몸무게를 5킬로그램 줄인다' 같은 목표를 세운다고 해도 몸무게를 줄이기 위한 어떤 행동이 실제 이루어지지 않는 경우가 더 많다는 것이다.

목표의도와 실행의도를 다시 한 번 짚고 넘어가자. 사람들이 목표를 세우고 실행하는 과정에서 일어나는 심리적 과정들에 관해 오랫동안 연구해온 학자 피터 골비처는 목표를 달성할 때 목표에 대한 의도보다 실행에 대한 의도가 실제 성과에서 더 중요하다고 말한다[69].

목표의도(Z라는 목표에 도달하고 싶어!)란 원하는 목표 지점을 특정 지어주는 역할을 하는 반면, 목표에 대한 실행의도(X라는 상황이 되면 Y라는 목표 관련 행동을 할 거야!)는 언제 어디서 무엇을 어떻게 할지를 특정 지어주기 때문이다. 조금만 생각해보면 실제 그렇다는 것을 금방 알 수 있다. 우리가 새해 목표를 세우고도 잘 이루지 못한 이유를 생각해보면 구체적인 실행의도가 없어서인 경우가 생각보다 많다. 이루고 싶은 마음이 매우 강했던 목표가 실패한 원인은, 언제 어디서 어떻게 실행할지를 구체적으로 정하지 않았기 때문일 가능성이 크다. 그래서 우리가 단순히 목표를 세우는 것만으로는 충분하지 않다는 것이다. 목표는 단지 원하는 미래의 결과를 명시할 뿐이다. 정말 그게 이루어지는 것은 그 목표를 위해 언제 어떤 행동을 할지가 구체적으로 정해졌을 때이다. 실행의도는 이런 구체적인 행동과 관련 있다. 이제 우리는 트리거를 활용해서 이런 실행의도를 훨씬 더 효과적으로 행동으로 옮기는 방법에 대해 살펴볼 것이다.

트리거를 이용한
착한 습관 만들기

어린 시절 양호 선생님(지금의 보건교사)이 양치를 귀찮아하는 우리에게 양치 습관을 들이기 위해 자신의 방법을 예로 들어주셨다. 본인은 아침, 점심, 자기 전을 굳이 따지지 않고 '무엇인가를 아주 조금이라도 먹으면 곧바로 양치를 한다'는 법칙에 따른다는 것이었다. 아무것도 먹지 않으면 양치를 안 해도 된다고 했다(내가 해보니 그런 일은 별로 오랫동안 일어나지 않았다). 하지만 주스 한 잔, 과일 한 조각, 과자 한 개라도 먹으면 바로 양치를 해야 했다. 듣고 보니 그럴싸해 다음 날부터 바로 따라 해보았다. 선생님의 방법은 꽤 효과가 좋았다. 처음에는 좀 귀찮았지만, 한동안 선생님이 일러준 법칙에 따라 양치를 하다 보니 나중에는 특별히 신경을 쓰지 않아도 무엇인가를 조금이라도 먹고 나면 바로 화장실로 향하게 되었다. 엄마는 내가 좋은 습관을 들였다며 매우 만족해하셨다.

내가 어린 시절 양치 습관까지 끄집어낸 것은 실행의도에 대해 설명하기 위해서이다. 실행의도는 일종의 'If-Then' 법칙과 비슷하다. 즉, 목표와 관련해서 특정한 상황적 단서를 마주치면 자동적인 반응이 나오도록 만드는 것이다.

이것을 '행동유발 트리거'라고 하겠다. 앞부분의 목표 관련 내용에서 타임 트리거에 대해서 이야기했는데 그것 역시 일종의 행동유발 트리거이다. 행동유발 트리거란 '어떤 행동이 자연스럽게 나타나도록 만드는 촉발제'라는 의미다. 이 촉발제는 우리가 목표를 향하여 가는 과정이 훨씬 효과적으로 이루어지도록 도와줄 것이다. 사실상 그 방법은 아주 간단하다. 우리가 앞으로 맞닥뜨릴 만약의 상황과 장애물들을 미리 예측해보고, 그게 무엇이든 간에 원하는 목표 관련 행동이 일어나도록 하는 것이다. 예컨대 아무리 피곤하고 게을러지고 다른 생각이 들어도 헬스장으로 발걸음을 돌리도록 만드는 그 무엇을 말한다. 인간은 자유의지를 중요하게 생각하기는 하지만 매 순간 개인의 자율적 의사결정에 의지해서 행동하기란 생각보다 쉽지 않다.

내가 일하는 사무실은 구내식당이 없기에 매번 점심시간에는 메뉴를 고르고 어떤 식당에 갈 것인지를 결정해야 한다. 물론 점심시간은 하루 일과 시간 중 가장 즐거운 시간이기도 하지만 어떤 때는 메뉴와 식당을 고르는 것이 귀찮고 힘들기도 하다. 그래서 맛은 좀 덜하더라도 영양사가 알아서 차려주는 식단이 나오는 구내식당이 있으면 좋겠다는 생각을 할 때가 가끔 있다. 즐거운 점심시간에 대해서도 의사결정이 이렇게 힘든데 그렇지 않은 일에 대해서 의지를 발휘하고 행동을 결정하는 것은 얼마나 어렵겠는가?

때로는 피곤하거나 혹은 정신이 딴 데 팔리거나 해서 우리의 인지적·정서적 리소스가 바닥 나 있을 수도 있다. 그런 경우에도 모든 결정을 의지에 맡기는 것은 자아에 너무 과중한 부담이 될 수 있다. 그렇기에 행동유발 트리거를 이용해서 우리가 자동적으로 어떤 결정이나 행동을 하도록 미리 손을 써놓는다. 말하자면 '인스턴트 습관'을 만드는 것이다. 이것은 우리가 버려야 하는 기존의 습관들과는 달리 목표를 방해하지 않으며 오히려 도움을 주는 착한 습관이다.

물론 모든 행동유발 트리거가 착한 습관인 것은 아니다. 내 친구의 예를 들면 그는 담배를 끊으려 시도하고 있지만 술을 마시면 흡연의 욕구가 너무 강해져서 금연이 어렵다고 말한다. 술을 마시면서 함께 흡연하던 습관이 쉽사리 없어지지 않기 때문이다. 여기서 술은 담배에 대한 행동유발 트리거다. 어떤 사람들은 집에 와서 거실에 앉으면 곧바로 리모콘을 들고 TV를 켠다. 그러고는 특별히 볼 것이 없어도 채널을 이리저리 돌리면서 저녁 시간을 보낸다. 또 어떤 사람들은 일하다가 잘 풀리지 않거나 스트레스를 받으면 담배를 피운다. 당신도 이런 종류의 고치고 싶은 습관들이 적어도 한두 개쯤은 있을 것이다. 이런 습관들이 얼마나 고치기 어려운지도 알고 있을 것이다. 나쁜 습관들이 잘 고쳐지지 않는 것을 보면 트리거와 그로 말미암아 만들어진 자동화된 행동이 우리 삶에 얼마나 강력한 영향을 미치는지 알 수 있다.

이런 나쁜 습관을 고치고 싶다고 생각하는 사람들에게 간단한 팁을 주자면, 단순하게 그걸 하지 않으려고 애쓰기보다는 착한 습관으로 바꾸는 게 훨씬 수월하고 효과적이라는 것이다. 예를 들면, 트리거로 작동하던 리모콘은 손이 닿기 쉬운 거실 탁자에서 치우고, 거실에 앉자마자 TV를 켜는 대신 음악을 듣는 습관으로 바꾸는 것이다. 음악을 듣자면 그 시간에 독서를 할 수도 있고 그 밖에 다른 생산적인 일을 할 수도 있다. 스트레스를 받거나 집중이 되지 않을 때 담배를 피우는 습관이 있다면 무턱대고 담배를 피우지 않겠다고 결심하기보다는 대신 그때마다 실내를 걷거나 얼음물을 마시는 등의 다른 행동으로 대체하는 것이 한결 효과적이고 스트레스 해소에도 더 좋다.

내가 박사논문을 쓰던 때 매우 효과를 보았던 방법이 하나 있다. 컴퓨터를 켜면 웹브라우저를 제일 먼저 열곤 하는데, 그때 포털에 뜨는 각종 뉴스와 재미난 이야깃거리들이 곧바로 작업에 들어가지 못하고 딴짓을 하게 만드는 유혹거리가 된다. 당시 나에겐 목표를 방해하는 나쁜 트리거였던 셈이다. 이런저런 기사들을 클릭하다 보면 시간이 훌쩍 지나곤 했으니까 말이다. 그래서 나는 인터넷 익스플로러의 홈페이지를 학교 도서관 사이트로 설정해놓았다. 그 후론 포털의 기사들을 클릭하면서 보내는 시간이 확실히 줄었다. 아주 효과가 좋은 방법이었다.

자, 이제 우리가 할 일은 목표로 하는 행동에 방해가 되는 트리거를 찾아서 착한 습관이 되도록 바꾸어주고, 새로운 행동을 만들어야 한다면 그 행동을 촉발할 트리거를 만들어주는 것이다. 이제 그 방법에 대해서 조금 더 자세히 살펴보자.

실행을 위한 트리거 만들기

트리거의 작동 원리는 'If'의 상황이 될 때마다 우리의 마음이 자동적으로 'Then' 부분을 꺼내오게 하는 것이다. 그렇게 되면 우리는 더 이상 깊게 생각하지 않아도 자동적으로 그 행동을 하게 된다. 이런 방식은 실험실에서 이루어진 연구들에서도 이미 증명되어왔다. 한 심리학 연구에서 연구자는 참가자들에게 주간 보고서를 내도록 했는데 If/Then 규칙을 만든 참가자들은 평균 1.5시간 늦게 제출했지만 If/Then 규칙을 만들지 않은 참가자들은 평균 8시간 늦게 제출했다[70].

학자들은 우리 인간들의 뇌에 선천적으로 If-Then 규칙의 메커니즘이 내재되어 있다고 본다. 예컨대 외출만 하면 집에 돌아오기 전에 꼭 뭐 하나라도 사고 들어오는 습관이 있는 사람을 보자. 그는 집 근처의 다이소나 올리브영 같은 곳을 그냥 지나치지 못한다. 반드시 들어가서 작은 무엇 하나라도 사야만 한다. 이러한 법칙이 작동하는 이유는 사람마다, 문화마다 다르겠지만 이런 입력과 유발을 가능케 하는 심리 메커니즘 자체는 보편적으로 우리의 마음에 내재되어 있다. 그래서 우리가 언제·어디서·어떻게 우리의 목적을 달성하고 싶다고 결정하면, 우리의 뇌는 특정 상황이나 단서(만약 X가 일어나면)와 특정 행동(그러면 Y라는 행동을 할 것이다) 사이에 연결고리를 만든다. 이로써 어떤 행동을 유발하는 강력한 트리거를 만들어낼 수 있다. 이런 종류의 실행 계획은 우리가 경험하게 되는 여러 어려움과 장애물을 극복하고 지속 경향, 즉 모멘텀을 유지하게 해준다. 그리고 별다른 인지적 노력 없이도 우리가 어떤 행동을 할 수 있게 해준다.

이제 우리는 어떻게 행동유발 트리거를 만들지에 대해서 이야기해볼 것이다. 트리거는 특정 시간이 될 수도 있고, 장소가 될 수도 있고, 사람이 될 수도 있고, 특정 이벤트가 될 수도 있다. 예를 들면 다음과 같은 트리거들이 있을 수 있다.

- 시간 트리거: 밤 10시가 되면 야식이 먹고 싶다.
- 장소 트리거: 백화점에만 가면 예상에 없던 지출을 하게 된다.
- 사람 트리거: 철수를 만나면 함께 운동을 하러 가게 된다.
- 이벤트 트리거: 스포츠 경기만 보면 치킨과 맥주가 먹고 싶어진다.

이런 원리들을 이용해서 목표 달성에 도움을 줄 행동유발 트리거를 만들어보자.

1단계: 자신에게 가장 잘 맞는 트리거를 찾아본다(브레인스토밍 단계)
앞 단계에서 SMARTER 목표를 잘 세웠다면 이제 그 목표를 달성하는 데 도움이 될 트리거를 찾자. 당연히 당신이 찾은 트리거는 쉬워야 한다. A라는 사람이 집에서는 글쓰기 작업을 계속하기엔 너무 많은 유혹이 있어서 집 근처 카페에 가 그것을 하기로 정했다고 하자. 카페는 A에게 장소 트리거가 될 수 있다. 그 장소에 가면 작업을 시작하게 되는 것이다. 그런데 A는 집 밖에 나갈 때는 그것이 비록 바로 집 앞일지라도 '풀착장'을 해야 하는 성향이라 카페에 나가는 준비만도 한 시간 이상 걸린다면 그건 좋은 트리거가 아니다. 이것은 매우 중요한 포인트이다. 행동유발 트리거는 어려운 일들을 쉽게 할 수 있도록 만드는 것이다. 따라서 트리거 자체가 어렵다면 행동을 유발하는 것 역시 어려워진다. 또 한 가지, 잘못된 습관의 원인이 되고 목표 달성에 방해가 되는 나쁜 트리거를 없애는 일 역시 중요하므로 그에 대해서도 생각해보아야 한다. 예를 들면 다음과 같은 것들을 생각해볼 수 있다.

- 침실의 TV를 없앤다. 그래서 TV를 보느라 밤늦게 잠드는 일이 없도록 한다.
- 싱크대와 냉장고 안의 인스턴트 음식들을 모두 버려서, 몸에 좋고 자연스러운 음식만 먹겠다는 목표를 지킬 수밖에 없게 한다.
- 30초마다 알람이 울리게 한다. 알람이 울리면 자리에서 일어나서 3분 동안 스트레칭을 함으로써 어깨 통증을 완화시킨다.
- 월급날마다 일정 금액이 적금 계좌로 자동이체되도록 한다. 그럼으로써 일정 기간에 일정액을 모으겠다는 목표를 달성한다.
- 현관문 앞에 운동복과 신발을 꺼내놓는다. 집에 돌아오자마자 그것으로 갈아입고 조깅할 수 있도록 한다.

위 예시들은 자신에게 맞는 걸로 대체하면 된다. 일단 자신에게 가장 잘 맞는 트리거를 찾아서 일상생활에 심어놓는 것이 중요하다.

2단계: 행동유발 트리거를 자신에게 최적화한다.

이제 트리거를 자신에게 맞게 다듬자. 그래서 우리의 순간적인 게으름이나 주저함이 끼어들지 않고 자동적으로 행동이 일어나게 해야 한다.

행동유발 트리거를 만들 때 가장 중요한 점은 매번 우리의 의지력에 의존하지 않아도 행동할 수 있도록 만들어주면서 내가 가장 잘 실행할 수 있는 '그것'을 찾는 것이다. 말하자면 무엇인가를 제거하거나, 자동화시키거나, 위임하는 방식이다. 그래서 일단 설정해놓으면 내가 제어하지 않아도 되는 것들이어야 한다.

- 나쁜 습관의 원인이 되는 것들을 제거한다. 예를 들면 침실에서 TV를 치우고, 주방에서 인스턴트 음식을 치운다.
- 보조기기를 이용해서 행동유발 트리거를 자동화한다. 스마트폰으로 스트레칭할 시간을 자동으로 알려주게 하거나, 자동이체 등을 이용해서 저절로 저축이 되게 한다.
- 행동유발 트리거의 역할을 다른 사람에게 위임한다. 혼자서 해낼 자신이 없다면 자신을 푸쉬해줄 누군가, 즉 라이프 코치 혹은 헬스 트레이너 등에게 도움을 청하는 것도 때에 따라서는 필요하다.

이처럼 트리거를 통제력 밖에 둠으로써 더 이상 순간순간 결정을 내리느라 의지력을 발휘할 필요가 없게 만든다.

3단계: 장애요인을 예측하고 상황에 대한 If/Then 규칙을 정한다.

행동유발 트리거를 아무리 잘 정해놓아도 모든 상황이 그것들을 지키도록 돕지만은 않는다. 그렇기에 발생 가능한 장애요인을 찾아서 대비하는 것이 매우 중요하다. 목표 행동을 방해할 가능성이 있는 요인들을 찾아서(가령, 우연히 싱크대를 열었다가 발견한 라면에 밤참의 유혹을 느낀다든가, 돈의 여유가 있으면 그것을 쓰고 싶다든가) 미리 단속하는 것이다.

4단계: 될 때까지 해본다.

성공의 열쇠는 바로 이것이다. 당신이 직접 행동유발 트리거를 만들고 실행해보았을 때, 잘 안되는 경우가 생길 것이다. 그건 당신이 아주 정상이라는 뜻이다. 무엇이든지 그리 쉽다면 무엇이 걱정이겠는가. 하지만 잘 안되면 어떻게 할 것인가? 그만둘 것인가, 미련하게 밀어붙일 것인가? 이럴 때 필요한 것은 바로 피벗(Pivot)이다.

피벗이란 원래 농구 등에서 한 발을 붙인 채 남은 한 발을 이리저리 돌려 방향을 바꾸는 것인데, 사업하는 사람들에게는 자기가 원래 꿈꾸었던 비즈니스 모델이 아니라 다소 다른 방향으로 사업을 전개해 나아가는 것을 의미한다. 물론 이 피벗이 지나치게 남용되면 제대로 해보지도 않고 쉽게 포기하거나 방향 전환만 일삼는 결과를 낳을 수도 있다. 하지만 피벗은 분명 '한 발은 고정하고, 다른 발을 움직이는 것이라는 점'이다. 즉, 무조건 바꾸는 게 아니라 정말 자기가 잘하는 부분 혹은 반드시 지켜야 하는 부분은 굳건하게 고정하고, 약한 부분의 방향을 바꾸는 것이다.

행동유발 트리거를 수정하는 것 역시 피벗의 원리에 따라야 한다. 이전의 트리거가 실패했다고 해서 목표까지 내팽개쳐서는 안 된다. 목표는 군건하게 유지한 채 트리거가 잘 작동되지 않는 이유를 찾고 그 부분을 수정해야 한다. 때로는 조금만 변화를 주어도 효과가 있을 수 있다. 예를 들면, 나는 좀 더 일찍 잠드는 습관목표를 세웠고 이것을 방해하는 요인이 침대에 누워서 바로 잠들지 않는 것이었기에 침실에서 TV를 치웠다. 그런데 TV를 보지 않는 대신, 알람으로 사용한다는 핑계로 옆에 두었던 스마트폰을 보느라 TV를 치운 것이 큰 소용이 없었다. 그래서 나는 침실에는 스마트폰을 가져가지 않기를 추가했다. 그리고 예전에 쓰던 알람 시계를 다시 방에 두었다.

당신의 목표가 무엇이든지 간에, 방법은 생각보다 간단하다. 당신이 그걸 이루는 데 방해가 되는 요인을 알아내는 것이다. 그리고 그때마다 어떻게 행동할지, 그 방해요인이 발생하기 전에(아마도 가장 큰 방해요인은 '게으름'일 것이다) 미리 그것을 막을 방법을 생각하는 것이다. 잠재적 방해요인들을 미리 생각하려면 약간의 상상력이 필요할지도 모른다. 하지만 이 규칙들은 일단 몇 번 시도해보면 제2의 천성이 될 수 있다.

잘 가고 있는지 모니터링하기

제임스 해럴드 둘리틀은 미국의 공군 파일럿이었다. 그는 지미라고 불렸으며 제2차 세계대전 중에 활약한 항공 분야의 선구자였다. 둘리틀의 항공 기술에 대한 가장 큰 공헌은 계기비행(Instrument Flight)을 발전시킨 점이다. 1929년 그는 조종석 바깥의 전망 없이 계기만 이용해서 비행기를 이륙시키고 비행하고 착륙시킨 최초의 조종사가 되었다. 그때까지만 해도 대부분의 조종사는 눈으로 지형지물을 참조하여 비행하는 시계비행(Visual Flight)을 했는데, 이는 기상 등의 이유로 시정이 악화되면 비행을 할 수 없을 뿐 아니라 조종사의 감각에만 의존하다 보니 비행착각(빠른 속도로 이동하는 비행체에 탑승했을 때 신체 감각기관 특히 시각이 착시를 일으키고 두뇌에 잘못된 정보가 전달되어 실제와 다르게 판단하게 되는 것)으로 말미암아 사고 위험이 컸다.

둘리틀은 조종사들이 직접 눈으로 보는 시야와 상관없이 이륙에서 착륙에 이르기까지 항공기를 조종하고 항해할 능력을 개발하지 않는

한 공중에서의 진정한 운항 자유는 달성될 수 없다고 주장했다. 비행기가 더 빨라지고 기동성이 높아짐에 따라 비행기는 조종사의 감각이 정확히 해독할 수 없는 방향으로 움직일 수 있고, 조종사들은 시각적 신호를 상실하거나 착각하여 심각하게 방향을 잃을 수 있기 때문이었다. 둘리틀은 인간 감각의 이러한 정신생리학적 한계(특히 방향에 대한 동작 감지)를 처음으로 인지하고 이에 관한 연구를 시작했다. 그는 연구를 활용하여 조종사들이 항해용 계기를 읽고 이해하도록 훈련하는 프로그램을 만들었다. 감각기관을 통해 감지하고 느낀 게 부정확하거나 신뢰할 수 없는 정보일 수 있기에 '감각'이 아닌 '기구를 신뢰해야 한다는 사실'을 가르친 것이다.

둘리틀의 이야기는 목표를 달성하고자 하는 우리에게 중요한 교훈을 준다. 우리는 외부의 도움 없이 혼자서 무엇을 이루고자 하는 경우가 종종 있다. 하지만 우리에게 객관적인 정보를 주는 적절한 계기 없이 악천후를 만난다면 어떻게 할 것인가? 운이 좋기를 기도하거나 결국 비행기를 버리고 탈출해야 할 것이다. 아마도 이것이 우리의 새해 결심이 이루어지는 확률이 낮은 이유일 수도 있다. 둘리틀이 발견한 것처럼 우리도 목표로 가는 여정을 성공적으로 진행하려면 올바른 계기의 도움이 필요할 수도 있다.

지금까지 우리는 두 가지를 확실히 만들었다. 하나는 SMARTER 목표와 그것들의 실행을 위한 몇 가지 단계로 나눈 것, 그리고 다른 하나는 행동을 활성화할 수 있는 행동유발 트리거들이다. 이제 여기에 한 가지를 더하면 된다. 그것은 '정기적인 목표 리뷰 과정'이다. 목표를 적고 때때로 그것을 보며 동기부여 하는 일도 중요하지만, 주기적으로 그걸 리뷰하고 마음에 저장하는 일 역시 중요하다.

우리가 어떤 목표를 달성해가는 과정에서 가장 많이 맞닥뜨리는 장애물은 기껏 세운 계획이 그냥 흐지부지돼버리는 것이다. 나도 그렇지만 당신도 이미 여러 번 경험했을 것이다. 일상생활과 관련된 잡무들을 처리하느라 뒷전으로 밀리거나 곁길로 새는 일은 부지기수이고, 우리의 관심에서 멀어지기도 한다. 때로는 새해에 세웠던 계획이 아무 진전도 이루지 못하고 몇 달이 그냥 흘러가는 경우도 있다. 정기적인 목표 리뷰 과정은 이러한 문제를 바로잡을 중요한 도구이다. 이제 목표를 리뷰하는 방법을 조금 더 자세히 알아보자.

일간 리뷰

일간 리뷰는 당신이 세운 목표들과 각 목표에 대한 요약을 적은 간단한 리스트를 만들어서 시작하자. 이 리스트는 수첩이나 플래너 같은 것에 직접 적을 수도 있고, 스마트폰의 노트 앱을 사용해도 된다. 혹은 눈에 띄게 만들어서 벽에 붙이거나 걸어놓으면 더욱 좋다. 혹은 지금 언급한 방법들 중 몇 가지를 동시에 사용해도 된다.

이제 그 리스트들을 매일 한 번씩 쭈욱 읽어보자. 굉장히 귀찮게 여길 수도 있지만, 사실상 채 1분도 걸리지 않는 일이다. 이 일을 매일 아침 일어나서 이 닦듯이 혹은 모닝커피 마시듯이 해보자.

목표는 근사하게 세우는데, 결국 목표 달성에 실패하거나 혹은 조금의 진전도 이루지 못하고 벽에 부딪힌 것 같이 느끼는 사람 중 많은 이는 1년 목표와 매일매일 하는 일들에 서로 연관성이 없기 때문이다. 그들의 바람과 희망은 구겨진 종이에 적혀서 책상 서랍 어딘가에 처박혀 있을 것이다. 목표를 세우는 시점에서는 간절한 마음으로 대단한 실행전략들을 세웠을지도 모르지만, 그것들이 1년에 한 번씩 혹은 몇 달에 한 번씩만 떠오를 정도라면 그 간절함은 매일매일의 생활 속으로 파고들지 못하고 잊히게 된다. 결국 처음에는 대단했던 목표와 전략들은 바쁜 일상 속에서 뒤로 밀리거나 희미해지게 마련이다.

일간 리뷰는 목표와 그날그날 할 일 사이의 연결고리를 만드는 역할을 한다. 그 리스트들을 볼 때마다 다음에는 뭘 해야 할지를 떠올린다. 그리고 자신에게 "이 목표들로 한발 다가서기 위해서 내가 오늘 할 수 있는 것은 무엇이지?"라고 질문을 던진다. 바로 목표 리스트와 오늘 할 일 리스트 사이에 연결고리를 만드는 작업을 하는 것이다. 할 일 리스트는 너무 길거나 복잡하지 않아야 좋다. 《Free to Focus》의 저자 마이클 하이야트는 'Daily Big 3'를 제안한다. 그날 하루에 해야 할 중요한 일이 세 개를 넘지 않되, 그 세 개의 할 일은 목표 달성을 도울 수 있는 일로서 신중하게 선택된 것이어야 한다.

아침에 그날 할 일로 열 개, 스무 개의 리스트를 만들면 하루가 저물 즈음에는 그 리스트의 반 정도에만 체크할 수 있게 되고, 결국 자괴감에 빠진다. 이들은 절대 이길 수 없는 게임을 하는 것이나 마찬가지다. 굳이 시간을 내어 리스트를 만들었으나 기운만 빠지게 하는 이런 리스트가 무슨 소용이겠는가? 만약 정말 중요한 목표가 있고 그 목표를 향해 조금씩 전진하고 싶다면, 그 목표를 하루의 할 일로 조금씩 쪼개는 게 가장 쉽고 빠른 길이다.

주간 리뷰

주간 리뷰는 일간 리뷰보다는 조금 더 깊게 들어가야 하기에 시간이 더 걸릴 것이다. 주간 리뷰에 소요되는 시간은 사람마다 차이는 있겠지만 20분 정도가 적당하다. 그리고 다음의 세 부분에 초점을 맞추어야 한다. 가장 먼저, 다시 한 번 동기를 끌어올려라. 앞서 우리는 핵심동기를 머리 그리고 가슴과 연결했다. 하지만 그 연결은 시간이 지나면 희미해지게 마련이다. 그렇기에 지속적으로 'WHY'를 돌아보는 것이 반드시 필요하다. 이는 그만두고 싶을 때도 계속 앞으로 나아갈 비결이다.

H는 기술 서비스직으로 대기업에 입사했다. 그는 신입사원 교육에서 목표 설정의 중요성을 절감했고, 회사에서 요구하는 역량을 향상하기 위한 계획을 세웠다. 그의 꿈은 20년 후 자기 분야에서 최고 전문가가 되는 것이었다. 이를 위해서 그는 올해 달성할 두 가지 목표를 세웠다. 하나는 전문성을 높이기 위한 자격증을 따는 것이었고, 다른 하

나는 신체적 에너지가 많이 소모되는 직업이니만큼 체력을 높이고자 운동을 하는 것이었다. 이를 실행하기 위해 인터넷 강의 몇 개를 신청했고 헬스클럽에도 등록했다. 그의 결심은 무엇보다도 결연했고 초반에는 실행 계획이 잘 지켜졌다. 매일 퇴근 후 아무리 피곤해도 한 시간씩 인터넷 강의를 들었고, 평일 세 번과 주말에 운동도 꾸준히 했다. 그런데 훈련 기간이 끝나고 실제 업무를 시작해보니 아직 미숙한 면이 많아서 그런지 생각보다 더 힘들었다. 매일 듣기로 계획했던 인터넷 강의는 빼먹고 자는 날이 차츰 생겼고 운동도 힘들게 느껴졌다. 그는 토요일 오전 자신이 한 주 동안 실행하기로 한 것들을 얼마나 지켰는지 리뷰해보았다. 지난주 그는 인터넷 강의를 듣지 않은 날이 이틀이나 있었다. 하지만 운동과 관련된 계획은 그런대로 지켰다. 운동하러 가기 전에는 조금 귀찮다는 생각이 들기도 했지만 하고 나면 몸이 개운하고 덕분에 평소에 덜 피곤한 느낌이었다. 그는 주간 리뷰를 하면서 자신의 꿈을 다시 한 번 생각해보았다.

'신입사원 교육 때 동영상으로 본 명장의 모습이 너무도 멋져 보였고 나도 그런 최고 전문가가 되고 싶었는데……'

그의 롤모델인 명장의 모습을 다시 한 번 떠올리며 벌써부터 해이해지고 목표를 지키지 못하면 앞으로도 지키기 힘들 것이라는 데 생각이 미쳤다. 그는 자신의 꿈이 이루어진 20년 후의 모습을 상상하면서 마음을 다잡았다. 그리고 다음 주의 계획을 다시 세웠다. 그는 인터넷 강의를 하루 한 시간씩 듣는 것보다 일주일의 진도를 정하기로 했다. 운동한 날은 조금 덜 듣고 운동하지 않는 날은 조금 더 많이 들어 일주일의 진도를 지키기로 계획을 바꾸었다. 그리고 다음 주 토요일에는 지난 일주일을 돌아보면서 뿌듯해하는 자신을 상상해보았다.

이런 식으로 주간 리뷰는 핵심동기를 계속 마음속에 유지하도록 도와준다. 우리가 일상생활에 치이고 바쁠 때는 그것을 떠올리기가 쉽지 않다. 하지만 핵심동기와 관련해서 한 주를 어떻게 시작했고 어떻게 마무리했는지를 돌아보다 보면, 그것이 내면화될 뿐 아니라 무엇이 잘못되고 있는지를 발견할 수 있다.

주간 리뷰의 두 번째 부분은 주간 리뷰가 간단한 미니 'Pause and Learn'이 될 수 있다는 점이다. 우리가 과거를 마무리하는 단계에서 다루었던 'Pause and Learn'을 기억할 것이다. 이때 올해 전체가 아니라 간단히 지난주만 돌아보는 것이다. 한 주간의 진전 사항을 돌아보고, 그동안 얻은 것과 잃은 것을 적어본다. 그리고 이를 통해 배운 것이 무엇인지, 좀 더 잘하거나 다르게 해야 하는 부분이 무엇인지도 적어본다. 수정해야 할 행동이 있다면 어떻게 할지도 적는다. 종이, 다이어리 등에 적다 보면 생각이 정리되고 해결해야 할 게 무엇인지 떠오를 것이다.

주간 리뷰의 마지막 부분은 돌아오는 주에 이루어야 할 게 무엇인지를 생각해보는 것이다. 앞에서 큰 목표를 실행 가능한 다음 단계 목표로 쪼개는 것이 중요하다는 이야기를 했다. 이제 실행 가능한 다음 단계 목표를 다음 주에 반드시 해야 하는 행동들로 다시 쪼개면 된다. 이것을 'Weekly Big 3'라고 부르자. 이것들은 다음 단계로의 동력을 계속 유지하는 데 가장 좋은 방법이다. 내 경험상으로도, 이런 주 단위의 계획이 가장 적절하게 동기를 유지해준다. 월 단위의 계획은 조금 느슨해질 수 있고 일 단위의 계획은 갑작스런 돌발 변수에 의해 좌우되기 쉽다. 하지만 주 단위의 계획은 다음 주의 사정을 어느 정도 예측할 수 있으므로 주간 목표를 달성하기 위해서 돌아오는 월 · 화 · 수 ·

목·금·토·일을 어떻게 지내야 할지 생각하기도 쉽다. 나는 주간 목표를 매우 중요하게 생각하는데 내가 주간 목표를 세우지 못했던 때 한 주를 어떻게 보냈는지 너무 잘 알기 때문이다. 또한 주간 목표를 달성하고 나면 뭔가 이룬 느낌에 기분이 한결 좋아지는데, 그 기분은 매주 한 번씩 페달을 힘차게 밟는 효과가 있다.

지금까지 이야기한 것처럼 'Weekly Big 3'는 중요한 목표에 가까이 가기 위해 반드시 이루어야 할 결과물들을 의미한다. 이 'Weekly Big 3'에 기반하여 'Daily Big 3'를 만들면 된다. 예컨대 앞에서 말한 H의 경우는 올해 두 가지 자격증을 따기로 마음먹었고 분기별로 필기시험과 실기시험 합격을 목표로 잡아놓았다. 그리고 그 일정에 맞게 주간별로 공부해야 할 진도를 정해놓았고 주간 진도에 맞게 그날그날의 계획을 세웠다.

이렇게 차근차근 쪼개어 내려가면, 목표가 행동으로 이어지고 결국 어떻게든 목표를 향해 조금씩 나아가게 된다. 일간·주간 리뷰가 이를 가능하게 만들어주는 것이다. 만약 외부적인 도움이나 도구가 필요하다면 부록의 주간 리뷰 양식을 이용해도 좋다. 혹은 본인에게 가장 잘 맞는 양식을 만들어서 사용해도 좋다.

분기 리뷰

앞서 언급했듯이 목표를 세울 때는 분기에 따라 데드라인을 몇 개씩 세움으로써 1년 동안 점검해야 할 지점이 적절히 배치되게 만든다. 그렇게 함으로써 연말까지 데드라인이 아직 많이 남았다는 핑계를 대지 않고 바로 행동에 들어가도록 유도하는 것이다. 분기 목표는 3개월이 지날 때마다 좀 더 심층적으로 그동안의 과정과 결과를 리뷰할 수 있게 도와준다. 분기 리뷰의 목적은 목표를 분석하고 그것이 우리의 삶과 적절하게 조화를 이루는가를 점검하는 것이다. 그렇지 않다고 생각되는 부분이 있으면 수정이나 조정을 한다. 분기 리뷰는 온종일이 걸릴 수도 있으며 시간이 없더라도 적어도 한두 시간은 들여야 할 것이다. 그런데 아무런 형식 없이 리뷰하는 것은 막막한 기분이 들뿐더러 제대로 리뷰가 되지 않을 수도 있다. 그래서 다음과 같은 '3Rs' 형태의 리뷰를 제안한다. 이 방법의 세 가지 단계는 다음과 같다.

Rejoice ➡ Recommit ➡ Revise

가장 먼저 할 일은 '자축하고 기뻐하는 것(Rejoice)'이다! 분기 리뷰를 하는 시점은 목표를 향해 이미 어느 정도 와 있는 시점이다. 그동안 이룬 것이 있다면 그게 무엇인지 살펴보고 축하하자! 우리는 축하하는 것에 좀 소홀한 경향이 있다. 큰 계약을 성사시켰다거나, 오랜 저축 끝에 집이나 자동차를 새로 구매했다거나, 원하는 시험에 합격하거나 직장에 취업하는 것과 같은 큰일에 축하하는 건 당연한 일이고 이미 많은 사람이 하고 있다. 하지만 우리 일상에서 잠시 멈추어 서서 작은 성공에 대해 축하하는 것 역시 매우 중요하다. 당신이 세운 목표를 완전히 달성하기 전까지 축하를 미룰 필요는 없다. 사실상 목표가 크면 클수록 그것을 달성해가는 과정에서 작은 성공에 축하하는 일이 중요하다.

목표를 향해 가는 과정 중에 작은 성공을 인식하고 그걸 축하하는 것은 장기적 관점에서 매우 도움이 된다. 왜냐하면 축하하는 것 자체가 우리 뇌의 보상 시스템과 관련이 있기 때문이다. 우리 뇌는 보상 자극에 노출되면 도파민의 방출을 증가시키면서 반응한다. 더 많은 도파민이 방출될수록 보상이 더 효과적이다.

크리스토퍼 버글랜드는 세계적인 철인3종경기 선수이자 코치이며 작가이다. 그는 러닝머신에서 153.76마일(247.45km)을 달린 기네스 세계기록 보유자로, 철인3종경기에서 세 번이나 챔피언이 되었다. 그는 세계에서 가장 긴 논스톱 철인 트리플 아이언맨을 38시간 46분의 기록으로 완주했다. 그는 여러 매체를 통해 자신이 힘든 게임을 계속해서 시도하고 성공할 수 있는 비결을 사람들과 나눈다. 그는 끈기, 인내와 더불어 스스로를 축하하고 격려하는 과정의 중요성을 강조한다. 그리고 이런 자축 과정은 자존심이나 자만심을 높이기 위한 게 아니며 우리의 보상 시스템을 자극하고 도파민을 방출되도록 하는 과정이라고 말한다.

사실 내 인생의 중요한 목표를 70퍼센트, 90퍼센트 이루어도 다른 사람들은 나를 축하해주지 않는다. 사람들은 내가 목표를 완전히 달성했을 때만 축하해준다. 그래서 스스로 자신에 대한 응원단이 되어야 하는 것이다. 우리는 자기 자신을 승자로서 축하해줌으로써 경기를 계속할 동력으로 삼는 것이다.

그동안 이룬 일을 자축했다면 그다음은 앞으로의 여정에 대해 다시 한 번 '몰입(Recommit)'해야 한다. 만약 포기하고 싶다거나 더 이상 하고 싶지 않다면 다시 몰입하는 것이 어려울 수 있다. 하지만 게임은 아직 끝나지 않았다. 솔직히 말하면 무엇이든 가능하다. 지난 2018년 평창 동계올림픽의 여자 쇼트트랙 계주 예선 경기를 보자. 111.12미터의 링크를 27바퀴 도는 3,000미터 계주 종목은 보통 체력이 떨어져 집중력이 흐트러지는 레이스 후반에 실수가 자주 발생한다. 23바퀴를 남기고 한국팀의 한 선수가 갑자기 중심을 잃고 얼음 위에 넘어졌다. 망연자실한 상황이었고 올림픽 2연패를 기대하던 팬들은 머리를 감싸 쥐었다. 쇼트트랙은 한 번 넘어지면 좀처럼 만회하기 힘든 종목인 걸 알고 있었기에 한국의 예선 탈락을 기정사실로 받아들이는 분위기였다. 하지만 한국팀은 포기하지 않았다. 뒤를 이어 달리던 선수들은 남자 선수들에게도 쉽사리 나오기 힘든 8초대의 랩타임을 연속해서 기록하며 예선 1위로 결승에 진출했다. 끝날 때까지는 끝난 것이 아니다. 앞으로 어떤 일들이 일어날지 우리는 모른다. 이길 수도 있고 질 수도 있다. 하지만 한 가지 확실한 사실은 지금 그만둔다면 그건 확실히 지는 것이다.

당신도 일상에서 어떤 목표를 세우고 노력했지만, 좀처럼 이루지 못한 경우들이 있었을 것이다. 영업목표를 달성할 수 없어 의기소침해 있던 A 역시 그런 경우였다. 그는 상사에게 올해의 영업목표를 받았고 나름대로 노력했지만 목표 달성은 쉽지 않았다. 내가 그와 대화할 무렵, 그는 거의 자포자기 상태였다. 나는 그에게 목표 달성을 위해서 어떤 노력을 했는지 질문해보았다. 그는 자신이 적용할 여러 방법 중 한두 가지를 시도해보았고, 그 실패 경험 때문에 의욕을 상실했음을 스스로 인식하고 있었다. 그리고 지금 그를 끌어내리고 있는 자기제한적 믿음에 대해서도 깨달았다. 그는 스스로 능력이 없다고, 시간이 아직 많이 남았음에도 끝났다고 생각했다. 그러나 그는 나와의 대화를 통해 다른 방법들을 시도해볼 가치가 있음을 느끼게 되었다. 그해가 끝나는 시점에, 결국 그는 상사가 원하는 성과를 낼 수 있었다.

이 같은 상황에서 중요한 점은, 원래의 목표에 다시 초점을 맞추고 내가 왜 그걸 하려고 했는지 다시 생각해보는 것이다. 다시 말하면 내가 지금 이 상황에서 얻을 수 있는 건 무엇이고, 잃을 수 있는 건 무엇인지를 나열해보는 것이다. 예컨대 체중을 줄이기 위해 체중감량 목표를 정하고 다소 무리한 다이어트 계획을 세웠는데 잘 안되고 있다 해보자(분명 많은 사람이 경험했을 일이다). 이때 당초 체중을 줄이기 위한 목표를 왜 세웠는지 다시 생각해보자. 건강해지는 것이 가장 중요한 목적이었다면 무리한 다이어트 계획은 지키기 힘들뿐더러 건강을 해칠 수 있기에 당초의 목적에 그다지 부합하지 않을 수 있다. 이렇게 적다 보면 새로운 전략이 떠오르거나 추가적으로 내가 활용할 리소스가 무엇인지 알게 된다. 이때 당신은 온 마음을 다해 '반드시 해내고야 말 거야!'라는 다짐을 할 필요가 있다.

그런데 이 단계에서 많은 사람이 범하는 실수 중 하나는 자신들이 정한 전략에 너무 목을 맨다는 것이다. 우리는 목표와 전략을 혼동해서는 안 된다. 목표는 'WHAT'이고, 전략은 'HOW'이다. 처음에 정한 전략을 끝까지 유지해야 하는 법은 어디에도 없다. 전략이 목표 달성에 적절하지 못하다고 판단되면 언제든지 바꾸면 된다. 잘못된 전략에 매달리면 오히려 목표 달성이 어려워질 수 있다. 목표에 몰입해야지, 전략에 몰입할 필요는 없다. 목표가 확고하다면 필요할 때 언제든지 다른 전략으로 피벗할 수 있다.

당신이 목표에 더 이상 몰입할 수 없다면 세 번째로 선택할 수 있는 옵션은 목표를 '수정(Revise)'하는 것이다. 너무 빈번히 쉽게 목표를 수정하는 것은 바람직하지 않지만, 절대 수정하면 안 되는 것은 아니다. 처음 우리가 목표를 세울 때는 제한된 정보와 지식만을 가진 경우가 종종 있다. 그런데 막상 시작해보니, 세운 목표가 모험지대가 아니라 위험지대에 있음을 발견할 수 있다. 혹은 통제할 수 없는 다른 사실이나 환경이 있을지도 모른다. 이런 경우 목표를 수정할 때는 세심히 주의를 기울여야 한다. 단지 안전지대 안으로 들어가기 위해서 목표를 수정하는 것은 절대 안 될 일이다. 그렇다고 해서 실패 확률이 100퍼센트인 상황에 그대로 머물러 있으라는 게 아니다. 되도록 다시 몰입함으로써 목표를 달성하는 것이 바람직하지만, 그렇지 못할 경우에는 수정하는 것도 가능하다는 이야기이다.

목표를 수정하는 방법에는 두 가지가 있다. 하나는 앞에서 말한 바처럼 목표 달성을 위한 전략을 수정하는 것이다. 그런데 수정을 통해서도 원하는 것을 이룰 수 없는 경우, 또는 어떤 이유에서 그 목표를 더 이상 추구하고 싶지 않을 경우에는 그냥 'Delete' 키를 누르자. 너무 쉽게 지우라고 해서 충격을 받았는가? 목표를 없던 걸로 삭제하는 것은 되도록 하지 말아야 할 일이지만 때로는 필요한 일이다. 그리고 이 모든 건 우리의 삶에서 중요한 것들을 이루기 위함임을 잊지 말아야 한다. 우리가 세운 목표가 우리 삶의 다른 영역들과 끊임없이 충돌하고, 필요한 것 같지도 않으며, 수정을 해보려고 했으나 그조차도 되지 않을 때는 그냥 삭제하는 게 정답이다. 그러지 않는다면 이룰 수 없는 그 목표는 계속 거기에 머물면서 우리를 괴롭힐 것이다. 이룰 수 없는 목표를 리스트에 남겨놓은 채 그것을 볼 때마다 감정적으로 괴로워할 필요는 없다. 그리고 어떤 목표를 삭제할 거라면, 그걸 그냥 지우고 끝나는 것이 아니라 성취하고 싶은 다른 목표로 대체할 것을 권장한다.

혹은 모든 목표를 다 달성하지 못한다면 어떻게 할 것인가? 그런 일이 발생해도 지나치게 집착할 필요는 없다. 모든 목표를 데드라인까지 항상 완성하지는 못한다. 사실 타이밍이라는 게 늘 잘 맞는 것은 아니며, 아주 중요하고 어려운 목표를 추구하다 보면 다른 목표는 조금 뒷전으로 밀리는 경우가 생길 수 있다. 중요한 것은 포기하지 않고 계속해서 나의 삶을 변화시키려고 노력해야 한다는 점이다.

분기 리뷰에서 해야 할 '3Rs'를 다시 요약하자면 다음과 같은 모양이 될 것이다. 이러한 틀을 이용해서 목표를 얼마나 잘 이루어가고 있는지 리뷰해보자.

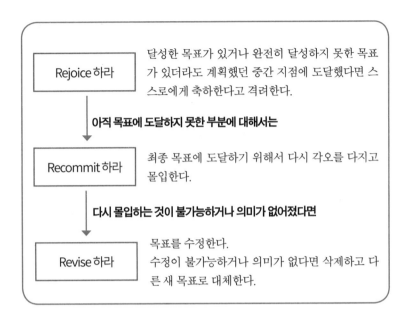

| Rejoice 하라 | 달성한 목표가 있거나 완전히 달성하지 못한 목표가 있더라도 계획했던 중간 지점에 도달했다면 스스로에게 축하한다고 격려한다. |

아직 목표에 도달하지 못한 부분에 대해서는

| Recommit 하라 | 최종 목표에 도달하기 위해서 다시 각오를 다지고 몰입한다. |

다시 몰입하는 것이 불가능하거나 의미가 없어졌다면

| Revise 하라 | 목표를 수정한다. 수정이 불가능하거나 의미가 없다면 삭제하고 다른 새 목표로 대체한다. |

[
Finish
축하하기
]

왜 우리는 축하해야 하는가?

이 책을 끝내기 전에 목표로 가는 과정을 스스로 축하하는 것이 얼마나 중요한지 다시 한 번 강조한다. 성취지향적이고 목적지향적인 사람들은 특히 더욱 명심할 필요가 있다. 이들은 성과를 내거나 남들로부터 인정받는 것을 중시하기 때문에 목표를 향해 쉼 없이 달려가는 경향이 있다. 그리고 어떤 것을 이룬 후에도 잠시 멈추어서 축하하기보다는 바로 다음 프로젝트로 넘어가곤 하기 때문이다.

한번 생각해보자. 당신이 희망에 가득 찬 마음으로 목표를 세울 때는 어떤 느낌인가? 조금만 노력하여 달려가면 금방이라도 그곳에 도달할 것 같지 않은가? 바로 저 앞에 목표가 보일 것이다. 약간의 오르막길이라 조금 숨이 찰 수도 있지만 조금만 참으면 곧 목표 지점에 도달할 것 같다.

그림 1) 처음에 생각한 목표와 계획

그런데 목표를 향해 한 발이라도 내디뎌보면 세상이 그리 녹록지 않음을 실감할 것이다. 현실 세상에서 목표로 가는 길은 지난하고 고되며 곳곳에 많은 난관과 장애물이 도사리고 있다. 어떨 때는 예상치 못한 낭떠러지로 굴러떨어지기도 하고 장애물에 빠져서 허우적거리다가 아예 포기해버리기도 한다. 현실은 우리가 꿈꾸던 것과는 다를 것이다.

그림 2) 실제 목표로 가는 길

솔직히 말해서 인생이 계획대로 순탄하게만 펼쳐진다면 그 또한 이상한 일이다. 그것이 우리의 삶 전체가 되었든, 하루하루가 되었든, 하나의 프로젝트 혹은 목표 또는 직업이 되었든, 그 무엇이 되었든 간에 미래의 무엇을 계획할 때는 우리가 발휘할 최고의 능력에 맞추어서 계획하게 마련이다. 그 길에 실패가 있으리라고 예상하지 않는다. 그러나 당신도 알다시피 모든 게 계획한 대로 되는 것은 아니다. 어떠한 목표에서도 마찬가지다. 최종 지점으로 가는 길은 생각보다 오래 걸리고 많은 난관이 있다.

그래서 작은 승리를 축하할 필요가 있다. 목표를 세우고 계획하는 시점에서는 마치 에베레스트산 정상에 깃발을 꽂듯이 마지막 도착 지점에 커다란 깃발을 꽂아야 하고, 거기에 이르기까지는 모든 것을 참고 견디리라 생각한다. 그렇기에 마지막 지점에서 벌일 성대한 축하를 위해 모든 기쁨과 영광을 뒤로 미룬다. 물론 우리는 매우 어려운 목표를 이루었을 때 환희와 같은 정말 강한 긍정적 감정을 느끼게 된다. 하지만 긍정적인 감정을 느끼기 위해 가장 어려운 목표의 최종 지점에 다다를 때까지 기다릴 필요가 있을까? 당신이 그림 1처럼 직선의 평탄한 길을 걸어 목표 지점에 도착한다면 그렇게 할 수도 있을 것이다. 하지만 실제 우리는 그림 2에서처럼 목표 지점에 도착하기까지는 생각보다 멀고 많은 장애물을 직면하게 된다. 그래서 우리가 축하하기로 마음먹은 최종의 그 지점에 도달하기만 기다리다 보면 너무 지쳐버린다.

그림 3) 작은 성공을 이루어낸 지점에 깃발을 꽂았을 때

그림 3 속 작은 깃발이 꽂힌 곳을 주목하라. 그 지점이 바로 우리가 작은 승리를 축하해야 할 지점이다. 아직 최종 지점에는 가지 못했지만, 도중에 맞닥뜨린 작은 난관들을 무사히 극복했다는 것이 대견하지 않은가? 그 작은 난관 앞에서 좌절하고 포기했다면, 역량이나 노력의 부족으로 난관을 넘는 데 실패했다면 어떻게 되었을까? 우리의 큰 성공은 이런 작은 성공이 모여서 이루어지는 것이다. 작은 성공을 더 잘 알아차리고 이를 축하하는 것이야말로 큰 성공으로 가는 동력이 될 수 있다.

당신의 목표가 체중 감량이라고 하자. 처음 1킬로그램을 감량했을 때 그것을 축하하며 그때의 기분과 생각을 적어보자.

당신의 목표가 금연이라고 하자. 처음으로 3일간 연속 담배를 피우지 않은 날을 축하하고 그때의 기분과 생각을 적어보자.

당신이 무엇을 하든, 성공으로 가는 여정은 일련의 작은 성공과 실패가 이루어낸 결과다. 비록 작을지라도 성공했다는 것을 축하하고 그 의미를 되새긴다면, 긴 여정에서 힘든 시기를 만났을 때 그 성공을 되돌아보며 힘을 얻을 것이다. 작은 성공을 축하하고, 기억하고, 자꾸 떠올려보자. 그리고 동시에 궁극적으로 도달하고자 하는 큰 목표를 기억해보자. 작은 성공들이 모여서 당신을 더 크고 궁극적인 성공으로 이끌 것이다.

Epilogue

이 책을 쓰면서 가장 마음에 걸렸던 것은 당신에게 조언하는 나 역시 이루지 못한 목표가 너무 많다는 사실이다. 우리가 이루고자 마음먹은 것을 쉽게 이룰 수 있다면 무엇이 문제겠는가? 이루지 못한 목표들은 계속 쌓여가고, 점점 더 무거운 마음의 짐이 되어, 우리 자신에 대한 실망감만 커져갈 뿐이다. 그래서 목표를 세우는 것 자체를 하지 않는 쪽을 선택하는 사람들도 있다. 그럼에도 나는 당신에게 아주 작은 것부터 시작해보기를 강력하게 권한다. 생각해보면 아주 작은 생각과 결심이 삶의 방향을 완전히 바꿔놓기 때문이다. 내가 서른 살이 넘어서 다시 대학에 편입한 것도 작은 생각 하나가 발단이었다. 어느 날 오전, 거실 바닥을 걸레로 닦고 있다가 문득 이런 생각이 들었다.

'어제도 이랬고, 오늘도 이렇고, 일 년 전에도 이랬던 것 같은데……'

별로 다를 바 없는 삶이 무의미하게 반복되는 느낌이었다. 나는 그

자리에 주저앉아서 '십 년 후의 나는 어떤 모습일까?' 하고 생각해보았다. 당시 나의 상상력으로는 지금 그 자리에서 거실 바닥을 닦고 있는 모습 말고는 그려지지 않았다. 10년 후에도 나는 그냥 이렇게 살고 있을 것 같았다. 너무도 쉽게 예측되는 뻔한 삶, 안정적일 수는 있지만 가슴이 뛰지는 않으리라! 거기에 생각이 이르자 힘이 빠지고 눈물이 핑 돌았다. 그 길로 나는 대학에 편입하여 심리학 공부를 시작했다.

우리는 매일을 살면서 크고 작은 갖가지 결정을 내린다. 운동을 시작하고, 새로운 것을 배우고, 생활 습관을 바꾸기로 하는 작은 결정들은 현재의 삶을 아주 조금 바꿀지 모른다. 하지만 이런 작은 방향 전환이 시간이 흐른 후에는 엄청난 차이로 나타난다. 심리학과에 처음 편입할 때 나는 앞으로 내 삶이 어떤 방향으로 변화해 나아갈지 전혀 알 수 없었다. 다들 "그래서 앞으로 뭘 할 건데?"라고 물었지만 나는 "아직은 몰라"라고 대답할 수밖에 없었다. 단지 내 인생에서 또 다른 많은 선택지를 가능하게 만들었을 뿐이다. 그것은 얼른 미래로 달려가서 활짝 열어보고 싶은 가슴 뛰는 불확실성이었다. 나는 이 책을 통해 당신도 현재의 삶에서 아주 작은 변화를 일으키길 바란다. 그리고 그 변화로부터 더 큰 변화를 이끌어내며 당신이 꿈꾸는 미래상에 조금씩 다가가길 바란다.

사실 삶 자체가 즐거움과 기쁨으로만 가득 차 있는 것은 아니다. 때론 지치도록 힘들고 불만족스럽기도 하다. 하지만 삶이 불만족스럽다고 느끼는 때를 생각해보자. 돈이 없어서, 번듯한 직업이 없어서, 집을 마련하지 못해서, 가족이 속을 썩여서……. 이처럼 자신의 삶에 만족하지 못하는 이유를 이야기할 때 외적 요소들을 더 많이 생각하는 경향이 있다. 하지만 불만족의 근본적 원인은 우리 자신으로부터 오는 것일 수 있다. 스마트폰이나 보면서 시간을 낭비하는 날이 많고, 시작한 것을 마치지 못하는 경우가 수두룩하다. 다른 사람과의 약속을 지키지 못하고, 목표가 없는 나 자신을 바라볼 때, 하는 일이 의미가 없다고 생각될 때 우리는 불행하고 삶이 불만족스럽다. 하지만 반대의 경우를 생각해보자. 정말 자신이 살아 있다고 느낄 때는 언제인가? 시간을 알차게 보내고, 보람차면서 유의미한 일들을 하고, 앞으로 이루고자 하는 목표가 분명하고, 계획한 것을 이루어낼 때 우리는 행복하고 삶이 만족스럽지 않은가?

우리는 인생의 어느 시점에서 '아무것도 이룬 게 없다'며 자신의 삶을 후회하는 이를 많이 보아왔다. 한 대학 신문에 기고한 시인의 글 중 오랫동안 내 기억에 남는 것이 있다. 시인이 대학생이던 시절에 그의 아버지가 술 취한 채 했다는 말씀이다.

멋지게 사는 건 너무나 쉽다. 하지만 뭔가를 이루는 것 그게 정말 어렵고 중요하다. 많은 사람이 나를 멋진 사람이라고 부른다. 하지만 말이다. 나는 인생에서 이룬 것이 하나도 없다. 아들아, 나는 실패자다. 명심해라. 멋지게 살려 하지 말고 무언가를 이루려 해라[7].

사실 우리는 자신이 이룬 것이 없다는 걸 너무 늦게 깨닫는 경향이 있다. 이미 모든 것이 끝난 듯 생각하고 자신의 인생은 실패라고 낙인찍어버린다. 하지만 다른 사람들이 알아주는 커다란 업적을 내야만 무엇인가를 이루었다고 말할 수 있는 것은 아니다. 세상을 바꿀 엄청난 업적이 아니더라도 내 주변을 바꾸고 나 자신을 바꾸는 일 역시 매우 중요하고 의미 있는 일임에도 등한시되는 경우가 많다. 세상이 인정하는 사람이 되기 전에 일단 스스로 인정해줄 수 있는 사람이 되어보는 것은 어떨까?

물론 세상을 바꿀 커다란 업적 역시 이런 작은 변화와 성과들이 모여서 만들어지는 것이기도 하다. 당신이 대단한 결과물을 내고 싶다고 해도 그것은 단번에 이루어지지 않는다. 지금부터 꾸준히 작업하는 습관, 공부하는 습관 등을 길러야 하고 주기적으로 결과물을 내야 어느 순간 비로소 그것들이 대단한 성과가 된다.

얼마 전 한 선배를 만났다. 그 선배는 자신의 분야에서 인정받고 있는, 누가 보아도 성공한 학자이다. 사람을 좋아하고 만남을 좋아하던 그 선배는 3개월 전에 술을 끊는다고 선언했는데, 사실 나는 그쯤에서 그 결심이 무너져가고 있을 줄 알았다. 하지만 선배는 아직도 그 결심을 지키고 있었다. 선배는 자신이 중년에 접어들고 보니 과연 내 이름으로 내세울 수 있는 것이 무엇인지를 생각하게 되었다고 했다. 남들이 하는 일 중 좋아 보이는 것, 재미있어 보이는 것들을 좇아서 하다 보니 결국 자신의 이름 석 자를 걸 만한 연구가 없다는 사실을 깨달았다고 했다. 비록 처음에는 사람들이 주목하지 않더라도 자신만 할 수 있는 한 가지를 꾸준히 연구해서 업적을 이루고 싶고, 시간이 걸리더라도 그곳을 향해 한 걸음씩 가보고 싶다고 했다. 그러기 위해서는 삶의 전반적인 방향이 그곳을 향해야 할 것 같았고 결론적으로는 현재의 인생 패턴이 변화되어야 함을 느꼈다고 했다. 술을 끊고 저녁을 보내는 방법에 변화를 준 것도 그런 이유라고 했다. 존경스럽게도 그는 자신이 지향하는 그곳을 바라보며 매일의 생활이 그 방향과 일치하도록 만드는 삶을 시작한 것이다.

이 책을 다 읽은 당신은 지금 당장은 인생의 지향점을 정하고 전반적인 습관이 그곳을 향하도록 변화시키는 그런 엄청난 작업을 하지 않아도 된다. 가까운 시일 내에 이루고 싶은 몇 가지 목표를 정하고 이를 달성하기 위한 오늘의 할 일을 만들고 완성하는 것으로 충분하다. 그렇게 나 자신을 위한 작은 업적과 성과를 쌓아가는 것으로 시작해보자. 나도 할 수 있다는 느낌을 갖는 것만으로도 일단 성공이다.

우리가 아무 생각 없이 지나쳤던 수많은 일요일을 생각해보자. 조금만 부지런히 움직여서 주말에 하기로 마음먹은 집 안 곳곳 청소, 옷장 정리, 고장 난 물건 수선 등을 생각한 대로 마치고 나면 무엇인가를 해냈다는 기분에 하루가 뿌듯하다. 그것들을 놓아둔 채 빈둥대며 다시 다음 주로 미루었을 때와 비교해보면 더 잘 실감할 것이다.

우리가 필요한 것은 바로 그런 느낌이다. 하루하루를, 그래서 우리 삶의 모든 날을 그런 느낌으로 채워가는 것이다. 그렇게 매일 내가 하기로 마음먹은 것들을 하다 보면 한 달이 되고, 1년이 되고, 어느새 10년이 되어 있을 것이다. 조그만 일부터 시작해서 하나씩 이루어갈 때, 그것들이 모여서 언젠가는 인생을 변화시킬 만큼 커다란 전환점을 만들어줄 것이다. 이 책을 통해 당신과 그 작은 첫 변화를 함께했으면 하는 바람이다.

[ 부록]

챕터별 요약

Start 시작하기

* 나의 현재 삶을 점검하자.
* '삶의 수레바퀴'를 활용하여 현재 나의 삶이 얼마나 균형을 이루고 있는지 점검하자.
* 나의 삶에 변화가 필요하다는 것을 직면하자.

Step 1 가능성 믿기

* 무기력, 자신의 능력에 대한 의심 같은 부정적인 생각을 버리자.
* 믿는 대로 이루어진다. 우리의 믿음을 긍정적으로 변화시키자.
* 상상력을 이용하여 우리가 원하는 미래를 그려보자.
* 변화를 방해하고 발목을 잡는 자기 제한적 믿음을 찾아내자.
* 자기 제한적 믿음이 우리의 삶을 부정적으로 이끎을 깨닫자.

* 자기 제한적 믿음을 발전적 믿음으로 바꾸자(부록 양식 사용 가능).

Step 2 과거 마무리하기

* 지나간 과거에 집착해서도, 과거를 그냥 잊어버려서도 안 된다.
* 후회를 기회로 만들자(미래지향적인 후회를 하자).
* 'Pause and Learn' 기법을 이용하여 과거를 마무리하자.
    ① 원래 하려던 것(목표) 명확히 하기
    ② 현재의 상태를 돌아보고 목표와의 간극 파악하기
    ③ 경험으로부터 배울 점 찾기(왜 그런 일이 일어났는가, 잘한 것 혹은
    잘못한 것은 무엇인가, 어떤 것을 변화시켜야 하는가 등)
* 과거와 현재에 대해 감사하는 마음을 가지자.
* 감사도 연습이 필요하다(감사일기 쓰기, 자신에게 맞는 감사 연습하기).

Step 3 미래 디자인하기

* 진정으로 원하는 삶을 그려보자.
* '최고의 가능한 자기'를 찾는 연습을 하자.
* SMARTER 목표를 세우고 적어보자(부록 양식 사용 가능).
    ① Specific(구체적이어야 하고)
    ② Measurable(측정 가능해야 하며)
    ③ Actionable(행동 가능해야 하고)
    ④ Risky(도전적이어야 하며)
    ⑤ Time-keyed(시간과 관련된 제약조건이 있어야 하고)

⑥ Enjoyable(즐길 수 있어야 하며)

⑦ Relevant(나의 전반적 삶에 부합해야 한다)

* 성취목표와 습관목표를 효과적으로 이용하자.

* 성취목표: 완료해야 하는 시점이 정해져 있는 목표

* 습관목표: 데드라인은 없지만 정기적 · 지속적으로 해야 하는 행동에 대한 목표

* 성취목표와 습관목표를 서로 연계하여 습관목표를 성취를 위한 마중물로 활용하기

* 도전적인 목표를 세우자.

* 안전지대를 벗어나자: 너무 쉽거나 안일한 목표를 세우지 말기

* 모험지대를 통해 성장하자: 어렵고 도전적인 목표를 세우기

* 위험지대에는 가지 말자: 실패할 것이 뻔한 목표를 세우지 말기

* 위험지대에 있다고 느껴질 만큼 도전적인 목표를 세우되 SMARTER 항목들을 점검하여 모험지대로 들어오게 하자.

Step 4 의미와 동기 찾기

* 핵심동기 찾기: 의미(WHY) 찾기

* 핵심동기를 머리와 연결하기: 그 일을 하는 것이 자신의 삶에 어떤 이득을 주며 어떤 변화를 줄지 찾아보고 생각해보기

* 핵심동기를 가슴과 연결하기: 그 일을 할 때 느낄 정서를 생생하게 그려보고 상상해보기

* 힘들어도 계속할 수 있는 동력을 찾자.

* 내적 동기 활용하기: 외적 보상을 위해 하는 일이라도 자율성 · 유능

감 · 관계성을 촉진시킴으로써 내재화된 동기 만들기

* 힘이 되고 격려해줄 수 있으며 선의의 경쟁을 할 수 있는 집단을 현명하게 선택하고 목표로 가는 여정을 그들과 함께하기
* 재미있게 습관으로 만들기
* 끊어지지 않는 체인 만들기: 달력에 표시를 함으로써 시각적으로 체인이 끊어지지 않도록 만들기(부록의 습관목표 양식 사용 가능)
* 게이미피케이션 원리를 이용하여 재미를 더하기
* 현실적 관점을 갖자.
* 비현실적 낙관주의는 위험하다.
* 정신적 대조 기법을 통해 목표 달성 과정에 맞닥뜨릴 장애물을 미리 생각해보기
* Gap(달성한 목표와 이상까지의 거리)보다는 Gain(출발 시점에서 달성한 목표까지의 거리)을 측정하기

Step 5 실행하고 점검하기

* 일단 출발하여 한 걸음이라도 실천해 나아가는 것이 중요하다.
* 지나친 완벽주의의 덫에 걸리지 말기: 완전히 준비가 되면 하겠다는 생각은 하지 않겠다는 생각과 같다.
* 쉬운 과제부터 하나씩 해나가기: 특히 어려운 과제의 경우 일단 쉬운 것부터 하나씩 해나감으로써 진전을 이루는 것이 중요하다. 단, 쉬운 과제만 하고 어려운 과제는 뒷전이면 안 된다. 쉬운 과제를 함으로써 얻은 긍정적인 마인드를 이용하여 어려운 과제에 도전하라.
* 트리거를 활용하자.

* 목표를 이루는 데 방해가 되는 나쁜 습관을 버리고, 목표 달성을 도 와줄 착한 습관을 만들자.
* 행동유발 트리거를 활용하여 매번 의지력을 발휘할 필요 없이 자동 적으로 목표 행동이 일어나도록 한다.
* 모니터링을 하자.
* 올해의 목표 → Milestone(세분화된 분기 목표) → Weekly Big 3 → Daily Big 3로 쪼개져 내려가게 한다.
* 매일 아침 1, 2분의 시간을 들여 Daily Big 3에 대해 생각하는 시간 을 갖는다.
* 매주 다시 한 번 핵심동기를 생각해보고 간단한 'Pause and Learn' 을 실시한다.
* '3Rs'를 활용하여 분기별로 이룬 목표를 리뷰한다.
 ① Rejoice: 그동안 이룬 것에 대해 스스로 축하한다.
 ② Recommit: 아직 달성하지 못한 부분에 대해 각오를 다지고 다 시 몰입한다.
 ③ Revise: 다시 몰입하는 것이 불가능하거나 의미가 없어진 목표 를 수정한다. 혹은 삭제하되 다른 새 목표로 대체한다.

삶의 수레바퀴

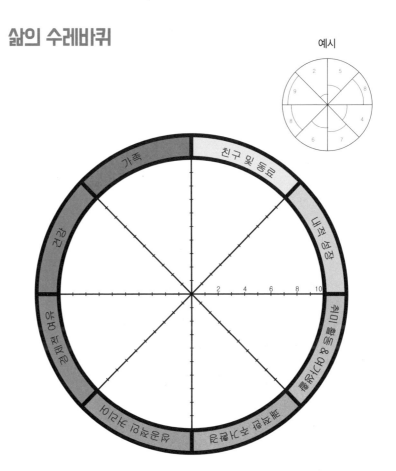

바퀴를 완성해봅시다.

1. 위의 8가지 영역에 대해 생각해봅시다. 각 영역에 대해 당신이 만족할 만한 삶의 모습은 어떤 것인지 간략히 생각해봅니다. 그 모습이 10점의 상태라고 할 수 있습니다.

2. 각 영역에서 현재 자신의 삶에 대한 만족도를 표시해봅시다(0점에서 10점 사이).

* '그래야만 한다'라는 생각이 아니라, 머릿속에 가장 먼저 떠오르는 생각에 따라 표시합니다.

나를 붙잡는 자기 제한적 믿음

나는 어떤

자기 제한적 믿음을

가지고 있는가?

자기 제한적 믿음 깨뜨리기

1	나의 발목을 잡는 자기 제한적 믿음	

2	이 믿음이 틀렸다는 증거는?	
3	이 믿음이 나에게 미치는 부정적 영향은?	
4	이 믿음이 생겨난 근원은?	

5	새로운 믿음	

Pause and Learn

1	원래 하려고 했던 것(상태)은 무엇이었는가?	
2	실제 어떤 일들이 일어났는가?	
3	왜 그런 차이가 생겨났는가?	
4	이 경험에서 어떤 점을 배우게 되었는가?	
5	다음에 해야 할 행동(고쳐야 할 행동)은 무엇인가?	

목표 수립 양식(성취목표 만들기)

나의 SMARTER 목표(ex: 11월 30일까지 출간할 책의 초고 완성하기)

□ S 구체적인가	□ M 측정 가능한가	□ A 행동 가능한가	□ R 도전적인가	□ T 시간 제약이 있는가	□ E 즐길 수 있는가	□ R 적절하고 부합한가

목표 달성 지표				데드라인		까지

영 역	□ 가족	□ 건강	□ 친구 및 동료	□ 내적 성장
	□ 취미 활동 및 여가	□ 쾌적한 주거환경	□ 성공적인 커리어	□ 경제적 여유

왜 이 목표를 반드시 달성해야 하는가? (목표 달성의 동기가 될 수 있는 요인 중 가장 중요한 것 3가지만)

1	
2	
3	

세부 목표 혹은 실행 계획 (목표 달성을 위한 다음 단계의 구체적인 실행 계획을 적어봅시다)

	완료 □
	완료 □
	완료 □
	완료 □
	완료 □
	완료 □
	완료 □

목표 달성에 대한 보상 (목표를 성공적으로 달성했을 때 어떤 방식으로 축하할 것인가)

습관목표 만들기 그리고 실천하기

나의 SMARTER 목표(ex: 내일 아침부터 일요일을 제외한 매일 아침 7시에 헬스클럽 가기)			

시작 날짜		얼마나 자주	
타임 트리거		1차 성공 기준	얼마나 오래 혹은 많이 지속하면 성공이라 하겠는가?

영역	☐ 가족	☐ 건강	☐ 친구 및 동료	☐ 내적 성장
	☐ 취미 활동 및 여가	☐ 쾌적한 주거환경	☐ 성공적인 커리어	☐ 경제적 여유

왜 이 목표를 반드시 달성해야 하는가? (목표 달성의 동기가 될 수 있는 요인 중 가장 중요한 것 3가지만)

1	
2	
3	

착한 습관을 만들기 위한 행동유발 트리거 (습관을 유도하기 위해 어떤 트리거들을 만들 것인가)

끊어지지 않는 체인 만들기 (진전 상황을 점검해봅시다)

M1	1	2	3	4	5	6	7	8	9	10	11	12	13	14	15	16	17	18	19	20	21	22	23	24	25	26	27	28	29	30	31
M2	1	2	3	4	5	6	7	8	9	10	11	12	13	14	15	16	17	18	19	20	21	22	23	24	25	26	27	28	29	30	31
M3	1	2	3	4	5	6	7	8	9	10	11	12	13	14	15	16	17	18	19	20	21	22	23	24	25	26	27	28	29	30	31

목표 달성에 대한 보상 (목표를 성공적으로 달성했을 때 어떤 방식으로 축하할 것인가)

주간 리뷰 양식

이번 주의 목표 (weekly Big 3)		
1.		완료 ☐
2.		완료 ☐
3.		완료 ☐

목표를 지켰다면	달성 비결은?	다른 목표에 어떻게 적용할 것인가?
목표를 지키지 못했다면	달성하지 못한 이유는?	달라져야 할 것은 무엇인가?

이 목표를 통해 내가 이루고자 하는 것은 무엇인가? (핵심동기 다시 생각해보기)

	요일	Daily Big 3	
일간 목표		①	③
		②	
		①	③
		②	
		①	③
		②	
		①	③
		②	
		①	③
		②	
		①	③
		②	
		①	③
		②	

참고문헌

1. Tom Brown, "Time to diversify your 'life portfolio'?," Industry Week, November 10, 1986.

2. Mark Twain(저자) & Caroline Thomas Harnsberger(편집자) (2009). *Mark Twain at Your Fingertips: A Book of Quotations.* Dover Publications.

3. Seligman, M. E. P. (1972). "Learned helplessness". *Annual Review of Medicine, 23 (1):* 407 – 412.

4. Merton, R. K. (1995). The Thomas Theorem and the Matthew Effect. *Social Forces. 74 (2):* 379 – 422.

5. Rosenthal, R., & Jacobson, L. (1968). *Pygmalion in the classroom: Teacher expectation and pupils' intellectual development.* New York: Holt, Rinehart & Winston.

6. Dweck, C. (2006). *Mindset: The new psychology of success.* New York: Random House.

7. Heider, Fritz. (1958). *The Psychology of Interpersonal Relations.* New York: John Wiley & Sons.

8. Dweck, C. S., & Leggett, E. L. (1988). A social-cognitive approach to motivation and personality. *Psychological Review, 95,* 256 – 273.

9. S. C. Thompson. (1985). Finding Positive Meaning in a Stressful Event and Coping. *Basic and Applied Social Psychology, 6(4),* 279 – 295.

10. T. D. Wilson. (2011). *Redirect: Changing the Stories We Live By.* Back Bay Books, NY.

11. Wilson T. D. (2011). *Redirect: The Surprising New Science of Psychological Change.* New York: Little, Brown.

12. E. Inesi, S. Botti, D. Dubois, D. Rucker and A. Galinsky. (2011). Power and Choice: Their Dynamic Interplay in Quenching the Thirst for Personal Control. *Psychological Science, 22,* 8, 1042 – 1048.

13. Garmezy N. (1993). Children in poverty: Resilience despite risk. *Psychiatry, 56(1):*127 – 136.

14. Martin Luther King Jr. (1964) Nobel Lecture https://www.nobelprize.org/

nobel_prizes/peace/laureates/1964/king-lecture.html

15. BBC Radio 4의 'All in The Mind'에서 처음 선보였고 BBC 웹사이트에 접속하여 참여할 수 있는 스트레스 테스트

16. Kinderman, P., Schwannauer, M., Pontin, E., & Tai, S. (2013). *Psychological processes mediate the impact of familial risk, social circumstances and life events on mental health.* PLoS ONE, 8, e76564. doi: 10.1371/journal.pone.0076564

17. E. Parker, L. Cahill, & J. McGaugh. (2006). A Case of Unusual Autobiographical Remembering, *Neurocase, 12,* 35 – 49.

18. George Santayana. (1905). Reason in Common Sense .The Life of Reason (volume 1) 중에서

19. Melanie Stefan. (2010). A CV of failures. *Nature, 468,* 467. doi:10.1038/nj7322-467a

20. Kray, Galinsky, & Wong. (2006). Thinking Within the Box: The Relational Processing Style Elicited by Counterfactual Mind-Sets. *Journal of Personality and Social Psychology, 91,* 1, 33-48.

21. Landman, Janet; Vandewater, Elizabeth A.; Stewart, Abigail J.; Malley, Janet E.; (1995). "Missed opportunities: Psychological ramifications of counterfactual thought in midlife women." *Journal of Adult Development 2(2)*: 87 – 97.

22. Zeelenberg, M., & Pieters, R. (2007). A theory of regret regulation 1.0. *Journal of Consumer Psychology, 17,* 3 – 18.

23. Janet Landman. (1993*). Regret: The persistence of the possible.* Oxford University Press.

24. Holland (2009). Body locomotion as regulatory process: Stepping backward enhances cognitive control. *Psychological Science, 20,* 549 – 550.

25. Holahan, C. J., Moos, R. H., Holahan, C. K., Brennan, P. L., & Schutte, K. K. (2005). Stress Generation, Avoidance Coping, and Depressive Symptoms: A 10-Year Model. *Journal of Consulting and Clinical Psychology, 73(4),* 658 – 666.

26. Kolb, David A. (1984). *Experiential Learning: Experience as the Source of Learning and Development.* Prentice-Hall, Inc., Englewood Cliffs, N. J.

27. Marilyn Darling, Charles Parry & Joseph Moore. (2005). Learning in the Thick of It. *Harvard Business Review, July – August 2005 issue.*

28. Vernon, L. L., Dillon, J. M., & Steiner, A. R. W. (2009). Proactive coping, gratitude, and posttraumatic stress disorder in college women. Anxiety, *Stress, & Coping, 22,* 117 – 127.

29. Denny, K. G., & Steiner, H. (2009). External and internal factors influencing happiness in elite collegiate athletes. *Child Psychiatry and Human Development, 40,* 55–72.

30. Lyubomirsky, S. Tkach, C., & DiMatteo, R. M. (2006). What are the differences between happiness and self-esteem. *Social Indicators Research, 78,* 363–404.

31. Froh, J. J., Wajsblat, L., & Ubertini, L. (2008, November). Gratitude's role in promoting flourishing and inhibiting languishing: Using positive psychology to complement clinical practice. Poster session presented at the Association for Behavioral and Cognitive Therapies Annual Convention, Orlando, FL.

32. Emmons, R. A., & Mishra, A. (2011). Why gratitude enhances well-being: What we know, what we need to know. *In K. M. Sheldon, T. B. Kashdan, & M. F. Steger (Eds.), Series in positive psychology. Designing positive psychology: Taking stock and moving forward (pp. 248-262).* New York, NY, US: Oxford University Press.

33. Deci, E. L., & Ryan, R. M. (1985). *Intrinsic motivation and self-determination in human behavior.* New York: Plenum.

34. Emmons, R. A. (2007). *Thanks: How practicing gratitude can make you feel happier.* New York, NY: Houghton Mifflin.

35. Markus, H., & Nurius, P. (1986). Possible selves. *American Psychologist, 41,* 954–969.

36. Pennebaker, J. W. (1998). Conflict and canned meat. *Psychological Inquiry, 9,* 219–220.

37. Pham, L. B., & Taylor, S. E. (1999). From thought to action: Effects of process-versus outcome-based mental simulations on performance. *Personality and Social Psychology Bulletin, 25,* 250–260.

38. Fordyce, M. W. (1983). A program to increase happiness: Further studies. *Journal of Counseling Psychology, 30,* 483–498.

39. King, L. A. (2001). The health benefits of writing about life goals. *Personality and Social Psychology Bulletin, 27,* 798–807.

40. Gail Matthews의 미출간 연구: https://www.dominican.edu/academics/lae/undergraduate-programs/psych/faculty/assets-gail-matthews/researchsummary2.pdf

41. 예: Emmons, R. (1986). Personal strivings: an approach to personality and subjective well-being. *Journal of Personality and Social Psychology. 51(5):*1058–1068.

42. Locke, E. A., Latham, G. P. (2002). Building a practically useful theory of goal setting and task motivation: A 35-year odyssey. *American Psychologist, Vol 57(9)*, 705-717.

43. Peter M. Gollwitzer. (1993). Goal Achievement: The Role of Intentions. *European Review of Social Psychology, 4*, 141-185.

44. Woolley, K., & Fishbach, A. (2017). Immediate rewards predict adherence to long-term goals. *Personality and Social Psychology Bulletin, 43(2)*, 151-162.

45. Moberly, N. J. & Dickson, J. M. (2018). Goal conflict, ambivalence and psychological distress: Concurrent and longitudinal relationships. *Personality and Individual Differences, 129*, 38 - 42.

46. 한국건강증진개발원 (2015, 11, 27). 헬스클럽 요가교실 등 직장인 유료운동시설 이용 조사 결과

47. Pink, D. (2011). *Drive: The Surprising Truth about What Motivates Us.* New York: Riverhead Books.

48. Csikszentmihalyi, M. (1990). *Flow: The psychology of optimal experience.* New York: Harper Perennial.

49. Zhang J, Brackbill D, Yang S, Becker J, Herbert N, Centola D. (2016). Support or competition? How online social networks increase physical activity: a randomized controlled trial. *Preventive Medicine Reports, 4*, 453 - 458.

50. Gollwitzer, P. M., Sheeran, P., Michalski, V., & Seifert, A. E. (2009). When intentions go public: Does social reality widen the intention-behavior gap? *Psychological Science, 20(5)*, 612 - 618.

51. Lally, P., van Jaarsveld, C. H. M., Potts, H., & Wardle, J. (2010). How are habits formed: Modelling habit formation in the real world. *European Journal of Social Psychology, 40*, 998 - 1009.

52. Landers, R. N., Bauer, K. N., & Callan, R. C. (2015). Gamification of task performance with leaderboards: A goal setting experiment. *Computers in Human Behavior, 71*, 508-515.

53. Conrad, F. G., Couper, M. P., Tourangeau, R., & Peytchev, A. (2010). The impact of progress indicators on task completion. *Interacting with computers, 22(5)*, 417 - 427. doi:10.1016/j.intcom.2010.03.001

54. Lyubomirsky, S., King, L., & Diener, E. (2005). The benefits of frequent positive affect: Does happiness lead to success?. *Psychological bulletin, 131(6)*, 803.

55. Forgeard, M. J. C., & Seligman, M. E. P. (2012). Seeing the glass half full: A review of the causes and consequences of optimism. *Pratiques psychologiques, 18(2)*, 107 – 120.

56. Dillard, A. J., Midboe, A. M., & Klein, W. M. (2009). The dark side of optimism: Unrealistic optimism about problems with alcohol predicts subsequent negative event experiences. Personality and social psychology bulletin, 35(11), 1540 – 1550.

57. Sweeny, K., & Shepperd, J. A. (2010). The costs of optimism and the benefits of pessimism. *Emotion, 10(5)*, 750.

58. Oettingen, G. (2000). Expectancy effects on behavior depend on self-regulatory thought. *Social Cognition, 18*, 101 – 129.

59. Oettingen, G., Mayer, D., Sevincer, A. T., Stephens, E. J., Pak, H. J., & Hagenah, M. (2009). Mental contrasting and goal commitment: The mediating role of energization. *Personality and Social Psychology Bulletin, 35(5)*, 608 – 622.

60. Oettingen, G., Mayer, D., & Thorpe, J. (2010). Self-regulation of commitment to reduce cigarette consumption: Mental contrasting of future with reality. *Psychology and Health, 25(8)*, 961 – 977.

61. Gollwitzer, A., Oettingen, G., Kirby, T. & Duckworth, A. L. (2011). Mental contrasting facilitates academic performance in school children. *Motivation and Emotion, 35*, 403 – 412.

62. Curran, T., & Hill, A. P. (2017, December 28). Perfectionism Is Increasing Over Time: A Meta-Analysis of Birth Cohort Differences From 1989 to 2016. *Psychological Bulletin*. Advance online publication. http://dx.doi.org/10.1037/bul0000138

63. Kennedy D. M. & Cohen E. (2016). *American Pageant 16th Edition*. Cengage Learning, Boston, USA.

64. Amabile, T. M., & Kramer, S. J. (2011). The power of small wins. *Harvard Business Review, 89(5)*: 70 – 80.

65. Gino, F. & Staats, B. (2016). Your Desire to Get Things Done Can Undermine Your Effectiveness. *Harvard Business Review*. https://hbr.org/2016/03/your-desire-to-get-things-done-can-undermine-your-effectiveness.

66. Zeigarnik, B. (1927). Das Behalten erledigter und unerledigter Handlungen. *Psychologische Forschung, 9*, 1 – 85.

67. Masicampo, E. J., & Baumeister, R. F. (2011). Consider it done! Plan making can eliminate the cognitive effects of unfulfilled goals. *Journal of Personality and Social Psychology, 101(4)*, 667 – 683.

68. Sheeran, P. (2002). Intention-behavior relations: A conceptual and empirical

review. *European Review of Social Psychology, 12*, 1 – 30.

69. Gollwitzer, P. (1999). Implementation intentions: Strong effects of simple plans. *American Psychologist, 54(7)*, 493 – 503.

70. Grant H. (2014). Get your team to do what it says it's going to do. *Harvard Business Review. May, 2014.*

71. 멋지게 살려하지 말고 무언가를 이루려 해라 – 심보선 시인편 http://www.snunews.com/news/articleView.html?idxno=11448

시작만 있고
끝이 없는
당신을 위한 책

초판 1쇄 발행 ㅣ 2020년 2월 12일
초판 2쇄 발행 ㅣ 2023년 2월 23일

지은이 ㅣ 이경수
펴낸이 ㅣ 전영화
펴낸곳 ㅣ 다연
주 소 ㅣ 경기도 고양시 덕양구 의장로 114, 더하이브 A타워 1011호
전 화 ㅣ 070-8700-8767
팩 스 ㅣ (031) 814-8769
이메일 ㅣ dayeonbook@naver.com
본 문 ㅣ 미토스 **표 지** ㅣ 강희연

ⓒ 이경수

ISBN 979-11-90456-04-3 (03320)

※ 잘못 만들어진 책은 구입처에서 교환 가능합니다.

이 도서의 국립중앙도서관 출판예정도서목록(CIP)은 서지정보유통지원시스템 홈페이지(http://seoji.nl.go.kr)와
국가자료종합목록 구축시스템(http://kolis-net.nl.go.kr)에서 이용하실 수 있습니다.
(CIP제어번호 : CIP2020003982)